21世纪经济管理新形态教材·金融学系列

# 数字银行概论

程茂勇 ◎ 主编

清华大学出版社

北京

## 内 容 简 介

本书系统地探讨了数字银行的产生背景、历史演进、国内外发展现状和未来发展趋势，阐释了数字银行的定义、概念和特征，介绍了数字银行相关理论和应用技术，同时关注数字银行在国际和国内的战略与治理。本书配备了丰富的实例和案例资料，用以支撑理论与实践的结合，使读者能够更深入地理解数字银行的实际运作和应用。同时，本书融入了丰富的数字银行思政内容，培养读者的文化自信、诚信意识和职业修养。通过本书的学习，读者能够深入了解数字银行的发展历程、核心概念、关键技术和未来趋势，从而更好地适应数智时代的金融科技创新与发展。

本书可作为高等院校金融学、金融工程、电子商务、信息管理与信息系统等专业的本科生教材和研究生辅助教材，也适合作为数字银行相关行业从业者的继续教育和社会培训教材。

本书封面贴有清华大学出版社防伪标签，无标签者不得销售。
版权所有，侵权必究。侵权举报电话及邮箱：010-62782989，beiqinquan@tup.tsinghua.edu.cn

图书在版编目（CIP）数据

数字银行概论/程茂勇主编. —北京：清华大学出版社，2024.2
21世纪经济管理新形态教材. 金融学系列
ISBN 978-7-302-65305-9

Ⅰ.①数⋯　Ⅱ.①程⋯　Ⅲ.①数字技术–应用–银行业务–高等学校–教材　Ⅳ.①F830.49

中国国家版本馆CIP数据核字(2024)第018851号

责任编辑：付潭娇
封面设计：汉风唐韵
责任校对：王凤芝
责任印制：杨　艳

出版发行：清华大学出版社
网　　址：https://www.tup.com.cn，https://www.wqxuetang.com
地　　址：北京清华大学学研大厦A座　　邮　编：100084
社 总 机：010-83470000　　邮　购：010-62786544
投稿与读者服务：010-62776969，c-service@tup.tsinghua.edu.cn
质 量 反 馈：010-62772015，zhiliang@tup.tsinghua.edu.cn
课 件 下 载：https://www.tup.com.cn，010-83470332

印 装 者：北京同文印刷有限责任公司
经　　销：全国新华书店
开　　本：185mm×260mm　　印　张：11.75　　字　数：264千字
版　　次：2024年2月第1版　　印　次：2024年2月第1次印刷
定　　价：49.00元

产品编号：099243-01

# 总 序

习近平总书记在 2018 年全国教育工作会议上的重要讲话，对新时期教育工作作出重大部署，深刻回答了我国当前教育改革发展的重大理论与现实问题，形成了系统科学的新时代中国特色社会主义教育理论体系，为加快推进教育现代化、建设教育强国提供了强大思想武器和行动指南。为了贯彻总书记重要讲话精神，全面落实立德树人根本任务，西安交通大学经济与金融学院联合清华大学出版社推出高水平经济学系列教材。本系列教材不仅是编著者多年来对教学实践及学科前沿知识的总结和凝练，也融合了学院教师在教育教学改革中的新成果。

西安交通大学经济与金融学院一贯重视本科教育教学，始终将为党育人、为国育才摆在各项工作的首位。学院教师在"西迁精神"的感召和鼓舞下，坚守立德树人初心，全面推行课程思政，全力培养德智体美劳全面发展的社会主义建设者和接班人；深刻理解和把握"坚持扎根中国大地办教育"的自觉自信，立足时代、面向未来，把服务新时代中国特色社会主义的伟大实践作为办学宗旨，力争为发展中国特色、世界一流的经济学教育贡献力量；积极应对新技术革命带来的新业态、新模式为经济学教育带来的挑战，主动适应新文科经济学专业人才培养的跨学科知识要求，充分发挥西安交通大学理工学科优势，探索如何实现经济学科与理工学科交叉、融合，努力将新一轮技术革命背景下经济金融学科的新发展和前沿理论纳入教材；深刻理解和把握教育改革创新的鲜明导向，注重数字技术与传统教育融合发展，推动经济学数字化教育资源建设。

本系列教材有如下特点：一是将思政元素引入教材的每个章节，实现思政内容与专业知识的有机融合，达到"润物细无声"的思政育人效果。二是将我国改革开放的伟大实践成果写入教材，在提升教材时代性和实践性的同时，培育大学生的家国情怀及投身中国式现代化建设的使命感和荣誉感，增强四个自信。三是对数字经济、金融科技等经济金融领域中的新业态、新技术、新现象加以总结提炼成教材，推动了不同学科之间的交叉融合，丰富和拓展了经济金融学科体系，培养学生跨领域知识融通能力和实践能力。四是将数字技术引入教材建设，练习题、阅读材料等均以二维码形式显示，方便读者随时查阅。与此同时，加强了课件、教学案例、课程思政案例、数据库等课程配套资源建设，实现了教学资源共享，扩展了教材的内容承载量。

教材建设是落实立德树人根本任务、转变教育教学理念、重构学科知识结构的基础和前提，我们希望本系列教材的出版能为新时代中国经济学高等教育的高质量发展奉献绵薄之力。

2023 年 8 月

# 前 言

数字银行是当今金融业发展的大趋势，它以互联网和新技术为支撑，为金融服务带来了巨大的变革和创新。作为数字时代的金融创新，数字银行不仅可以提高金融服务的效率和质量，还能够降低金融服务的成本，为广大消费者提供更加便捷、高效、安全、普惠的金融服务，成为各国政府、金融机构和企业共同关注和推广的对象。

本书是一本面向大学生通识课程的教材，旨在向广大学生和读者介绍数字银行的产生与发展、数字银行概述、相关理论、技术支持、国际组织和主要国家数字银行发展战略等内容，同时也探讨数字银行发展存在的问题及治理方法。

在编写本书的过程中，我们咨询了来自金融业、科技界、学术界等不同领域的专家学者，旨在为读者提供最权威、最实用的数字银行知识。同时，我们也借鉴了国内外相关学科的优秀教材和研究成果，力求将数字银行这一新兴领域的知识系统化、全面化、深入化。

本书的目标读者为金融学及相关专业本科生，也适用于金融业从业人员、科技从业人员以及对数字银行感兴趣的读者。本书具有通俗易懂、系统全面、内容实用等特点，是一本系统介绍数字银行的通识教材。

我们相信，数字银行将成为未来金融行业的重要组成部分。随着数字银行的不断发展，它们将为人们带来更加便捷和高效的金融服务，同时也将带来新的机遇和挑战。我们希望本书能够帮助读者更好地理解数字银行的本质和意义，为数字银行的发展和应用提供有益的参考。

最后，我要感谢屈阳、孟瑜、姚昱彤、李振军、王乙番、王海霞、田延菁、殷超、王子祺、房美萱等研究生，他们做了大量的资料查阅整理、校对等工作才使本书得以顺利完成。本书的编写也离不开众多专家和学者的支持和帮助，他们在各自的领域有着丰富的经验和深刻的见解。

在此，我要向所有为本书编写和出版做出贡献的人员表示由衷的感谢！

程茂勇

2023 年 6 月于西安交通大学

# 目 录

**第1章 绪论** ...... 1
    1.1 数字银行产生的背景 ...... 1
    1.2 数字银行的历史演进 ...... 5
    1.3 数字银行的国内外发展现状 ...... 6
    1.4 数字银行发展趋势及模式探索 ...... 8
    本章小结 ...... 11

**第2章 数字银行概述** ...... 13
    2.1 数字银行的定义与内涵 ...... 13
    2.2 数字银行相关概念辨析 ...... 16
    2.3 数字银行的特征 ...... 20
    2.4 数字银行的影响 ...... 23
    本章小结 ...... 26

**第3章 数字银行相关理论** ...... 27
    3.1 传统银行理论 ...... 27
    3.2 数字银行对传统银行理论的冲击 ...... 34
    3.3 数字银行理论创新 ...... 38
    本章小结 ...... 39

**第4章 移动互联网** ...... 40
    4.1 移动互联网的基本概念 ...... 40
    4.2 移动互联网技术 ...... 43
    4.3 银行业移动互联网应用 ...... 46
    4.4 移动互联网应用的主要问题与对策建议 ...... 47
    4.5 数字银行移动互联网应用案例 ...... 51
    本章小结 ...... 53

## 第5章 人工智能 ... 55

5.1 人工智能的基本概念 ... 55

5.2 人工智能技术 ... 59

5.3 银行业人工智能应用 ... 62

5.4 银行业人工智能应用的主要问题与对策 ... 66

5.5 银行人工智能应用案例 ... 68

本章小结 ... 70

## 第6章 大数据 ... 72

6.1 大数据概述 ... 72

6.2 大数据技术 ... 78

6.3 银行业大数据应用 ... 83

6.4 大数据应用的主要问题与对策 ... 85

6.5 数字银行大数据应用案例 ... 90

本章小结 ... 92

## 第7章 云计算 ... 94

7.1 云计算概述 ... 94

7.2 云计算技术 ... 101

7.3 银行业云计算应用 ... 106

7.4 银行业云计算应用的主要问题与发展对策 ... 110

7.5 数字银行云计算应用案例 ... 112

本章小结 ... 116

## 第8章 区块链 ... 118

8.1 区块链概述 ... 118

8.2 区块链的技术原理 ... 121

8.3 区块链在银行业的适用场景 ... 124

8.4 区块链应用的局限性与发展策略 ... 128

8.5 数字银行区块链应用案例 ... 130

本章小结 ... 136

## 第 9 章　主要国家和地区数字银行发展战略 138

### 9.1　欧洲数字银行发展战略 138
### 9.2　美国数字银行发展战略 142
### 9.3　新加坡数字银行发展战略 144
### 9.4　澳大利亚数字银行发展战略 146
### 9.5　中国数字银行发展战略 150
### 本章小结 154

## 第 10 章　数字银行发展存在的问题及治理 156

### 10.1　数字银行发展面临的问题 156
### 10.2　银行层面的对策建议 159
### 10.3　数字银行发展可能的风险 164
### 10.4　监管层面的对策建议 167
### 本章小结 170

## 参考文献 172

# 第 1 章

# 绪　　论

**【本章学习目标】**

通过本章学习，学员应该能够：
1. 了解数字银行产生的背景；
2. 掌握数字银行的历史演进；
3. 熟悉数字银行的发展现状；
4. 了解数字银行的发展趋势及发展模式。

## 1.1　数字银行产生的背景

### 1.1.1　信息技术蓬勃发展

互联网、移动互联网、大数据、云计算等信息技术的蓬勃发展使数字银行成为可能。

**1. 互联网、移动互联网的快速发展**

互联网，又称因特网，于 1969 年始创于美国，是网络与网络之间所串联成的庞大网络。1994 年 4 月 20 日，中国通过一条 64K 的国际专线，全功能接入国际互联网，中国的互联网时代从此开启。随着宽带无线接入技术和移动终端技术的飞速发展，人们迫切希望能够随时随地乃至在移动过程中方便地从互联网获取信息和服务，移动互联网应运而生并迅猛发展。移动互联是互联网的技术、平台、商业模式和应用与移动通信技术结合并实践的活动的总称。移动通信和互联网成为当今世界发展最快、市场潜力最大、前景最诱人的两大业务板块。

**2. 互联网、移动互联网的技术优势**

（1）消除信息传播的空间、时间和成本限制。"网络即传媒。"在互联网走进人们生活之处，感受最大的是资讯传播方式的改变，涌现了大量以传播资讯为主的互联网企业，如新浪、网易、搜狐等，使得世界各地发生的新闻、故事通过互联网很快地传播到互联网用户面前，人们习惯了从网络上获取新闻资讯等，极大地冲击了传统媒体行业的新闻传播方式。同时，互联网诞生的电子邮件，重新定义了传统信件传递方式。通过使用电子邮件，人们彼此之间信息交流因时间的大幅缩短而更加频繁，信息沟通和互动的内容（文字、图片、视频等附件内容)、容量(邮件)和形式(电子邮件发送方式涵盖原有的主送抄送、密送等发送方式)多样精彩,也降低了信息交换的成本,彼此间的距离被不断拉近,无形中消除了人们因空间距离而产生的隔绝和沟通不便,电子邮件成为现今人们日常使用的交流方式之一。事实上,不仅仅是新闻资讯、邮件与互联网实现有机结合,随着后来的发展,整个互联网都与信息传播紧密结合在一起。

(2)极大地降低信息复制成本,使之趋于零。如果说电子技术使得原来的纸质信息得以电子化和易于复制、传播,那么,互联网将使得电子化信息传播变得更加迅速和容易,使得信息资源更加容易共享和交流,人们可以通过专业的搜索引擎来寻找想要的信息资源,使得信息文件下载或在线浏览部分代替了传统的物理传递。随着4G、5G移动互联技术的快速发展,网络信息传输速度继续大幅上升,超大信息文件的在线媒体查阅和在线播放成为可能,并且这种发展还在继续,没有停止的迹象。在互联网条件下,任何信息文件的复制传播速度都较以前更加快速、便捷,并且在不考虑版权等限制条件下,这种复制传播的成本几乎为零。

(3)互联网的信息传播优势,促进了互联网与传统产业之间的聚合涌现和聚势赋能。在互联网与人们日常需求互相结合发展的过程中,互联网与传统产业互相促进、互相发展。互联网具有打破信息不对称、降低交易成本、促进专业化分工和提升劳动生产率的特点,为经济转型升级提供重要机遇。互联网企业利用自身优势,不断地"映射"人类真实社会,发展出很多类似QQ等即时通信软件产品,供用户进行交流沟通,并聚合用户常用的社区、金融等各方面服务功能,推出微信等新的App软件供用户使用。同时,互联网企业以商户(企业)的交易管理需求和客户需求为抓手,不断突破传统行业壁垒,促进互联网与传统产业的融合,传统行业也在不断学习、吸收互联网企业的经验成果和运营模式,将传统的商业流程赋予互联网新的运行特点和商业模式,从而诞生互联网商务、互联网餐饮、互联网交通、互联网医疗、互联网教育等新业态。

### 3. 云计算的发展

云计算是一种通过因特网以服务的方式提供动态可伸缩的虚拟化资源的计算模式。20世纪60年代,麦肯锡就提出了把计算能力作为一种像水和电一样的公用事业提供给用户的理念,这成为云计算思想的起源。在20世纪80年代网格计算、90年代公用计算,21世纪初虚拟化技术和SOA、SaaS应用的支撑下,云计算作为一种新兴的资源使用和交付模式逐渐为学界和产业界所认知。2007年,中国云计算开始进入产业化发展阶段,到2011年,云计算开始席卷包括金融业在内的诸多行业领域,成为继20世纪80年代大型计算机到"客户—服务器"的大转变之后的又一巨变。

我国金融业已经进入云计算时代,许多金融机构已经开始对云计算技术、业务及战略进行多方面的探索,有的明确开始实施"云+端"的战略,具体表为:数据中心虚拟化,前台部门使用智能终端、平板电脑等更便捷的移动终端;简化IT运营,使用可以高速部署、灵活部署、扩展性强的IT架构。

### 4. 大数据及大数据时代的到来

"大数据"作为术语,最早出现于1997年。当时,美国宇航局研究员迈克尔·考克斯和大卫·埃尔斯沃斯使用"大数据"来描述这样的情形：超级计算机生成大量的信息，超出了主存储器、本地磁盘，甚至远程磁盘的承载能力，是不能被处理和可视化的，他们称之为"大数据问题"。

现今，大数据通常是指互联网发展到一定阶段的一种表象或特征。即在以云计算为代表的技术创新大幕下，通过云计算、分布式处理技术、存储技术和感知技术的发展，大数据已经能够被采集、处理、存储，直至形成结果。这些原本很难收集和使用的数据开始被利用起来了，通过各行各业的不断创新，大数据会逐步为人类创造更多的价值。

麦肯锡的报告发布后，大数据迅速成了计算机行业争相传诵的热门概念，也引起了金融界的高度关注。随着互联网技术的不断发展，数据本身是资产，这一点在业界已经形成共识。如果说云计算为数据资产提供了保管、访问的场所和渠道，那么，如何盘活数据资产，使其为国家治理、企业决策乃至个人生活服务，则是大数据的核心议题，也是云计算内在的灵魂和必然的升级方向。

## 1.1.2 商业银行转型求变

### 1. 互联网金融的产生及其对传统金融的冲击

我国传统金融体系的运行机制和管理体系与普惠金融的要求"能够有效地、全方位地为社会所有阶层和群体提供服务的金融体系"相距较大，突出表现在：金融监管目标过宽，凡与金融有关的事务无所不管，但目标不明晰；既要保障国家货币政策和宏观调控措施的有效落实，又要防范和化解金融风险，保护存款人和金融机构的权益；既要严格监管金融业实行分业经营、分业管理，又要监管民营资本进入金融行业，从事金融活动；既要监管金融机构存贷款利率的执行，又要监管信贷资金的流向等。同时，监管手段和方式过度依赖自上而下的工作计划、行政命令、经济处罚等传统计划经济手段。在严格的金融管控下，金融行业缺乏经营活力，信贷资源投向偏重于大企业客户、大产业需求、大投资项目，资产负债定价粗放，风险管理措施简化，中小民营企业、小微企业等信贷资质弱但发展潜力大、创新能力强、就业吸纳强的经营群体长期得不到充分的金融服务支持，难以促进国民经济结构优化和引导民间投资投放共同促进产业创新升级、激发并形成新的经济增长点。

互联网金融是传统金融与互联网信息技术（移动互联网、大数据、云计算）相结合的产物，是传统金融以信息技术为依托进行的金融服务创新形式，包括众筹、第三方支付、数字货币、大数据金融、信息化金融机构、互联网金融门户等发展模式，具有成本低、效率高、覆盖广、发展快的优点，互联网金融在"平等、开放、协作、分享"的互联网精神下改变着我国传统金融体系，这是因为互联网、移动互联网大大提高了资源与信息获取的便捷性、覆盖面和处理效率，线上电子交易大大降低了业务交易成本。随着互联网、移动互联网技术的不断成熟，互联网超越其固有的职能，突破行业界限，进入了金融行业，发展出第三方支付、众筹、网上理财保险等新兴的互联网金融业务，被戏称为"银行门口的野蛮人"。随着这些业务运营的不断成熟与完善，互联网金融在中国运营模式框架基本得到确立，并于 2013 年迎来全面爆发的发展态势。这一年，银行、券商、基金、保险等传统金融业机构都开始谋划布局，阿里巴巴、百度、腾讯三大互联网公司都开始规划自己的互联网金融产业布局，显现出在互联网领域打造新型产业链的竞进态势，发达程度居世界第一位，远超美国等互联网金融的发源国家，并以余额宝的出现为标志，被称为"互联网金融元年"。

从客户分层角度看，互联网金融与传统金融在客户市场结构上存在本质的不同，传统金融的客户结构表现出明显的"二八理论"现象，即80%的利润由20%的优质客户创造，而互联网金融则由数量极其庞大的中小客户构成，这属于典型的长尾理论现象，即某一部分客户个体非常细小，但由于这部分客户数量非常庞大，加上互联网的低成本特点使得交易成本大大降低，导致互联网金融在较短时间内聚集了庞大的客户群体和资金，成为金融体系中的重要力量。这无疑将抢占未来传统金融的大部分长尾客户群体，特别是在目前经济下行的情况下，不利于市场开拓和客户挖掘。

**2. 利率市场化对商业银行的冲击**

利率市场化，是指中央银行放松对商业银行利率的直接控制，把利率的决定权交给市场，由市场主体自主决定利率，中央银行则通过制定和调整再贴现利率、再贷款利率以及公开市场买卖有价证券等间接调控手段，形成资金利率，使之间接地反映中央银行货币政策的一种机制。简言之，利率市场化是指以资金市场的供求关系来决定利率水平，政府放弃对利率的直接行政干预。随着竞争的日益加剧，利率市场化一般会缩小存贷利差，导致银行利润下滑。

数字银行可能就是商业银行应对利率市场化冲击的创新产物。从美国数字银行的发展历史来看，1986年美国完成利率市场化以后，银行在存款利率方面展开激烈竞争。谁拥有较低成本，谁就拥有明显的竞争优势。而数字银行正好具备成本优势，表现在：一是较低的产品成本。数字银行往往仅在直销渠道提供品种有限的自助性存贷款产品，便于客户进行选择和管理，进一步迎合了所定位客户的需求（对存款收益率较为敏感，不满足于传统的、耗时的网点金融服务模式，有网购习惯的中等收入阶层）。二是较低的运营成本。与传统银行相比，数字银行具备不设分支机构和物理营业网点、组织结构扁平化、没有大量的柜面服务人员和全电子化业务流程等特点，使其能够保持较低的运营成本。相关资料显示，全球100家最大银行的柜面交易成本为1.07美元，电话银行是52美分，ATM是27美分，而数字银行仅为10美分。由于数字银行具备较低产品成本和运营成本，依托数字银行进行展业竞争，对母银行获取低成本资金和增强客户吸引力可能会产生积极作用，以更好地应对利率市场化冲击，实现业务经营的持续发展。

**3. 中小商业银行设立异地网点的政策限制与经营风险**

目前，银行业分类监管将行政区划作为限制城商行、农商行经营地域范围的标准，这一点不同于国有大型商业银行和全国性股份制商业银行，这也是监管部门对商业银行进行分类监管的主要依据。自2006年起，监管部门逐步放开对城市商业银行跨区域经营的限制，一些城商行开设了省外分行。但从2011年3月起，监管部门重启了城市商业银行跨区域经营的限制。股份制商业银行在异地设立经营网点，则面临巨大的人员成本和各项经营费用支出，而且对地区的市场客户情况熟悉度不高，承担着很大的经营压力，因此对于地域的选择比较小心和谨慎。

一边是实现自主性跨区域经营发展的需求，另一边是存在的诸多政策限制和经营风险，对股份制商业银行、城商行、农商行等中小商业银行而言，设立数字银行可能是平衡需求与现实后的最佳选择，有些中小商业银行甚至期望依托数字银行实现全网获客。设立数字银行，既为规避高企的运营成本提供了可能，也有利于规避地域选择难题。

## 1.2 数字银行的历史演进

数字银行的发展主要经历了三大阶段：银行自动化、银行电子化、银行数字化。

### 1.2.1 第一个阶段：银行自动化

数字时代的第一波浪潮主要在现有银行运作的基础上提供附加与延伸服务。20世纪50年代，大多数美国家庭是单收入家庭，女性多是全职家庭妇女，白天有时间去银行处理日常事务。随着越来越多的女性进入职场，美国家庭变成双收入家庭，人们白天使用银行服务的次数逐渐下降。直至20世纪70年代中期，花旗银行开始试验自助服务机（ATM），前任MIT主席John Reed引领了此次零售银行的技术革新，帮助人们通过机器完成存取款操作。ATM机利用磁性代码卡实现金融交易的自助服务，包括但不限于存取款、转账等银行柜面服务。它在一定程度上替代了银行的柜面工作，减少了银行柜员的工作量和银行的人力成本，使得银行工作人员可以将有限的时间和精力投入更有技术含量的工作中，提高了交易效率。但随着时代的发展，ATM机也出现了它的弊端。首先，通过ATM机进行转账、查询等业务仍是一种线下的交易方式，它的使用前提必须要求客户所在地有ATM机的设立，银行节省下来的人工成本有一部分将要转变为ATM机这种固定资产的投入和维护；其次，ATM机需要通过安装监控等手段来保证机器和客户的安全性，而这一部分也需要较高的维护成本。

早在20世纪80年代，花旗银行就开始了在线银行试水，然而直到20世纪90年代互联网的兴起才真正开始广泛应用。简便的页面浏览工具让消费者能进行在线转账、查看结算单和电子账单支付。随着商业银行提供网上银行服务，NetBank这样的网上银行在网络时代应运而生。

### 1.2.2 第二个阶段：银行电子化

随着互联网的快速发展和手机、笔记本电脑等移动电子设备的兴起，像NetBank这样在第二波革新浪潮中兴起的银行开始向线上转移，基本实现了电子化。通常这类银行利用前端系统与消费者实现了更好的连接，但仍以传统银行作为后台依托，沿用传统银行的中后台基础建设、风险模型乃至人力结构。其他的网上银行还包括Simple Bank（美国）、Fidor Bank（德国）、LHV Pank（爱沙尼亚）与星展银行（新加坡），均利用与传统银行相比建造费用低60%~80%，维护费用低30%~50%的IT基础设施，其人力成本相较而言也下降了10%~15%。网上银行在传统主流银行与未来全数字银行之间搭建了一个重要的桥梁。客户可以不用再去线下的银行网点，就能完成一些基础的业务办理，包括查询、转账、电子账单支付等。早期电子银行因使用终端不同而有所区分，一个是基于移动手机开发的银行App小程序，针对移动手机使用者用来办理一些复杂度较低的业务；另一个是网页版的电子银行，主要针对个人电脑使用者，通过将相关业务在互联网上呈现，让客户可以足不出户完成例如理财、借款等一些复杂度较高的业务办理。而随着金融科技的飞速发展，当前无论是手机客户端的电子银行还是网页版的电子银行，两者功能不断趋同，不再具有明显区别。在这一阶段，传统商业银行仍然是电子银行的主要参与主体。

### 1.2.3 第三个阶段：银行数字化

信息科技与移动通信的发展给银行业带来了第三波浪潮革新，智能手机和互联网在全球范围内的渗透率不断提高为此打下了坚实的基础，数字银行的出现给全球17亿名无法获得传统金融服务的消费者提供了便利，也给超过2.13亿个中小企业带来了更丰富的金融服务体验。数字银行利用加密技术、分布式记账、生物识别、人工智能与大数据的科技力量，以客户为中心，为不同的客户群体，如小型企业、高净值人群、年轻人群、旅行者、低收入群体等提供更为实惠、可靠、便捷、定制的全方位银行解决方案。移动方式不再是附加选择，而是以此为依托，从根本上改变用户体验、基础建设与信用分析。

数字银行带来了很多令人欣喜的投资机会，也是传统银行无法满足客户需求后必然的结果，在节省了大量的房产开支与传统IT维护费用的同时，仅使用了相对更少的人力资源，体现在其面向最终用户的低成本模式。在这种模式下，数字银行以低费率或免费提供取款、存款和账户维护等基础金融服务，以吸引广泛的用户群体，随后可通过多种方式增加客户黏性和变现，包括数字支付、数字化和多渠道销售、财富管理、智能投顾、智能大数据等。此外，数字银行还通过应用程序编程接口（API）将银行业务无缝嵌入企业日常的工作交流中，使得从银行业务到发票再到自动记账的所有操作都集中在一个平台中，大大节省了企业的时间和人工成本，使得全球范围内越来越多的企业采用数字银行作为批量支付的首选支付方式。消费者对数字银行服务日益增长的兴趣正在加剧全球竞争，鼓励数字银行持续推出不同功能、强化立足点的同时，也在撼动整个银行业，现有银行正在加大数字产品的研发力度，以捍卫其市场主体的地位。

## 1.3 数字银行的国内外发展现状

当前，全球数字经济蓬勃发展，依托于人工智能、大数据、云计算、区块链等前沿科技驱动，产业互联网、消费互联网等产生了巨大的数字金融服务需求。数据显示，2020年全球数字经济规模达到32.6万亿美元，同比名义增长3.0%，占全球国内生产总值（GDP）比重的43.7%。根据互联网数据中心（IDC）预测数据，到2023年数字经济产值将占到全球GDP的62%。全球数字经济的发展为数字银行的诞生和兴起提供了天然土壤，而更加广泛的金融科技应用则为数字银行的实现带来了动力。根据埃森哲（Accenture）旗下埃克斯顿咨询（Exton Consulting）发布的报告，2020年全球数字银行达到256家，较2018年

（60家）增长超过4倍，市场规模为347.7亿美元，预计将以47.7%的复合增长率增长，到2028年将达到7226亿美元。根据Business Insider的报告，2018—2024年数字银行用户数量将从2600万户增长至9800万户，账户数量则从500万个增至1.87亿个。可见，全球范围内数字银行将迎来快速发展。

### 1.3.1 国外发展现状

数字银行产生于20世纪末互联网刚刚兴起之时，在信息技术进步和消费习惯不断线上迁移的带动下，自21世纪初期数字银行开始步入快速发展的轨道，并取得了可圈可点的发展成绩。目前全球有近300家所谓的"新银行"上线，其中近一半集中在欧洲。与此同时，新的参与者正在不断加入这一行列，尤其是在拉丁美洲、非洲和中东。投资者对这一行业的持续热情推动了这一热潮，仅2020年，新银行就在全球范围内筹集了超过20亿美元的风险资本。客户也在搭乘新银行的浪潮。PitchBook报告估计，到2024年，仅在北美和欧洲就有1.45亿人使用这些应用。自2017年以来，全球新银行的数量已经增加了三倍，从100家攀升到全球近300家。这意味着世界上每五天就有一家新银行在某个地方推出。目前，数字银行已成为全球金融市场的重要组成部分。

再从典型国家看，美国数字银行起步较早，最早可追溯至20世纪90年代的直销银行，伴随互联网泡沫破裂，数字银行发展进入空白期。直至2013年后，金融科技更加成熟，各类场景逐渐落地，各方参与者重新探索新的商业模式，数字银行开始集中涌现。疫情期间，美国地方性银行、社区银行开户量大幅下滑，数字银行的开户量则翻了一倍，成为许多客户的主账户。目前，美国的数字银行大致可分为两类，一类是具有牌照的全栈数字银行；另一类是专注前端业务的数字银行。后者因为不具有完整的银行牌照，大多选择与中小银行合作开展持牌业务。

德国的数字银行大多是银行集团的全资或控股子公司，目前有荷兰国际数字银行（ING-DiBa）、德国信贷银行（DKB）、网通银行（Netbank）等多家数字银行。据统计，2000—2012年，德国数字银行客户数量增加了近3倍，从400万人扩展到1600万人左右。

不仅如此，数字银行还可以帮助母银行跨区域经营，快速地实现扩张提升。最成功的数字银行典范是荷兰ING Direct。当年荷兰国际集团（ING）希望在全球开展零售业务，但又难以承担建设大量物理网点所支出的费用，于是在1997年另辟蹊径，在加拿大创办了首家数字银行，之后又陆续在多个国家设立，并打造成为全球最大的数字银行机构。目前，德国ING DiBa是德国第三大零售银行，澳大利亚ING是澳大利亚第五大零售银行，也是澳大利亚最大的外资银行。

总之，全球范围内数字经济的大规模崛起，大数据、云计算、人工智能等科技应用升级加快，以数字银行为载体的数字金融模式呈现出快速发展态势，国际数字银行不仅在发展模式、业务多样化探索等取得了突出成就，而且在数字银行监管、行业生态建设等层面不断取得突破，英国、新加坡以及韩国等已经逐渐建立起相对成熟的数字银行发展业态，并推动数字银行生态走向合规、专业和包容性的发展道路。未来，国际数字银行的行业生态、业务模式和风险管理水平等，将会随着监管水平的提升和行业自身的创新演进而不断进步和发展，更好地助力数字普惠建设与经济包容性增长。

### 1.3.2 国内发展现状

数字银行虽然在欧美国家已经产生了 20 多年，但在我国兴起也就七八年的时间。自 2013 年北京银行打响了数字银行上线"第一枪"后，我国数字银行便如雨后春笋般快速兴起。现阶段，中国银行业的数字化程度全球领先。世界三大评级机构之一的穆迪在 2022 年 2 月发布了一份名为"Rapid Growth of Challengers Puts New Verve Into Old Banking Systems"。的报告，评定出全球 20 家新锐银行（Challengers），这些新锐银行凭借数字技术等优势与传统银行竞争。中国的微众银行、浙江网商银行、江苏苏宁银行等 4 家银行上榜。英国也上榜 4 家银行，因为其最早推进"监管沙盒"制度，在数字银行方面较为超前。美国受 2008 年债务危机影响，在金融创新领域慢了几年，到特朗普时代才开始放开 2008 年制定的金融管制措施，所以美国仅 2 家银行上榜。日本有 2 家，法国、德国等均有 1 家银行上榜。2022 年 5 月《亚洲银行家》也评选了全球前 100 家数字银行。榜单的全球前十之中，中国就有 3 家，分别是微众银行、浙江网商银行、江苏苏宁银行。

中国拥有数字银行成长的绝佳环境。

一方面有庞大的市场容量。数字银行的重要意义在于填补市场空白，一个市场的长尾客群越多、金融渗透率越低，则发展数字银行的土壤越肥沃。2017 年中国有 2.34 亿名金融未覆盖人群，2019 年家庭债务规模占 GDP 的比重在 56%，同期美国的金融未覆盖人群仅 1 900 万人，家庭债务规模占 GDP 比重达 75%，可见中国市场潜力之大。在这些年数字技术的助力下，中国的金融覆盖率已有显著提升，2021 年中国的家庭债务规模占 GDP 比重升高到了 62.2%。这 6 个多百分点的提升，已大大促进了中国数字银行的发展。这是中国数字银行发展的经济根源。

另一方面是政策支持。如果仅论市场容量，印度的市场空间也很大，该国众多人口尚未享受基础金融服务，但是印度没有有效的支持政策，所以在数字银行方面没有起色。中国政府则提供了一个宽松的政策环境，对数字银行创新有较高的容忍度。中国人民银行在 2019 年就推出了第一阶段《金融科技发展规划（2019—2021 年）》。市场主体的动作与政策是高度配合的，在 2019 年前后，金融机构的数字化发展也迎来了一个小高峰。2022 年央行又发布了第二阶段《金融科技发展规划（2022—2025 年）》。银保监会 2022 年 1 月也发布了《关于银行业保险业数字化转型的指导意见》，这为金融机构下一阶段的数字化发展提供了坚实基础。

## 1.4 数字银行发展趋势及模式探索

### 1.4.1 发展趋势

数字商业模式通常遵循类似的演进路径。在成立初期，大部分精力和投资都用于确保快速增长，在现金耗尽之前达到最低水平的规模和市场份额，实现收支平衡并最终获得盈利。数字银行也不例外，近年来随着大量资金的涌入，迅猛的客户增长和国际扩张成为主要战略目标。

2020 年新冠疫情为数字银行创造了一个能够远程管理接入和关键服务流程的良好环境，但持续的危机也凸显了新进入者的劣势，他们大部分没有自己的牌照，且应对管理不利场景的经验不足。疫情的出现也倒逼传统银行进入加速建立数字能力的危机模式，加倍致力于改善数字客户体验以及为未来竞争力奠定内部流程、基础设施、产品和人员方面的基础。金融科技可能为金融服务的未来开辟了一条新途径，但传统银行已经找到了一种快速适应它们的方法。此外，数字银行的危机应对与传统银行并无不同，宣布削减成本和裁员计划，推迟产品或扩张计划，甚至向上调整其产品/服务定价。

目前，数字银行仍处于发展初期，在首次获得动力的 5 年后，关于如何开发可持续盈利的商业模式仍未得到解答。虽然公司估值持续飙升，仅在欧洲就有超过 5 000 万名客户开设了数字银行账户，但只有极少数达到收支平衡。支付交易手续费、高级账户订阅费以及第三方服务代理佣金（开放银行）是目前客户关系变现的主要形式，但在大多数情况下不足以产生利润或超过盈亏平衡点，数字银行仍需提供额外的产品来弥补差距以实现可观的盈利水平，未来的发展路径或可分为三种：（1）成为数字放贷方；（2）在金融服务范围外拓展，成为超级应用软件；（3）抓住大众富裕的机会，从数字银行转为数字经纪人。数字银行想要成为拥有漫长历史的传统银行的真正"挑战者"还有很长的路要走，但作为金融体系旨在提高金融普惠性的重要组成部分，其地位将越来越高。

### 1.4.2 模式探索

**1. 数字银行与传统业务数字化是并行的两条线**

随着数字化时代的到来，日趋复杂的客户需求、更加线上化的客户行为和互联网企业的跨界竞争，正在迫使传统商业银行走上数字化转型之路。互联网、云计算、大数据的快速发展又进一步加速了商业银行数字化转型的进程。当前，我国商业银行已经开始了数字化迁徙的浪潮。

对国内商业银行来说，建设数字银行与传统业务的数字化转型是并行的两条线。一方面，从战略定位来讲，数字银行是母体之外的数字化创新模式。在大部分银行的观念中，数字银行对母银行来说是相对独立的部分，是母银行进行数字化探索的"试验田"和"自留地"。另一方面，在推动数字银行建设的同时，很多商业银行也在着力推动传统业务的数字化。例如，浦发银行不但上线数字银行，而且推动所有零售银行业务均已完成互联网化改造，超过 90%的个人传统业务可通过电子渠道完成。

**2. 组织架构上多为银行下属部门**

各家数字银行目前在架构上仍在母银行之内（事业部等形式），或属非独立持牌的子金融机构。受监管政策影响，数字银行只是隶属于商业银行内部的一个部门，缺乏一定的独立性。例如，工商银行数字银行隶属于工商银行个人金融部，平安银行、民生银行数字银行都是隶属于网络金融部的二级部门运作，兴业银行数字银行则隶属于电子银行部。

在管理架构上，数字银行业务管理多由各行电子银行部负责；风险监管体系则多沿用商业银行网上银行风险监管体系。独立性的缺乏往往容易导致业务难以区分、创新动力不足、对存量客户和资源产生内部竞争等问题。

组织架构呈现扁平化是数字银行的一大特征，为其节约了大量的运营费用和成本。数字银行没有实体分支网点，其后台工作人员通过电子化工具直接与终端客户进行沟通和业务往来。数字银行的员工一般较少，有的甚至只靠二三十人就能维持运转。

**3. 客群结构特征明显**

客群以数字一代、中等收入群体为主。数字银行在客群上的定位与传统商业银行关注的主流客群不同，数字银行希望通过便捷的网络渠道、低成本的业务模式来获取和服务母银行未能有效覆盖的新客户。

数字一代是数字银行最主要的目标客户群。数字一代也被称为网络一代、媒介一代，是指深受"在线生活"方式影响的一代人，是互联网最核心的客户。中国的数字化一代经历了巨大的变化，数字设备和互联网在各级城市以及农村地区得到了快速普及。随着互联网向不发达地区的渗透，该行业仍有巨大的发展空间。2009 年，中国的互联网用户人数达到了 3.84 亿名，超过了美国和日本的总和。2022 年，中国的互联网用户数达到了 10.67 亿名。

同样，大部分数字银行也将目标客群定位在中等收入群体。不同数字银行对其目标客群具有不同的表述，但聚焦到数字银行目标客群的群体特征，又具有很多共性特征：他们追求实惠，对利率十分敏感；注重高效，不愿在实体网点浪费过多时间；追求简单，对定制化的服务没有强烈需求。

具体到年龄特征，数字银行的目标客群则多为中青年群体。平安银行零售网络金融事业部负责人表示，平安银行橙子银行主要定位于年轻的、数字一代的客户群体，并针对其需求提供少而精、透明、标准化的产品。民生银行数字银行面对众多的金融需求，其有取舍地筛选目标客户，重点关注"忙、潮、精"三类客群，将客户群下沉到广泛存在却长期被忽视的普通大众群体，坚持普惠金融服务，民生银行数字银行使用以中青年客户群体为主，"70 后""80 后""90 后"客户分别占客户总数的 21%、40% 和 20%，合计占比超过 80%。

**4. 产品种类较少，集中于货币基金、理财和存款产品**

数字银行模式的规模边际成本极小，有更多空间让利于客户。在投入和经营成本上较物理网点少，能够为客户提供价格更低、收益率更高的产品，可以依靠低价高利来吸引客户。在产品设计上，大多数字银行都开展了与其他金融机构的合作，精选多类基金、保险理财等产品，主打互联网综合智能理财概念，并融合智能存款、基金理财等主流互联网金融模式。部分银行还提供了绑定信用卡还款、ATM 取现、转账、日常缴费、小额信用贷款等服务。在贷款和融资方面，数字银行也采取了较为先进的后端数据平台处理，通过互联网来进行贷款和融资。

从目前产品情况看，数字银行通常摒弃客户的个性化需求，仅提供多数客户需要的标准化金融产品，而且产品种类较少，在每个产品种类中，客户可以选择的产品数量也不多，简单明了是其为客户提供产品的主要选择标准。以北京银行数字银行为例，已上线的产品包括更惠存（存款类）、更慧赚（理财类）、更会贷（贷款）三类，理财产品类提供了一款货币基金产品、一款银行理财产品和一款债券产品，数量远远少于传统商业银行。根据易观智库对全国 55 家数字银行的统计结果，数字银行产品结构主要集中在货币基金、银行理财、存款业务、贷款业务等方面，分别有 81%、63%、63% 和 30% 的数字银行提供上述产品和服务。

**5. 全部采用线上销售，移动端比重日益提升**

随着互联网时代人们消费习惯、金融生活方式的深刻改变，客户的金融自主权也在不断提升。他们要求自主获取信息并做出决策，不再习惯被动接受金融机构和权威专家的信息推送，需要更多简单明了的金融产品自主选择，也会自主选择接受服务的时间和渠道，倒逼金融行业创新渠道模式。

数字银行的特征之一是充分依托虚拟网络。数字银行业务开展主要是基于互联网等网络平台，不以实体网点和物理柜台为基础，不发放实体银行卡，打破了空间和时间等限制。目前国内已上线的数字银行基本实现了 7×24 小时不间断业务在线办理，线上渠道在一定程度上打破了空间限制。以民生银行数字银行为例，根据民生银行数字银行发布的客群统计结果，该数字银行获客最西端已达到新疆喀什，最南端达三沙，最北端在漠河，最东端在抚远，虽然目前在这些城市获客的数量可能并不多，但其市场空间却非常大。

同时，线上渠道也有利于形成便捷的客户体验。当前数字银行大多利用互联网、手机、电话等多种便捷方式向客户提供金融服务，数字银行的界面设计普遍清晰简洁，只需通过手机号码和银行卡号进行网上注册。交易客户端操作界面基本实现了友好、简洁，交易流程相对顺畅，客户能在最短时间内快速地获取金融服务，大大节省了客户的时间和精力，客户体验较传统商业银行有很大提升。

当前，数字银行线上渠道仍以全渠道为主，移动端客户已多于 PC 端。数字银行大多依托纯线上渠道，仅有北京银行是按照线上线下融合的模式来设计的，但并不办理具体业务，主要业务仍通过线上完成。根据易观智库统计，国内数字银行在渠道选择上，选择在移动端的多于 PC 端，且多数的数字银行采用了 PC 端和移动端并重的全渠道策略。同时，易观智库研究发现，不少仅存在 PC 端的数字银行在产品配置、营销推广等方面均默默无闻，与全渠道的数字银行存在较大差距。

## 本 章 小 结

本章主要介绍了数字银行的产生与发展。互联网、移动互联网、大数据、云计算等信息技术的蓬勃发展使数字银行成为可能。商业银行转型求变催生了数字银行。数字银行的发展主要经历了三大阶段：银行自动化、银行电子化、银行数字化。全球范围内数字经济的大规模崛起，大数据、云计算、人工智能等科技应用升级加快，以数字银行为载体的数字金融模式呈现出快速发展态势。全球范围内数字银行迎来快速发展。但是，我国数字银行发展同质化竞争激烈，出现了割据混战的局面。不仅如此，国内数字银行还在场景端、与母银行的竞合关系等方面面临重大挑战，新增获客困难，客户黏性较低。总体上看，我国数字银行发展形式重于实质，虚假繁荣。目前数字银行仍处于发展初期，未来的发展路径或可分为三种：（1）成为数字放贷方；（2）在金融服务范围外拓展，成为超级应用软件；（3）抓住大众富裕的机会，从数字银行转为数字经纪人。

## 简答题

1. 简述人工智能的发展阶段。
2. 简述国内数字银行发展现状。
3. 简述国外数字银行发展现状。
4. 简述数字银行的发展趋势。
5. 简述数字银行的模式探索。

# 第 2 章

# 数字银行概述

【本章学习目标】

通过本章学习，学员应该能够：
1. 了解什么是数字银行，对数字银行有一个全面、清晰的认知；
2. 了解数字银行的定义与内涵；
3. 了解并辨析与数字银行相关的概念；
4. 了解数字银行的特征；
5. 了解数字银行带来的影响。

## 2.1 数字银行的定义与内涵

### 2.1.1 数字银行的定义

"科技"与"金融"的结合触发了金融业里程碑式的变革为适应时代的发展、迎合市场的需求、更好地实现"以客户为核心"的理念，银行纷纷迈出数字化转型的脚步，进入银行数字化时代，逐渐成为"数字银行"。

数字银行的释义在业内不同的细分议题中具有不同的阐释，"数字银行"一词迄今有两种释义。

第一种释义，是从数字银行业务与传统银行业务比较的角度出发，认为数字银行是传统银行业数字化转型的结果。

该种释义认为数字银行主要是指以"用户为核心的"从线下到线上的渠道的变化。金融评论家克里斯·斯金勒（Chris Skinner）出版于 2014 年的著作《数字银行》（*Digital Bank*）一书认为传统银行依赖实体分行网点作为根基进行银行业务活动，而数字银行不再依赖于实体分行网点，而是以数字网络作为银行业务活动的核心，借助前沿技术为客户提供在线金融服务，银行通过线上服务渠道搜集保存用户数据，成为"数据资源保险箱"，使得银行可以通过海量的用户数据为客户提供差异化、定制化服务，成为多元化的"客户服务中心"，增强"以客户为核心"的实践，服务趋向定制化和互动化，银行结构趋向扁平化。

这一释义至今仍在沿用，但随着数字银行参与者的成长路径与需求各异，其内涵日益丰富，细节更为清晰。一些银行着重于利用数字化技术优化自身管理运营、提升管理效率；

一些银行着重于利用数字化技术开拓市场、拓展获客可能性边界；一些银行利用数字化技术进行产品与服务创新，丰富业务种类。可见，数字银行突破传统业务的空间限制，在满足客户多元化需求的同时，也为银行发展带来了无限的机遇。

第二种释义，是从未来数字货币流通的角度出发，强调商业银行对于数字货币流通的重要性，数字货币流通的前提与保障是商业银行的数字化。

法定数字货币（DCEP，Digital Currency Electronic Payment，数字货币电子支付）是指由中央银行依法发行，具备无限法偿性，具有价值尺度、流通手段、支付手段和价值贮藏等功能的数字化形式货币。通俗来说，其是一种具有电子支付功能、可以代替实物现金的数字化 M0。中国人民银行自 2014 年着手进行法定数字货币的研究；2017 年正式设立了中国人民银行数字货币研究所，专门负责央行数字货币的研发和应用探索工作；2020 年开始数字人民币试点测试工作，目前仍在稳步推进当中。

相比微信支付和支付宝等第三方互联网支付，数字人民币有明显不同。数字人民币定位于现金类支付凭证即 M0，而微信支付、支付宝是商业银行存款货币结算。通俗讲，数字人民币是真实的"钱"，而微信、支付宝属于"钱包"。此外，数字人民币还支持双离线交易，在弱网条件下有更好使用体验，使用场景更广。

在数字货币与商业银行的关系方面，数字人民币运行框架采取"央行—商行""商行—公众"的二元体系（见图 2-1）。中国人民银行不直接对公众发行和兑换央行数字货币，而是先把数字人民币兑换给指定的运营机构，包括商业银行或者其他商业机构，运营机构需要向人民银行缴纳百分之百的准备金，再由这些机构兑换给公众。这种双层运营体系和纸钞发行基本一致，不会对现有金融体系产生大的影响，也不会对实体经济或者金融稳定产生大的影响。

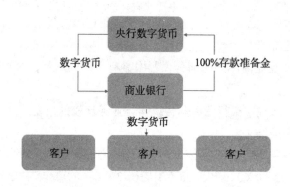

图 2-1　数字货币二元运行体系

央行数字货币设计目标是实现 M0 数字化，发行一款具有央行信用的电子货币，实现全面替代现金。从数字货币设计完成，到被民众普遍接受，再到完成替代现金的目标，央行数字货币的推广问题不能忽略的课题，在这一过程中商业银行扮演重要角色。央行数字货币的推广需要商业银行现有的基础设施，商业银行具备成熟的信贷网络基础设施、支付网络基础设施以及较为完善的 IT 服务系统，从而在央行数字货币的二元模式下，央行扮演发行方角色，商业银行发挥分销商角色。

商业银行在设计和管理央行数字货币钱包时需要满足央行数字钱包应具备应对瞬时超高并发交易处理能力的要求、保证央行数字货币具有可控匿名性、同时保障客户体验。因此，数字货币的流通需要商业银行强大技术支持，也对商业银行数字化转型提出了更高的要求，需要商业银行向数字银行转变以承接数字货币未来在中国的普遍流通。

以上两种释义从银行业务与未来货币流通要求上对数字银行进行了解释，主要是从银行数字化的目的出发，认为银行需要进行数字化转型提升"以客户为中心的"用户体验，此外需要加快数字化步伐迎合未来的数字货币时代。但从过程角度出发，这两个释义存在一个共同点，就是银行需要实现其活动、计划与职能的全面数字化。此外，我们认为从数字银行的目的上来说，数字货币的使用亦是着眼客户群体需求，是以用户为核心、提升用户体验的重要举措。因此，这两种定义是殊途同归的，都是以用户需求为导向，实现银行活动、计划与职能的全面数字化。基于此，我们倾向于从数字银行与传统银行区别与银行数字化过程方面对数字银行作如下定义。

数字银行（Digital Bank）是指银行及其所有活动、计划与职能的全面数字化。区别于传统银行，数字银行脱离实体分行网点的限制，以数字网络为基础、借助前沿技术实现内部管理、业务模式的数字化，实现银行效率与能力、客户体验的全面提升。数字银行是网上银行、手机银行、手机钱包、网上开户、网络营销等一系列事物的总称。数字银行更依赖于大数据，分析和采用所有新技术来改善客户体验。

## 2.1.2 数字银行的内涵

数字银行的核心在于利用大数据、云计算、互联网、人工智能等先进技术，全面强化"以客户为中心"的服务理念，实现银行客户体验的全面升级。

在内部管理手段方面，数字银行利用技术手段进行资产管理、成本管理、风险管理与资产定价。在客户体验方面，数字银行强调通过互联网等新兴渠道为客户提供便利化的服务提高客户黏性；通过大数据分析识别客户的差异性与偏好，从而创新产品与服务内容，为客户提供多元化的服务，提高客户体验性；通过客户行为建立无银行贷款记录客户的征信画像，开拓用户开发的可能性边界。

数字银行主要由四个方面组成：提升自身效率与能力、提供多样化的自助服务渠道、提供客户个性化服务、进行产品与服务模式的创新。

**1. 自身效率与能力的提升**

一个真正的数字银行，并不是简单的银行业务数字化。只有通过技术、人工智能等方式，把银行内部整体的运营体系全部重新打造一遍，才是数字银行真正的价值所在，也是数字银行较传统银行竞争力的体现。一个成功的"数字银行"本身不仅仅只是消除线下实体支行如此简单，它需要有互联网思维：如何通过网络以及科技获取客户、降低背后的运营成本。这一切又必须基于对于传统银行运作流程的充分理解，才能有效通过科技改善整体运营效率，推出更具竞争力的产品，不断扩大客户群体以及品牌知名度。

一个真正的数字银行，是秉持"以客户为中心"的服务理念、依托先进的数字技术，不断完善系统架构、优化业务流程、提升运营管理、强化风险控制、丰富场景生态,为客户提供便捷、高效、普惠、安全的多样化、定制化、人性化金融产品和金融服务的新型银行。

**2. 多样化的自助服务渠道**

数字银行是网上银行、手机银行、手机钱包、网上开户、网络营销等一系列事物的总称。很多银行还会提供退休账户、加密交易、多币种账户、消费行为分析等各种产品。无论是银行网点、智能手机、各种银行 App 还是第三方关联软件,客户只需要随意选择一个即能进入银行服务当中。这些多样化、数字化的自助服务渠道不仅打破了传统银行的服务方式,为用户带来了前所未有的便利,还为银行汇聚了海量的客户消费行为信息,获取并储存海量优质"数据资产"提供可能。多样化的自助服务渠道为银行改进产品与服务方式,进行金融产品创新提供了海量数据支持。

**3. 实现客户服务个性化和差异化**

数字银行的核心是以客户为中心。数字银行通过积累的大量用户信息,可以针对客户愈加多元化的需求,改善、开发产品与服务。数字银行通过利用大数据、云计算、区块链等技术,可以获得、存储、分析、跟踪用户偏好、消费、行为等数据,以此挖掘客户需求,针对不同地区、不同偏好的客户群体提供个性化、差异化的金融产品与服务;同时,数字银行可以为客户提供更加便捷与智能化的理财服务,运用人工智能进行智能投顾、根据用户偏好制定更适合客户的投资组合策略等,增强客户体验感,提高客户黏性。

**4. 进行产品与服务模式的创新**

数字银行拥有海量用户数据库,拥有庞大的技术体系,尤其是通过区块链技术平台的每一笔交易都会被准确无误地记录下来,产品与服务模式的创新离不开银行对于用户的偏好分析、市场接受度分析。依托大量的用户基础数据与交易数据,数字银行可以顺时而变,使得产品更加契合用户需求,并依据用户需求的动态变化设计出更具吸引力的金融产品,实现产品与服务创新的持续化与常态化。

## 2.2 数字银行相关概念辨析

目前,全球各地有很多关于新型银行的概念,如数字银行、互联网银行和直销银行等,这些概念都与数字银行紧密相关,但业内尚无权威定义,本节对这些概念进行辨析,明确其与数字银行的区别与联系。

### 2.2.1 直销银行

**1. 直销银行概念**

直销银行(Direct Bank)是一种新型银行运作模式,是指不依靠实体网点、不发放实体银行卡,主要通过电话、邮件以及手机等移动渠道获取客户和提供服务的新型银行。银行通过搭建"纯互联网平台",在此平台上整合自身存贷汇业务与投资理财产品。与个人网银相比,直销银行突破了本行账户局限,可向他行用户开放。这一经营模式下,银行没有营业网点,不发放实体银行卡,客户主要通过电脑、电子邮件、手机、电话等远程渠道获取银行产品和服务,因没有网点经营费用和管理费用,直销银行可以为客户提供更有竞争力的存贷款价格及更低的手续费率。降低运营成本,提升用户体验是直销银行的核心价值。

直销银行诞生于20世纪80年代末期北美及欧洲等经济发达国家,因其业务拓展不以实体网点和物理柜台为基础,具有机构少、人员精、成本低等显著特点,因此,能够为顾客提供比传统银行更便捷、优惠的金融服务。

**2. 直销银行特点**

(1)依托于虚拟互联网络,较少或不设立实体分行网点。这是直销银行区别于传统银行的核心特点。传统银行业以实体分行网点作为接近客户、拓展业务规模的基础,互联网和移动设备的使用只是对柜面服务的一种补充。而直销银行则以开放性的互联网技术为基础,通过互联网、电话、ATM、电子邮件、移动终端等媒介,基于电子账户与客户进行业务往来,拉近与客户的距离,也方便对客户进行营销和维护。直销银行的电子账户一般可通过多种渠道注册,支持绑定本行或者其他银行的银行卡,节省客户的时间和精力。

(2)薄利多销的经营理念。低成本运营基础上的薄利多销,是直销银行的核心竞争力。在固定资产方面,直销银行只需投入一定的硬件、软件以及较少的人力资本,并且软件具有可复制性,能节省大量营业网点及其他设备所需的购建、维护、人力和建筑成本。在经营方面,直销银行可实现信息的即时传输,进而将资金在途时间压缩到最低,提高了经营效率。通过对互联网和大数据的充分运用,来保证直销银行的运营成本远低于传统银行。

(3)差异化的市场定位。从经营定位上看,传统银行的目标客户群主要是以网点为圆心,覆盖半径内的所有客户,追求的是大而全的客户群体。由于销售渠道的特殊性,直销银行通常很难满足客户的所有金融需求,而是将目标客户定位于能熟练使用互联网,对资本收益比较敏感,注重便捷和效率的"数字"客户。相对于传统银行的实体网点,这些客户本身就是补充性的,所以,直销银行能够与传统网点建立竞合关系,走出了一条与实体银行相补充的发展道路。

(4)简单同质的产品结构。直销银行通常会建立自己独立的产品体系,针对特定的客户群体展开营销。由于销售渠道的特殊性,起步阶段的直销银行多摒弃了客户的个性化需求,仅提供大多数客户需要的标准化产品和服务,基本覆盖支付、结算和投融资领域。而且,每个产品种类中,客户可以选择的数量也不多,因此,产品具有简单同质性。

(5)组织结构扁平化。在组织结构设置方面,充分体现了"直销"的特点。绝大部分直销银行都极少或根本没有实体分支网点,银行后台工作人员直接与终端客户进行沟通和业务往来,其组织结构具有扁平化的特征。

(6)追求便捷性和安全性的统一。相比传统实体银行固定的工作时间,"直销银行"可以利用互联网、移动通信等方式为客户提供365天24小时不间断的网上金融服务,这为客户进行网上交易和支付提供了极大的便利。

### 3. 直销银行的现状

2013 年，以余额宝诞生为标志的互联网金融行业迅速崛起，蚕食传统商业银行市场份额，加剧了传统银行业的客户流失。出于减少业务运营成本、增强自身市场竞争力的考虑，参考欧美等国家的银行营销模式，我国传统商业银行开始探索直销银行的发展道路。我国的直销银行当前处于起步阶段，主要通过手机 App 为客户提供各类金融产品和资金服务。因其不以柜面为基础，能够不受时间、地域、网点的限制，可快速为客户提供简单、透明、优惠的产品。目前，我国直销银行的业务涵盖范围以存款和汇款为基础，逐步建立起涵盖贷款、投资理财和生活缴费场景的综合金融服务模式。

在运营模式上，国内大多数直销银行属于商业银行的二级部门，未获得独立的法人身份。现阶段主要有以下几种运营模式：第一种是纯线上运营模式，例如江苏银行直销银行。第二种模式是"线上互联网平台+线下直营渠道"模式，例如北京银行与荷兰 ING 银行合作，在线下便利店设置银行终端设备，将电子化服务和便民直销门店互通，为客户全天不间断地提供金融服务。第三种模式是"线上平台＋互联网合作"模式，直销银行与互联网企业建立联盟，共享金融服务和科技力量，代表案例是民生银行直销银行与阿里巴巴开展的新金融业态合作。在服务流程上，直销银行由于没有实体柜面，业务开展主要通过 App 进行，首先，进行客户认证，其次进行账户绑定，最后为客户提供线上服务。客户利用直销银行 App，通过电子账户可以实现定活存款、贷款、投资理财、生活场景支付等金融服务。

### 4. 与数字银行的区别

（1）背景不同。普遍来看，目前在商业银行内部，直销银行并非是一个独立的银行，而是传统银行的一个事业部门。直销银行仍被视为传统银行渠道的一种补充，大多数直销银行在银行内部尚未获得独立运营资格，仅被当作弥补传统线下网点的先天不足而存在，直销银行大多可归为银行的下属部门，缺乏独立的产品设计和运营团队。而数字银行并非银行的一个子公司或者部门，而是属于银行整体的称谓，是指从管理到运营的银行所有活动、计划、职能的全面数字化。

（2）定位不同。顾名思义，直销银行的重点在于"直销"，侧重于通过线上网络向客户销售金融产品，其定位于拓宽销售渠道。而数字银行的数字化，并非仅仅局限于销售渠道的数字化，而是全面整体的数字化，这是一个整体性、全局性的定位与目标。

（3）数字化程度不同。直销银行是产品销售的线上模式，主要借助 App 为客户提供各项金融服务，而数字银行不仅包括业务营销模式的数字化，也包括银行自身内部管理、资金监控、数据分析、业务流程、产品创新与银行职能的数字化，需要大数据、云计算、区块链、人工智能、移动互联网等各种技术的融合支持，因此，数字银行所需要的技术更为复杂，数字化程度更为深厚。

### 5. 与数字银行的联系

（1）直销银行与数字银行同样需要借助新技术。直销银行模式的核心是依托银行电子账户体系和独立的 App 应用，将银行业务和服务进行互联网线上化的过程，为广大互联网用户提供包括但不限于投资理财、基金、黄金、保险和融资管理等产品。直销银行的发展以数字技术为依托进行的，这与数字银行发展的基础相同，都需要借助数字技术实现迭代发展。

（2）直销银行是数字银行的重要一环。直销银行是银行直接与客户对接的一个重要业务渠道，是商业银行数字化的最前沿的阵地。凭借数字技术首先为用户提供便捷的服务，有助于商业银行在激烈的市场竞争中站稳脚步并且评估数字化的收益，进而对数字化予以重视，加快开发，实现银行的全面数字化，成为数字银行。因此，直销银行作为数字银行的先导者，是数字银行构建的重要一环。

## 2.2.2 互联网银行

**1. 互联网银行概念**

互联网银行是指借助现代数字通信、互联网、移动通信及物联网技术，通过云计算、大数据等方式在线实现为客户提供存款、贷款、支付、结算、汇转、电子票证、电子信用、账户管理、货币互换、投资理财、金融信息等全方位无缝、快捷、安全和高效的互联网金融服务机构，是经济领域"网络+银行"的产物，属于可以在线上办理银行业务的金融机构。微众银行、网商银行、苏宁银行等都是互联网银行的典型代表。其是独立的银行，而非直销银行那样隶属于传统银行的某个部门或事业部。

**2. 互联网银行特点**

互联网银行是对传统银行颠覆性的变革，是未来金融格局的再造者。通俗来说，互联网银行是把传统银行完全搬到互联网上，实现银行的所有业务操作。互联网银行有如下特点。

（1）互联网银行和传统银行之间最明显的区别是，互联网银行无须分行，服务全球，业务完全在网上开展。

（2）拥有一个非常强大安全的平台，保证所有操作在线完成，足不出户，流程简单，服务方便、快捷、高效、可靠，真正的 7×24 小时服务，永不间断。

（3）通过互联网技术，取消实体分行网点和降低人力资源等成本，与传统银行相比，具有极强的竞争优势。

（4）以客户体验为中心，用互联网精神做金融服务，共享，透明，开放，全球互联，是未来银行的必然发展方向。

**3. 互联网银行现状**

在法人层面，互联网银行大部分属于民营银行。2014 年，微众银行成为国内首家开业的民营银行，拉开了国内互联网银行蓬勃发展的帷幕。互联网银行的概念关键词定位于互联网，表现形式上的重要特征为轻或者无线下网点的银行，全部运营在线上进行。自 2014 年 3 月启动民营银行试点以来，当年批筹的 5 家试点民营银行分别为前海微众银行、温州民商银行、天津金城银行、浙江网商银行与上海华瑞银行，至 2020 年共计有 19 家民营银行获准成立。民营银行牌照中的互联网银行包括微众银行、网商银行、新网银行、中关村银行、苏宁银行、亿联银行。

互联网银行股东背景大多包括互联网公司,目标客群以B端商家用户与C端个人用户中的长尾主体为主。互联网银行获客几乎全部源自线上,与银行的网上银行等线上入口有重叠。目标客群定位亦有所区分:微众、网商、苏宁、亿联、新网专注小微、个人等群体,众邦、中关村银行则侧重于科创、企业客户。互联网银行背靠互联网巨头、打破传统银行的垄断,初期获得了较快的发展,目前正在政策的规制下实现更加标准、高质量的发展。

**4. 与数字银行的区别**

(1)营业地点范围不同。互联网银行的重要特征是少或者无线下物理网点,其营业地点是在虚拟的网络上,用户可以通过网络登录银行。而数字银行并没有抛弃实体分行网点,而是在构筑线上服务平台的基础之上将实体分行网点控制在能够满足需求的合理范围之内。

(2)业务侧重点不同。互联网银行是对传统银行的补充。在银行数字化早期,银行无法对长尾客户与小微企业提供其所需业务,造成现代银行业信贷资源错配,这是互联网银行蓬勃发展的重要原因之一,也因此形成了互联网银行与传统银行业务的侧重点的不同。互联网银行主要的服务对象是小微客户,而传统银行的服务对象主要为实力较为雄厚的用户与企业。但随着传统银行的数字化转型,这一竞争格局将得到改变。当下互联网银行与传统银行都在利用数字技术增强自身竞争力,尽管当前其业务侧重点有所不同,但很可能随着其数字技术的不断应用而缩小差异,传统银行与互联网银行均向"数字银行"靠拢。

**5. 与数字银行的联系**

(1)互联网银行是数字银行的早期形态。互联网银行不依赖于传统零售银行的实体分行网点和柜台渠道,主要通过自助渠道和电子渠道为客户远程提供银行产品和服务。且互联网银行不同于直销银行,其一般具有独立法人资格或较强的独立性,超越了电子银行的渠道范畴,成为单独的业务运营主体,实现了业务从线下物理网点到线上的变革,是数字银行的早期形态,为金融消费者提供了更加便捷、多元、透明的服务,提升了用户体验感。

(2)互联网银行的发展方向是数字银行。数字银行将运用大数据、云计算、人工智能、区块链等金融科技手段再造银行业的运营体系,从根本上实现商业银行从部门银行到流程银行的转型。目前,数字银行处于发展的初期阶段,其经营环境、金融功能、商业模式和发展路径还没有成熟或定型,和理想的数字银行还有一定的距离,互联网银行正是银行向数字银行转型中的中间产物,数字银行也是互联网银行未来的发展方向,其科技含量将进一步提升,客户体验将进一步增强,针对数字银行的各项管理措施及监管政策将进一步完善。

## 2.3 数字银行的特征

从理论上讲,作为依赖于移动互联、大数据、云计算等技术的数字银行,驱动其发展的最主要原因是节约成本、提高效率与获取利润,那么围绕这一目标,就决定了数字银行在商业运营模式、产品设计、营销推广、组织结构、品牌定位等方面均有别于传统银行。当前，我国数字银行都有着一些共同的特点。为此，本部分着重梳理数字银行的特征，以全面展示数字银行发展的内涵。

**1. 开放化发展**

银行网点与各产业融合，迈入开放型数字银行"进阶之路"。在开放型数字银行时代，银行网点与各产业方深度融合，产生更多产业合作场景与数字金融服务需求。一方面，银行能够对接该场景的业务流量，产业与银行的价值实现深入互联，如银行网点+旅游、银行网点+交易场景。另一方面，银行网点提供金融服务的同时，嵌入式提供产业服务，如银行网点+消费场景。例如，银行网点+教育：在家长为子女买教育基金等其他理财产品的同时，结合课外辅导班、兴趣班等产品。银行网点+旅游：在出境和外汇聚集区网点，结合出境旅游相关产品；银行网点+消费。营销+消费分期购买。银行网点智慧大屏与消费者互动奢侈品、汽车等商品分期购买信息。消费者可随时在银行网点办理消费分期信贷业务。以此，数字银行与各产业方深度融合，协同发展，具有开放化发展的特征。

**2. 无形化发展**

银行服务嵌入生活场景，随时随地可获取。在无形化数字银行时代，金融与生活场景深度融合。银行并非独立于人们生活，而是嵌入生活场景中。在无形化金融服务状态下，人们虽然感知不到金融机构的存在，但可以随时随地获取金融服务。有两种嵌入生活场景的方式：第一种，银行自身开发个性化生活服务平台，将银行服务嵌入该平台；第二种，多个银行与一个生活服务平台合作，将多个银行服务嵌入合作方生活服务平台。在实现手段上，物联网、人工智能、大数据等数字技术将始终推动数字银行无形化的深入发展。以此，数字银行融入用户生活、实现了为用户的全方位随时的便捷服务，具有无形化发展的特征。

**3. 更低的运营成本**

以往，传统银行规模扩张更多依赖于实体分行网点的扩张，但新设网点必然需要增加固定资产投资及网点租金费用，并为新设网点招聘员工，导致人员开支增加，而成熟的发达经济体普遍物业租金及人工成本昂贵，由广设实体分行网点导致的庞大人员开支及网点租金使得实体网点成本持续上升。与之相比，一方面，数字银行是经营模式的去实体化。数字银行基本摆脱了实体分行网点的束缚，通过移动互联网等线上渠道获取客户来实现节约成本的扩张。另一方面，数字银行则是组织架构的小型化、扁平化、轻型化。物理网点建设成本和人工成本大幅缩减，显示出了数字银行低成本的运营优势。

**4. 更高的定价**

由于数字银行在经营成本、费用支出方面与传统银行相比更低，理论上来讲，数字银行既然拥有更低的运营成本，那么，就可以在相对于传统有实体网点的银行低一些的利差水平上实现相差不多的回报。因此，数字银行可以利用低成本优势，为客户提供比传统银行更具吸引力的利率水平和费用更加低廉的金融产品和服务，并以此作为卖点在线上全网吸引追求较高利率收益的客户群体，从而弥补无实体网点的不足，达到"四两拨千斤"的效果。

**5. 产品简单、透明、标准化**

由于是线上营销,为了获得新增客户,必须把产品设计得简单明了,让客户容易理解,因此数字银行的产品普遍具有简单、透明的特点。除此之外,标准化也是数字银行产品的显著特征。我们知道,数字银行需要抵制产品线个性化扩张的诱惑,因为在产品线个性化提升带来客户扩张的同时,客户对金融服务需求和对服务体验的要求也都会随之提升,而金融服务体验是线上渠道的短板,满足这些需求就会带来整个组织架构的复杂化,从而需要银行"多样化"的管理模式,进而导致成本的上升。为此,为了实现较低的运营成本,最大限度地提升运营效率,数字银行通常提供标准化的金融产品。

**6. 差异化与个性化服务**

数字银行相比于传统银行最明显的特征就是以数字网络为核心,所有业务均线上办理,基于此,数字银行可以同社交数字媒体深度融合,业务介入客户生活方式,智能洞见客户的个性化需求,并凭借它数字化的基础架构,提高客户体验,为客户制定个性化服务。数字银行通过网络及科技获取客户,依托互联网思维,借助人工智能分析客户使用消费预算和记录工具形成的消费行为数据,分析用户的消费习惯和剩余资金的理财需求,为客户提供差异化服务,满足客户财富管理及分配独特的诉求,推出更具竞争力的产品,提升用户黏性的同时,扩大客户群体。传统商业银行以客户为中心的经营理念并未在数字化转型中发生改变,借助先进的数字技术,商业银行能够优化业务流程,丰富产品生态,为客户提供高效、便捷、安全的多样化、定制化的金融产品,有效为客户提供差异化和个性化的金融服务。

**7. 对增值服务依赖程度高**

数字银行获客及增强客户忠诚度,都需要依赖不断提升的增值服务。数字银行通常基于数据分析,替客户选择最适合他们的产品,为客户提供增值服务,进而赢得客户青睐。即从客户的消费习惯、交易数据、风险偏好等信息中选择适合的产品,经过滤后,按照每个产品对数字银行利润的贡献程度来进行排序,在精准营销的同时保证数字银行的收益率,同时也为客户提供具有针对性的增值服务。例如,SIMPLE 会向客户免费提供专业化的前瞻性财务建议和各项增值服务,如当客户提交一笔交易后,SIMPLE 还会提供这笔收入或支出对客户储蓄目标所造成的影响的说明报告。

**8. 独特的品牌形象**

随着年轻一代开始成为经济市场的中坚力量,对移动设备的高接受度是这一代用户的特征之一,数字银行需要吸引这一层次的新客户。这一代用户往往更加自我、更加追求新颖,对传统古板的形象较为排斥。而数字银行大多采用独立的法人资格独立经营,而不是作为大银行的独立部门存在,因此,数字银行的品牌建设强调与传统银行模式的脱离,并围绕这一不同做市场宣传。传统银行由于业务特点决定了其一般以严肃、严谨的形象示人,而数字银行大多以大胆、新鲜、活泼的姿态吸引注意,打破客户对传统银行刻板的印象。

#### 9. 渠道主要以线上为主

渠道的差别是数字银行区别于传统银行的重要特征，数字银行的渠道主要以线上为主，基本不受线下物理网点的束缚。一方面，线上渠道更加便捷。银行开展业务不再受时间、地点限制，可以 7×24 小时提供服务；线上渠道可以快速、低成本地进行信息传递，跨区域拓展市场。另一方面，线上渠道也存在不足，数字银行线上渠道缺乏与客户的线下沟通，服务体验感不强，因此，分行网点未来可能是必要存在的，但其侧重点与当下侧重于业务服务不同，未来的实体分行网点应该改更加侧重于产品与服务体验与客户维护服务。

#### 10. 对信息系统平台要求更高

数字银行无论是提升服务体验，还是增强大数据风控能力，都需要依托信息系统平台来实现。随着客户需求的多元化、个性化发展，需要借助新的信息技术手段，提升数字银行在互联网终端和移动终端等电子渠道之间的整合协同能力，打造可以有效整合信息资源、高效服务客户的智能化系统平台，要做到无论从哪一个渠道发起交易，均能及时感知客户要求，给予一致的协同响应，即实现"多元接入、全程响应"。同时，要实现以客户为中心，数字银行需要更加重视用户信息资源的深度开发和综合利用，通过对客户数据的分析与处理，提升服务质量与经营效率，创新服务模式，助力数字银行构建与发展。

## 2.4 数字银行的影响

### 2.4.1 数字银行对于银行自身的影响

#### 1. 数字银行有利于降低银行运营成本

1）数字银行有利于降低银行固定成本

传统银行在每个城市都分布有实体物体网点，其建设、管理、维护都具有固定费用，并且在办理业务的时间和空间上受到了限制，办理业务大多需要人为的主观操作，程序烦琐，耗时长，效率低，每办理一项业务都具有较高的可变的成本。而数字银行金融服务的固定成本一般花费在平台建立或者参与、软件的开发、产品研发等环节，并且其提供的服务是虚拟服务，因此，时间和空间对于业务开展的约束很小。并且办理业务基本实现网络化、自动化，中间环节少，耗时短，业务办理效率高，可变成本极低，一旦建立区块链、大数据等平台，或者依托于这些技术开发了属于自己的软件之后，业务办理的边际成本几乎为零，具有规模经济效应，随着经营规模的扩大，其平均固定成本会有所降低。因此，长期来看，数字银行有利于降低银行固定成本。

2）数字银行有利于降低银行劳动力成本

数字银行专注于用服务器代替办公室，致使银行实体物理网点的减少，一般办公人员人数减少，这样做的结果是减少了大量的劳动力，降低了银行的一般劳动力成本。但从另一个方面来说，数字银行的管理和运营需要引进一些高端技术及管理人才，对此银行可能要付出更高的劳动力成本,因此,银行的高级劳动力成本会上升。冗余劳动力成本减少、精锐劳动力成本增加对于不同规模的银行成本会有不同的影响,对于网点分布于全国各地、实力雄厚的大银行来说,明显会使总的平均劳动力成本降低,使银行的劳动力成本下降。

3)数字银行有利于降低银行管理成本

数字银行依托于数字技术所建立的服务器或研发的软件,具有标准化的运算体系,只要下达指令,就可以进行一系列的规范操作,无须人工操作环节的介入,人工仅仅充当"售后服务"的角色,负责服务器的维护和相关技术和法律问题的解决。从而使得银行对于业务操作流程的标准更加清晰稳定、管理更加简便,使得银行管理成本的下降。

4)数字银行有利于降低银行信息成本

银行通过大数据、云计算等技术,进行大数据采集,利用大数据进行客户画像等,发掘客户的需求;通过人们生活中的各种场景海量的收集用户数据,采用云计算、人工智能等技术对数据进行较为精准的分析和筛选;通过区块链等技术建立新的征信体系,使得银行征信不再依靠第三方征信机构等中介机构,同时能全方位追溯用户资金流向,避免了与客户或其他相关机构繁杂的信息交互。上述应用均能大幅度降低了银行用户信息搜寻、处理的成本,使得数字银行有利于降低银行信息成本。

5)数字银行有利于降低银行交易费用

数字银行能有效降低交易费用。事前交易费用是起草、谈判、保证落实某种契约的成本,即达成契约的成本。包括的事后交易费用:当事人想退出某种契约关系所必须付出的费用;因条款有误而作出改变的费用;交易当事人为政府解决他们之间的冲突所付出费用,如法院费用;为确保交易关系的长期化和持续性所必须付出的费用。数字银行的发展,能够降低上述环节中的某些费用,通过大数据、区块链等技术,银行可以获得客户信息与数据,降低事前的信息搜寻成本;在合同订立过程中,可使用无纸化、标准化的智能合约;在合同监督执行过程中,银行也可通过区块链等技术追溯客户公开透明的信息,以降低监督合同执行过程中的交易费用。

**2. 数字银行有利于提高银行风险管控能力**

在信息搜集渠道上,银行面临着信用水平参次不齐的客户,贷款人可能会出现道德风险或者是逆向选择问题,如果银行无法识别贷款人的信用风险或是对贷款人信用风险识别不准确均会导致银行出现损失。数字银行则可以利用其技术优势打破传统银行信息孤立的现状,打通信息平台前后环节,有助于提高银行信息搜集能力,缓解信息不对称性,从而提升风险管理水平。在风险管理系统应用上,数字银行通过应用数据、人工智能、移动互联网、云计算与区块链等数字技术可以实现数据治理、分类、整合及共享,打造方便、快捷、灵活、精准的风险管理平台,使得经营风险识别、评估、监测与控制更加有效。数字技术使银行风险管理系统进行信息的实时收集成为可能,使银行对风险的识别、分析、评估、预警更为及时全面,并据此制定对应的风险管控策略,从而降低风险所带来的不利影响。在银行的内部控制手段上,内部控制作为银行风险防控的重要机制,银行可以通过应用数字技术改善内部控制机制,从而有效防范"黑天鹅"等重大风险事件的发生,保障银行稳健运行。

**3. 数字银行有利于银行扩宽服务群体与业务渠道，提升盈利能力**

由于传统银行信用评价体系的缺陷，以及手续的繁杂，使得传统的商业银行更加偏好大客户而忽视掉长尾客户，而互联网金融则通过线上积累了大规模的长尾客户，早先互联网金融的介入加速了"金融脱媒"现象，对从传统银行的存贷业务进行冲击。但随着数字银行的发展，使得银行可以凭借大数据、区块链等数字技术，利用共享信息，建立新的信用评价机制，使得银行在进行客户信用评价时，信息更易获取且通过线上标准化的流程极大地简化了交易手续，银行更加能够对中小企业贷款进行审核与发放，并且通过区块链的追溯交易功能，追溯资金流的动向，避免事后信息不对称问题。数字银行扩大了银行的客户群体，将更多中小企业及消费者作为服务对象，提升了银行盈利能力。此外，数字技术的应用也扩展了银行的获客渠道，使得银行具有针对性的结合客户需求，开发创新产品与服务，嵌入多重的应用场景，通过线上渠道实现产品营销，从而增加客户数，提升了银行的盈利能力。

## 2.4.2 数字银行对于银行客户的影响

**1. 针对用户需求，进行个性化定制服务，提升用户体验**

数字银行将给消费者提供更加全面、有互动性与直观的金融财富管理，包括现有与储存账户余额信息、交易信息、未偿贷款、循环支付、养老金与证券账户等服务内容。为不同的客户群体，如小型企业、高净值人群、年轻人群、旅行者、低收入群体等提供较为低廉、可靠的定制金融服务，在扩大用户群体的同时，实现针对性服务，提升用户的体验。

**2. 优化数字化流程，为客户提供全方位数字服务**

数字银行将为客户提供更有互动性的、直观的数字资产管理服务。例如，资产变现、智能投资顾问等业务，也包括投资与证券交易工具。用户可以通过延伸至社交媒体的信用评级步骤申请贷款、家庭类保险、债务、医疗与旅游保险。还可以在线无纸化获取或提供银行相关报告资料，优化数字化流程，为客户提供全方位数字服务，进一步为客户带来便利。

**3. 拓展客户群体，为小微企业、个人消费者提供融资服务**

数字银行凭借其技术优势，具有明显的普惠特性，在小微金融领域具有突出优势，能够满足了小微企业和个人消费者多样化的金融需求。依靠移动互联、大数据和云计算等新技术，数字银行能够进行多元化的个人或企业特征进行分析，减少信息不对称、以更低的成本服务更广泛的群体。弥补了过去传统银行由于服务成本、信息不对称导致的对于小微主体支持不足问题，降低了金融服务门槛，覆盖更多低收入地区。

## 2.4.3 数字银行对于宏观金融体系的影响

数字银行为金融监管提出了更高的要求。数字技术对于银行来说是一把"双刃剑"，银行应用数字技术避免了部分低层次操作风险，提升了银行的风险管理水平。但我们不能忽略，数字技术科技含量高，其本身同样具有风险性，使得更加重要的风险会被隐藏起来难以发现，并且面临着技术含量更高的信息科技风险与更高层次的操作风险，这会进一步加重潜在系统性风险的严重程度。随着数字货币的试点和普及，我们对银行对于用户信息与交易数据等银行数据资源的安全性提出了更高的要求，银行未来可能面临网络安全威胁、数据安全威胁、业务安全威胁，这些很有可能破坏宏观金融体系的稳定，引起人们的恐慌。因此，数字银行的发展对金融监管提出了更高的要求。

## 本 章 小 结

　　数字银行是银行数字化发展的产物，它是传统金融与科技手段互相结合的衍生品。在本章中，我们总结了数字银行的定义，它是银行活动、计划、职能的全面数字化；明晰了数字银行以用户为核心、以数字技术为手段实现自身能力与用户体验全面提升的内涵；辨析出现地更早的直销银行、互联网银行与数字银行的区别与联系；探究了数字银行发展对银行自身、客户群体以及宏观金融的影响。相信通过本章的学习，同学们已经对数字银行有了一个较为清晰的了解，但需要说明的是，数字银行的形态并非一成不变，而会根据内外部环境的变化而不断演进，因此在一个快速发展的时代中，我们要以发展的眼光看待数字银行的发展。

### 简答题

1. 什么是数字银行？
2. 数字银行有哪些特征？
3. 数字银行与直销银行股、互联网银行有何区别？
4. 数字银行对于银行自身有哪些积极或消极影响？请举例说明。
5. 数字银行对于宏观金融体系有哪些积极或消极影响？请举例说明。

# 第 3 章

# 数字银行相关理论

> 【本章学习目标】
>
> 通过本章学习,学员应该能够:
> 1. 了解数字银行相关理论的基本构成;
> 2. 熟悉和掌握数字银行相关理论的演进;
> 3. 理解数字银行相关理论与传统银行理论的区别和联系。

## 3.1 传统银行理论

商业银行理论又成为商业银行经营理论或商业银行管理理论,来源于商业银行的经营管理活动,并且伴随经营管理实践不断发展,逐渐形成了系统完善、理论全面的银行理论体系。在不同的历史阶段,经济发展和技术条件的差异性导致了银行经营管理的差异性,因而使得商业银行经营管理理论呈现出不断发展、不断变化的阶段,经历了从资产管理理论到负债管理理论再到资产负债管理理论的变迁,我们以理论体系的发展变化为切入视角,了解传统银行理论的演变。

### 3.1.1 资产管理理论

商业银行发展的初期阶段,受制于资金来源的相对固定,银行吸收的资金构成主要为活期存款。另外,工商企业的发展阶段处于初级阶段,基本没有现代化的工商企业发展模式,其资金需求也较为单一,只需要短期临时借款来对冲短期资金渠口,再加上金融市场的欠发达状况,商业银行的资产变现能力较差,银行的经营管理重点落在了资产管理方面,即通过对于资产结构的合理安排,实现经营目标。在这样的经营管理逻辑下,形成了商业银行的资产管理理论。

商业贷款理论(The Commercial Loan Theory)认为商业银行的资金来源主要是流动性很强的活期存款,因此其资产业务应主要集中于短期的自偿贷款,即基于商业行为能自动清偿的贷款,以保持与资金来源高度流动性相适应的资产的高度流动性。从贷款的需求侧看,短期的自偿性贷款主要指的是短期的工业、商业流动资金贷款。由于这种理论强调贷款的自动清偿,也被称作自动清偿理论;又由于该理论强调商业银行贷款以商业行为为基础,并以真实商业票据作抵押,因此,也被称为"真实票据理论"。

随着金融市场的进一步发展和完善，金融资产逐步实现了多元化且资产流动性增强，商业银行持有的短期国库券和其他证券增多，银行对流动性的保持也有了新的认识，应运而生的便是资产转移理论（The Shift Ability Theory），简称转移理论。转移理论认为，银行能否保持其资产的流动性，关键在于对于资产变现能力的管理。只要掌握了一定量的，信誉好，期限短，且易于出售的证券，并在需要资金时，能够迅速地、基本不遭受损失地出售或转让出去，银行就能维持其经营的流动性。转移理论由 Harold G. Moulton 在 1918 年 *Journal of Political Economy* 上发表的论文"*Commercial Banking and Capital Formation: IV*"中首次阐述，第一次世界大战后，美国因军费开支巨大，导致政府公债大量发行，与此同时，经济危机开始发生并逐步加深，紧接着又爆发第二次世界大战，导致工商企业和个人对银行的借款需求急剧减少，而政府的借款需求猛增，银行把大量短期资金投入政府债券，证券成为银行保持资产流动性的主要投资对象，商业银行保持流动性的一种全新而积极的方法。

第二次世界大战后，经济的快速发展带来了多样化的资金融通需求，尤其是大量的设备贷款和投资贷款需求。另外，伴随战后消费者信心的增加，消费经济需求也随之增加了。加上金融业竞争加剧，开拓和发展新兴业务迫在眉睫。这时，贷款和投资的预期收入引起了商业银行经营管理者的高度重视，预期收入理论（The Expected Income Theory）应运而生。预期收入理论是一种关于银行资产投向选择的理论，其基本思想是商业银行的流动性应着眼于贷款的按期偿还或资产的顺利变现，而且商业银行贷款或可转让的资产，其偿还或变现能力都以未来的收入为基础。只要未来收入有保证，即使是长期放款，依然可以保持流动性。反之，如果没有未来收入作保证，即使是短期放款，也存在发生坏账，到期收不回来的可能。因此，银行应根据借款人的预期收入来安排贷款的期限、方式，或根据可转换资产的变现能力来选择购买相应的资产。该理论最早是由美国国民第一银行（First Nation Bank）的高管 Herbert V. Prochnow 于 1949 年在自己的演讲文集中提出的。这种理论指出了银行资产流动的经济原因，为银行业务经营范围的进一步扩大提供了理论根据，商业银行不仅发放短期贷款，还对一些未来收入有保证的项目，发放中、长期贷款。

### 3.1.2 负债管理理论

20 世纪 60 年代中以后，由于宏观经济处于不断发展和扩张阶段，生产流通不断扩大，通货膨胀率显著提高。与此同时，对银行贷款需求也逐渐扩大。为了防止银行间的利率竞争，制订了各项法规，使银行无法通过利率的竞争来吸收资金。然而，追求高额利润的内在动力和竞争的外在压力，商业银行感到应从负债方面考虑扩大资金来源，既满足客户的资金需要，又增加银行盈利，这是负债管理理论形成的主要原因。此外，在通货膨胀条件下，负债经营有利可图，这也向银行负债业务提出了新的要求。

存款理论的最主要特征在于银行负债经营的稳健性，它曾是商业银行负债的主要正统理论。存款理论认为：存款是银行最重要的资金来源，是银行资产经营活动的基础；存款是被动的，从属的，受存款人的意志所左右；为了实现银行经营的稳定性和安全性，资金运用必须限制在存款的稳定的沉淀额度之内。因此，存款理论的逻辑结论就是：强调按客户的意愿组织存款，遵循安全性原则管理存款，根据存款的总量和结构来安排贷款，参考贷款收益来支付存款利息，不主张盲目发展存贷业务，不赞成盲目冒险的获利经营。

相比于存款理论，购买理论（The Buying Theory）的最主要特征在于主动性，银行应以积极的姿态，主动地负债，主动地购买外界资金。它是在存款理论之后出现的一种负债理论。购买理论很大程度上否定了存款理论，认为银行对负债并非消极被动，无能为力，而完全可以主动出击；银行购买外界资金的目的是保持流动性，银行在负债方面有广泛的购买对象，例如：一般公众；同业金融机构，中央银行，财政机构等。还有众多的购买手段可以运用，最主要的手段是直接或间接提高资金价格，如高利息、隐蔽补贴、免费服务等高于一般利息的价格。一般在通货膨胀条件下，存在着实际的低利率或负利率，或实物资产投资不景气。而金融资产投资较为繁荣时，购买行为较为可行。

有别于存款理论和购买理论聚焦于银行的被动负债和主动负债，销售理论（The Bring to Market Theory）的最主要特征是推销金融产品和金融服务的营销策略。该理论出现于20世纪80年代，当时金融改革和金融创新风起云涌，金融竞争日益加深了潜在的金融危机，现代企业的营销管理思想也正如银行经营管理理论，标志着负债管理理论发展的新的时代属性和趋势浪潮。销售理论认为银行是金融产品的制造企业，银行负债管理的中心任务就是适合客户的需要，营销这些金融产品，以扩大银行资金来源和收益水平。为此，银行应做到客户至上，竭诚为客户提供金融服务；善于利用服务手段达到吸收资金的目的，这就是要做到围绕着客户的需要来设计服务，通过改进销售方式来完善服务。最为重要的是，销售观念要贯穿负债和资产两个方面，将资产与负债联系起来进行营销活动的筹划。

### 3.1.3 资产负债管理理论

资产负债管理理论又称为资产负债综合管理理论，该理论并不是对资产管理、负债管理理论的否定，而是在吸收了前两种管理理论的合理内涵的基础上，对两者进行了深化和延伸。资产负债管理理论形成于20世纪70年代末，当时市场利率大幅上升，使得原先的负债管理在负债成本提高和经营风险增加等方面的缺陷越来越明显。显然，单纯的负债管理已经不能满足商业银行日常经营管理的需要。另外，在这一时期，各国的金融管制放松，使得商业银行吸收存款的压力显著减小，因此，商业银行由单纯偏重资产管理或负债管理转向资产负债综合管理。

资产负债管理理论本质上是一种多元化管理理论，是现代商业银行经营管理的一种理论。该理论认为商业银行单纯靠资产管理或单纯靠负债管理，难以实现安全性、流动性和营利性三性的均衡发展。具体地讲，资产管理理论过于偏重安全性与流动性，在一定条件下以牺牲盈利为代价，虽然随后在解决营利性上有所突破，但始终没有实质性进展；负债管理理论能够较好地解决流动性和营利性之间的矛盾，而实现它们两者之间的均衡，但是在很大程度上依赖外部条件，往往风险较大。因此，只有根据宏观经济情况的发展变化，通过资产和负债的统一协调管理，才能实现经营总方针的要求，达到经营目标。该理论是资产管理理论和负债管理理论在更高层次上的结合，它将资产和负债两方面联系起来，并置于共同的目标之下、同等的经济环境之中进行全盘考虑,以达到资产与负债的优化配合,使资金结构得到合理调整,并保持银行资金的营利性、流动性和安全性的均衡,从而谋求经营收益的最大化与经营风险的最小化。20世纪80年代初,欧洲各国都通过了一系列法规,使银行吸收资金的限制逐步缩小,业务范围越来越大。一方面促成了银行业之间吸收存款的竞争,另一方面同业竞争引起了存款利率上升,资金成本提高,这对银行安排资产结构从追逐高额盈利方面带来了困难。只有通过资产结构和负债结构的共同调整,资产负债两方面的统一协调,才能实现银行经营总方针的要求。

资产负债管理理论是以资产负债表各科目之间的"对称原则"为基础,来缓解流动性、营利性和安全性之间的矛盾,达到三性的协调平衡。所谓对称原则,主要是指资产与负债科目之间期限和利率要对称,以期限对称和利率对称的要求来不断调整其资产结构和负债结构,以实现经营上风险最小化和收益最大化。其基本原则主要有:第一,规模对称原则。这是指资产规模与负债规模相互对称,统一平衡,这里的对称不是一种简单的对等,而是建立在合理经济增长基础上的动态平衡。第二,结构对称原则,又称偿还期对称原则。银行资金的分配应该依据资金来源的流通速度来决定,即银行资产和负债的偿还期应该保持一定程度的对称关系,其相应的计算方法是平均流动率法,也就是说,用资产的平均到期日和负债的平均到期日相比,得出平均流动率。如果平均流动率大于100%,则说明资产运用过度,相反,如果平均流动率小于100%,则说明资产运用不足。第三,目标互补原则。这一原则认为三性的均衡不是绝对的,可以相互补充。比如说,在一定的经济条件和经营环境中,流动性和安全性的降低,可通过营利性的提高来补偿。所以在实际工作中,不能固守某一目标,单纯根据某一个目标来决定资产分配,而应该将安全性,流动性和营利性综合起来考虑以全面保证银行目标的实现,达到总效用的最大化。第四,资产分散化原则。银行资产运用要注意在种类和客户两个方面适当分散,避免风险,减少坏账损失。资产负债综合管理理论已成为现代商业银行普遍使用的基本方法和手段。交通银行于1988年首先实行"比例管理"为核心的自我控制体系,开始了资产与负债协调管理的探索与实践。中国人民银行总行在1994年颁发了《关于对商业银行实行资产负债比例管理的通知》,使这资产负债管理理论正式引进我国。

### 3.1.4 全面风险管理理论

2007—2008年,美国的次贷危机逐渐演变为全球范围内的金融危机,银行市场受到剧烈冲击,全球银行业何去何从成为重要的管理学问题。业界朝着金融工具、全量资产负债表管理的方向探索,集团管理等新兴管理概念也逐渐成为热点,银行管理工具趋于复杂及多样化。以动态行为分析、现金流管理、情景分析、压力测试、经济价值、在险价值等为代表的新管理模式和概念范畴正在成为银行金融机构的新选择选择。次贷危机的爆发也推动商业银行进入全面风险管理时代。

全面风险管理作为一种先进的风险管理理念,目前已成为商业银行谋求持续发展和打造竞争优势的重要工具。商业银行的全面风险管理是指商业银行的董事会、高级管理层、各级机构和全体员工各自履行相应职责,有效控制涵盖全行各个业务层次的全部风险,进而为各项目标的实现提供合理保证的过程。或者说，全面风险管理是指从董事会、管理层到全体员工参与，在战略制定和日常运营过程中识别潜在风险、预测风险的影响程度，并在风险偏好范围内有效管理各环节风险的持续过程，主要包括信用风险、市场风险、操作风险、流动性风险、策略风险和声誉风险等。全面风险管理的目标是防控风险的发生，所有人员、流程和方法必须围绕这一目标制定和执行。借鉴国外商业银行成熟的风险管理经验，完善的全面风险管理体系应是以识别、分析、评价风险为手段，以防范、控制、化解风险为目标，能够促使商业银行整体稳健经营、有效规避风险的机制。

具体地讲，随着商业银行自身规模的不断壮大，各项业务的不断拓展，业务产品的不断创新，其全面风险管理体系的创新势在必行。要实现上述全面风险管理体系创新的总体思路、目标、原则和内容，就必须根据当前面临的新问题、新情况和新环境等来统一思想，提高认识，明确任务，制定措施，确保全面风险管理体系的创新工作取得成效。

第一，商业银行重视全面风险管理体系创新的科学论证与系统设计。商业银行在进行全面风险管理体系创新时，要在银行内部发动的同时充分利用外部资源，在调查研究的基础上进行科学的论证与设计。一是对全面风险管理体系的创新工作实施动态设计。对全面风险管理体系进行动态设计主要是对银行内部已经存在的风险管理结构不断进行有效的调整，实施动态设计必须采用科学规范合理的方法，如对风险管理机构的设置应从定性与定量角度进行论证。定性论证必须遵循部门专业化原则和效率性原则，在满足上述原则的基础上再确定量化标准，并将这些标准分解，对照银行目前已有的部门设置情况进行调整。通过运用逐步调整的方法，根据内外部经营环境的变化因素不断修正银行现有的、不适合发展要求的风险管理体系。二是不能简单地模仿或照搬。企业组织理论告诉我们，任何一种组织结构都不是完美的，世界上没有适合任何企业发展阶段的组织结构。由于商业银行特殊的经营性质，其风险管理体系在创新时会因时、因地、因人而异，类同的组织结构在不同银行中的运行效率可能存在很大差异，因此，商业银行在进行风险管理体系创新时，应优先考虑适用性，不能简单地模仿或照搬。

第二，建立健全全面风险管理的信息系统，实现风险管理信息的共享。巴塞尔委员会特别强调要建立一个完善的信息系统，进而在银行内部形成一个有效的信息沟通渠道，包括信息上报、信息下达以及内部信息的横向流动等。完善的全面风险管理信息系统包括银行内部定期和不定期的信息交流系统。为此，商业银行应从以下几个方面入手：一是进一步完善网络信息系统，为上下级机构之间、分支机构之间、各部门之间进行信息交流建立沟通渠道；要在银行内部建立起风险信息沟通渠道，特别是要建立起一个较为完善的风险信息汇报渠道，实现风险信息的上传下达并得以有效的利用。二是建立风险损失数据库，为全面风险管理量化技术的运用奠定基础。要广泛、持续不断地收集与银行风险和风险管理相关的内部、外部初始信息，包括历史数据和未来预测情况。对收集的初始信息要进行必要的筛选、提炼、对比和分类，以便通过数据的对比进行风险评估，通过对各类风险评估情况和发现的问题进行深入分析和综合比较，实现对各机构、各专业、各产品及各时间段的立体化、多维度的风险综合评价和防控，使之成为风险管理动态评估的非现场工具及风险管理应用的综合化信息工具。三是积极运用现代信息技术改造传统的风险控制模式。

要加强对信息系统的规划与整合,实现信息系统对风险的精细化、自动化管理。要通过健全风险管理信息系统来加强对风险的系统硬控制,把加强系统控制作为提升银行风险管控水平的根本措施来抓,通过技术手段提高风险的管理能力。

第三,建立风险管理的预警机制以及快速反应机制。银行风险的发生具有突发性、偶然性和难以预测的特点,因此,超前的、系统性的风险预警机制是管控风险的基础性工作,也是全面风险管理体系重要的组成部分,建立及时有效的快速反应机制有助于最大限度地降低风险并可能给商业银行带来的损失。为此,要加强对风险预警机制的研究,在此基础上建立健全风险的预警机制和突发事件的应急处理机制,保障在发生突发事件时能够以有效的组织、科学的管理流程、完备的信息系统保证风险得到有效控制。

第四,定期对全面风险管理情况进行评估。评估是手段,改进是目的。商业银行全面风险管理工作的实际成效如何,必须对其有一个及时的、充分的认识,也就是说要建立有效的评估机制。为了做好评估工作,商业银行一是要制定出统一的评估标准,根据统一的评估标准,检验全面风险管理工作的目标是否实现,方案是否科学合理,各项工作的组织实施是否达到预期效果,根据这些具体的情况采取相应的纠偏措施并不断跟踪,从而达到提高管理水平的目的。二是进行实时评估。实时评估是指识别与评价风险必须是持续的、无限的过程,要根据风险管控的重要部位、重要环节和重要风险点,对全面风险管理工作的质量定期进行评估,确定发现的问题是否准确;要对风险管理工作中发现的问题通过评估来判定问题整改建议和管控措施是否可行,并通过及时有效的信息交流达到提高风险管理的质量和效果。三是根据变化情况和存在的缺陷及时对全面风险管理体系和开展的具体工作加以改进,确保将风险控制在与总体经营目标相适应并可承受的范围内,确保商业银行遵守有关法律法规,确保各项规章制度得以贯彻执行,保障经营管理的有效性,降低实现经营目标的不确定性,提高经营活动的效率和效果。

第五,改善全面风险管理的内部控制环境。商业银行的健康发展离不开和谐的内部环境建设,建设商业银行和谐发展的内部环境必须以员工为中心,把对规章制度执行的理性管理和员工的道德规范、行为方式、精神追求和价值取向等非理性管理融为一体,营造商业银行所特有的群体意识和文化气氛,让商业银行内部的各个部门和全体员工能充分释放自己潜在的能量与创造性,推进商业银行不断发展。所谓商业银行内部环境,是指其内部的物质、文化环境的总和,包括商业银行的各种资源、企业能力、企业文化等因素,也称商业银行经营发展的内部条件,它从本质上反映了商业银行内部各因素之间相互依存、相互制约的有机的价值关系。与外部环境一样,商业银行的内部环境也是随着时间的推移而不断发生变化的,因此,商业银行内部环境建设也必须动态地进行,随着环境的变化而调整。一是坚持以人为本原则,营造和谐发展环境。要紧密结合商业银行自身的特点,树立"企业即人、企业为人、企业靠人"的思想,完善规章制度,优化工作流程,规范员工行为,改善工作环境,形成"和谐融洽、蓬勃向上,心往一处想、劲往一处使"的工作氛围。二是各级管理者要正确处理与员工之间、局部与全局之间的关系,在尊重差异中扩大共识,在包容个性中求同存异,形成"心齐、风正、气顺、劲足"的良好发展局面。三是以共同的文化认同推进良好的内部环境建设。商业银行的企业文化包括风险文化是在长期的经营活动中形成的管理思想、管理方式、群体意识和行为规范,其核心内容是企业精神和企业价值观。企业文化可以从深层次上调动员工的工作积极性,这种积极性的调动不是依靠单纯的物质激励完成的,而是在对精神需要和物质需要双重满足的情况下完成的。要以共同的文化认同,重视员工的观念、精神、心理因素等,从而增强集体凝聚力,最终促进个人利益与集体利益、个人目标与银行目标的统一。

第六,以过程控制实现对风险的全面控制。过程控制好似一个美丽的花朵,任何一个花瓣代表整个过程中的一个环节,过程控制缺少任何一个环节(花瓣)对全过程而言都是不完整的,因为整个过程是一个有机的整体,各个环节是不可分割的,任何一个环节出现问题都可能导致风险的发生。因此,商业银行基于过程控制模式来对风险进行全面管理时,要突出"过程"的思想,既要重视风险控制的结果,更要重视风险控制的过程。对风险进行有效的控制,是蕴含于基础、质量与阶段具体操作的"过程"之中,过程控制是风险控制的核心与主体,要通过对商业银行每一笔业务经营、每一项监督管理的运行轨迹进行跟踪、衡量、对比和评价,有针对性地采取纠偏措施,将风险消灭在萌芽之中,最终实现控制风险的目标。

第七,加强制度建设,提高制度执行力,从源头上控制风险。一是进一步加强业务规章制度的梳理整合工作。要从制度建设的基础工作入手,在充分识别和评估各类风险的基础上,优化各类业务操作流程;密切关注外部经营环境和监管要求的变化,严格按照现行法律与监管政策制定各项规章制度,确保各项规章制度合法合规。二是提高制度执行力。制度的生命力在于贯彻落实,要根据有关制度和规定,制定关于违反制度的责任追究制度,明确界定对执行不力和不履行或不正确履行职责将如何追究的制度。对不遵守规章制度或不自觉接受监督检查的,要根据情节轻重进行责任追究。要采取科学的方法,对员工的执行力、执行结果及综合素质进行全面监测、考核和评价,提高执行效率。要坚持从严治行,确保政令畅通,对执行不力、有令不行、有禁不止的,要坚决查处,以维护规章制度的严肃性和权威性。

第八,培育高素质的风险管理人才队伍。提高风险管理水平对人员素质的要求很高,因此,一是必须培养和造就具有科学的风险管理理念的管理队伍。要适应综合经营和金融创新对风险管理人才的需要,大力实施风险管理人才高地战略,注重风险管理人员创新能力的培养,着力培育创新人才和复合型人才,努力建设一支高素质的风险管理人才队伍。二是提高风险管理人员的职业道德和政策水平,牢固掌握国家财经法纪和企业规章制度,确保对商业银行经营管理活动进行有效控制和客观、公正的评价。三是加强学习,不断更新观念。在当今高速发展的信息时代,知识的更新周期越来越快,必须加强对现有风险管理人员进行培训教育,更新知识,提高应变能力和队伍的总体素质,更好地发挥风险管理工作在商业银行经营管理中的作用。

总的来看,商业银行经营管理理论经历了一个基本连续的演进历程。在这个演进历程中,商业银行经营管理理论不断完善和革新。从最初的资产管理理论,到负债管理理论,再到资产负债管理理论,以及金融危机后的全面风险管理理论,商业银行经营管理理论的演进历程和商业银行面临的外部环境变化以及经营方式革新存在内在逻辑的一致性,即有怎样的宏观经济环境和怎样的经营模式，就会产生怎样的经营管理理论。当前，数字经济条件下的数字银行建设被提到新的高度，数字经济条件下的外部环境和内部管理变化带给银行新的冲击，也不断改变着商业银行经营管理理论。

## 3.2 数字银行对传统银行理论的冲击

要理解数字银行对传统理论的冲击需要两步，即理解数字银行是什么以及数字银行对传统商业银行的冲击。

### 3.2.1 数字银行对传统商业银行的冲击

目前学界、业界和政界均没有关于数字银行明确、一致的定义。通常，数字银行是指银行及其所有活动，计划和职能的全面数字化。区别于传统银行，数字银行无论是否设立分行，都不再依赖于实体分行网络，而是以数字网络作为银行的核心，借助前沿技术为客户提供在线金融服务，服务趋向定制化和互动化，银行结构趋向扁平化。数字银行是网上银行、手机银行、手机钱包、网上开户、网络营销等一系列事物的总称。其发展主要历经了自动化、电子化和数字化三个阶段。而对于数字银行对传统银行的冲击，我们从以下六个趋势来分析。

**1. 数字银行引入了投入有效性评价**

近几年来，银行业数字化建设进入高速发展阶段，据中国银行保险监督管理委员会数据统计，2020 年银行机构信息科技资金总投入为 2 078 亿元，同比增长 20%，体现了全行业对科技建设的高度重视。同时，金融机构科技投入在营收中占比也大幅上升，银行科技投入占营业收入比重向 2%～3%靠近，部分银行科技投入占比达到了 4%以上。面对银行业持续的 IT 投入，其是否真正发挥了作用以及发挥了何种作用，成为银行管理层关注的重点问题。

在此背景下，银行管理层亟须一套企业级数字化转型投入有效性量化评价体系和模型方法，以填补银行业数字化转型评价体系空白。银行业在新一轮的数字化创新发展中既要改革创新，也需要守住底线防控风险。为此，中国银行业协会与中国信息与通信研究院联合产业侧和银行方，打造了以价值成效为导向，数字化转型投入有效性评价体系，通过建立定量化评估指标体系来衡量银行数字化转型成效，全面、系统、直观地展现银行业数字化转型价值，为银行业数字化转型投入提供决策支撑、绩效评价、方向把控，促进银行业数字化转型战略目标有效实现。同时，报告形成的数字化转型 RIVER 指数模型和评价方式将为银行业金融机构落实监管部门指导意见、实施数字化转型提供强有力的抓手。RIVER 指数模型从银行监管、股东、高管层的视角出发，确定了社会责任、创新及竞争力、价值创造、发展潜力、风险与安全五大企业价值领域作为数字化转型效果的评价维度。

**2. 数字银行带来了数据领导力作用**

具备数字化技能的高管将在转型中起主导作用。数字化技术与知识储备是制定长远战略的前提条件,因为没有"精通数字化"的领导者将难以理解数字化转型所带来的机遇和影响。"精通数字化"是指了解大数据、云计算技术和物联网工程等数字技术将在未来十年如何影响公司的发展。什么是数据领导力(Data Leadership)?数据领导力框架由数据安全、数据架构、数据梳理、数据开发、操作和运维五个类别组成,此框架有助于实现人员、流程、技术和数据管理功能之间的平衡,以实现数据价值最大化。

现行的管理层选人标准中也越来越看重数字化知识和技能,所以企业常常倾向于设立首席信息官(CIO)或首席数据官(CDO)职位来弥补其管理弱点。据IDC调查显示,46.7%的CIO在数字化转型中起主导作用。数据领导力就是怎样去选择利用有限的精力和资源来创建数据能力,从而积极影响业务。数据领导力实际上是协调人们之间的职能和管理变化,数据是它的形式,但它首先是人与人之间的协调,其次是系统,最后是数据,这才是真正创造价值。

**3. 数字银行带来了数字隐私计算**

金融领域是当下隐私计算技术应用落地最为活跃的领域,隐私计算在金融机构营销与风险控制优先落地。一方面,近年来金融科技的发展对金融业的发展形成了实质性影响,为隐私计算技术的落地打下了良好的基础;另一方面,关于在数据安全及个人信息保护方面,我国目前已经形成了包括民法、刑法及单行法在内的法律框架体系。2020年5月通过的《中华人民共和国民法典》中将人格权单独成编,对个人信息受法律保护的权利内容及其行使等作了原则规定。在单行法方面,2017年6月,《网络安全法》开始施行。2021年,《数据安全法》及《个人信息保护法》通过,并分别于9月及11月开始施行。

在隐私计算参与方中间共享的是算法,而不是数据本身,这从根本上避免了数据泄露,在技术上实现了数据安全与隐私保护。在信贷业务的风险控制环节,隐私计算可以帮助金融机构将自身和外部数据联合起来进行分析,从而有效识别信用等级、降低多头信贷、欺诈等风险,也有助于信贷及保险等金融产品的精准定价。在产品营销环节,通过应用隐私计算技术,可以利用更多维度的数据来为客户做精准画像,从而提升精准营销的效果。但是,隐私计算对金融领域的影响不止于这两个方面。隐私计算与区块链技术结合之后,可以改变更多的金融场景。工商银行的联邦学习已应用于多个场景。比如引入不动产数据,与行内贷款企业的时点贷款余额、注册资本、账户余额等数据联合建立企业贷中预警监测模型,从而提升了工商银行风险监测业务能力。目前,隐私计算在银行间的运用主要在风险控制与市场营销领域,未来隐私计算还将在银行间数据共享、银行内部组织协同等方面发挥重要作用,打通"数据孤岛",实现跨界流通,成为银行防范风险的重要手段。

**4. 金融云是银行业数字化转型中的重要选择**

与大银行和股份制银行对金融科技的投入很大相对,中小银行在科技投入上受限,因此需要思考如何能够利用更好的科技资源共享配置解决数字化转型中的技术问题。金融云能成为整个数字化转型过程当中技术创新和模式转变的选择,因为数据中心的建设也需要很大投入,所以对于中小银行来说,更需要加强和科技公司的合作。中国信息通信研究院的云计算技术发展调查报告显示,95%的企业认为使用云计算技术可以降低企业的IT成本，其中，超过10%的用户成本节省在一半以上。另外，超四成的企业表示使用云计算技术提升了IT运行效率，IT运维工作量减少和安全性提升的占比分别为25.8%和24.2%，通过应用云计算技术使可用性和业务创新能力也有显著提升。可见，云计算技术将成为企业数字化转型的关键要素。

金融云要解决的核心问题产品服务创新与经营模式转变。未来的金融云，不仅包括一些底层技术，如以大数据、人工智能、区块链、物联网等技术构成云底座，还包括实现业务增长的多场景解决方案，如贷款、存款、汇款等业务。这些多场景解决方案，不全是以SaaS形式对外输出，大部分金融机构希望能够本地化，只有依托于本地的数据、业务、生产系统，才会对金融机构产生应用价值，从而实现业务增长。此外，银行数字化转型最重要就是跟实业相结合，金融云结合产业云才是银行数字化转型的发展方向。金融云能够帮助金融机构通过金融云聚合金融服务，成为高度开放共享的金融服务平台，从而联结产业云，将自身的云体系与不同的产业数据、产业场景进行联结。这对于未来中小银行的发展，将会起到很大助推作用。

### 5. 数字金融人才将成为一种新职业

数字经济是继农业经济、工业经济之后的主要经济形态，数字化转型正在驱动生产方式、生活方式和治理方式发生深刻变革，对世界经济、政治和科技格局产生深远影响。推进金融业数字化转型以驱动金融高质量发展，数字金融人才成为数字化转型的核心竞争力。数字金融本质是通过数字化技术给金融服务使用者带来全新的金融服务体验，让使用者感到更加高效便捷。金融科技发展到今天，与数字金融"遥相呼应"，相互叠加共振。金融科技运用前沿科技赋能金融业数字化转型，主要表现在发挥场景金融作用，强调用户体验；而数字金融依托数字技术驱动金融业数字化转型，数字化流程再造更体现内在驱动力。两者都要遵守金融发展逻辑，守住金融风险底线。

数字金融人才的新特征，主要体现在四个方面：一是复合型，不仅是知识复合，更重要的是能力复合；二是应用型，重点在于数据驱动的金融场景应用；三是创新型，强调以金融科技的逻辑思维优化业务流程；四是国际化，强调引进国际先进技术的优秀人才。有的城市通过优惠政策在引进人才的同时带来了关键技术，能够实现核心技术的"弯道超车"。数字金融人才应该具备五项能力要素：第一是学习与研究能力（Study）。第二是业务与创新能力（Innovation）。第三是沟通与拓展能力（Network）。第四是业绩与贡献能力（Contribution）。第五是伦理道德与风险防范能力（Ethics）。

### 6. 数字银行带来了科技伦理治理

近年来，现代信息技术蓬勃发展，推动金融服务模式创新，重塑金融行业竞争格局，有力提高了金融服务效率。但同时，金融科技的迅猛发展，也使得市场参与者行为变化加快，金融交易日趋复杂，金融边界日益模糊，带来侵犯个人隐私等各种伦理道德问题，数据保护和数据安全问题日益重要和紧迫。数字化转型不可避免地会带来新的伦理问题，比如说人工智能、机器人的应用，还有个人信息安全与隐私权的问题。另外，还有虚假信息的泛滥以及数据鸿沟问题。新冠疫情以来，有些老人由于不会操作智能手机，甚至根本就没有手机而出行受阻，应该说是新的数据鸿沟带来的一些社会问题。

数字化时代，必须警惕和防范技术滥用可能引发的伦理风险。党的十九届四中全会提出"健全科技伦理治理体制"。科学求真，伦理求善。没有底线的金融走不远，没有约束的科技很危险。近年来，技术滥用引发了监管套利等问题，科技伦理建设已纳入《中华人民共和国国民经济和社会发展第十四个五年规划和2035年远景目标纲要》，成为新时期国家科技创新体系建设的重要一环。金融业要秉持以人民为中心的发展理念，聚焦当下科技伦理突出问题，尽快制定金融领域科技伦理行动指南和自律公约，将伦理道德作为衡量金融科技发展的重要尺度，守正创新，科技向善。

### 3.2.2 数字银行对商业银行理论的冲击

数字银行对商业银行理论的冲击即为数字新兴技术对于现有的商业银行管理理论的影响，我们从以下两个方面来论述数字银行对商业银行理论的冲击。

**1. 数字银行对资产负债管理理论的影响**

数字银行冲击了银行资产负债结构的稳定性，因而会对资产负债管理理论造成显著冲击。以数字人民币为例，按现有公开信息看，发行数字人民币初期将作为替代流通中的现金纸币M0在小额高频支付的应用，作为替代流通中纸币的数字人民币因具备无限法偿、快捷支付等功能，势必侵蚀传统商业银行活期存款份额。若未来随着经济金融形势变化考虑对数字人民币加计利息，数字人民币作为央行货币政策调控的手段，计息的数字人民币可以作为利率的有效下限，一旦央行提高数字人民币利率，商业银行存款利率"水涨船高"，为确保"利差"空间推高银行资产业务定价水平和第三方机构利率水平，导致实体经济融资成本上升。因此，如果数字人民币执行"负利率"刺激消费，也对银行流动性压力、资产负债期限管理造成冲击。

**2. 数字银行对风险控制管理理论的影响**

数字银行对风险控制管理理论的冲击源于新兴技术改变了银行传统的风险控制技术和风险管理模式。首先，银行系统通过与数字科技结合，打破了在银行系统内部的信息隔阂，有利于不同地区分支机构间的信息交互，进而建立起银行系统一体化的风险管理流程；其次，大数据及云计算技术的应用使得客户信息获取成本下降，信息获取速度得到了质的提升，使银行与客户间的信息不对称迅速弥合，进而提高了银行对于信贷风险的控制力度。虽然商业银行借助金融科技可以提高风险管理的效率，但是金融科技的应用势必会带来新的风险，这种风险很可能更具有传染性。由于云计算技术可以以较低的物理维护费用实现银行庞大用户数据的线上存储，因此，许多银行选择以价格低廉，方便快捷的"云端存储"取代价格昂贵，维护成本较高的物理存储设备。虽然云端存储具有极大的应用优势，但是一旦云端服务器出现崩溃等故障，就很可能导致数据丢失，而且云端服务器很可能服务一家银行的多个分支机构，一旦云端出现故障导致数据丢失或泄露，会导致整个银行系统出现大面积的瘫痪，对银行造成难以估量的损失。这种风险传染的破坏性是需要银行重点加以防范的，而且目前大部分银行还处在数字化转型的过程中，数字化的风险管理系统尚未建立完善，因此还需要结合各银行实际情况有针对性地进行设计。

## 3.3 数字银行理论创新

数字银行的理论创新五花八门,且很多方面的创新未实现学术界和银行业内的统一认知,因而我们选取最具代表性的生态管理理论和企业级风险控制管理理论两大创新作为数字银行理论的创新代表。

### 3.3.1 生态管理理论

生态管理如今已经成为银行管理中的热门话题,平台化、开放生态、互利共赢等理念已经成为银行发展战略中的关键词。银行并不具备单独打造完整生态链的能力,所以如何与客户完整生态中的各个部分处理好协同关系,如何在具备核心能力的基础上连接必要的外部资源以组合成更大范围的服务能力,是各类银行都需要关注的。

生态管理中最主要的三个部分应当是投资并购、合作和外包。投资是以获得掌控核心能力必需的技术、获得细分客户群体等为目标;合作则是以双方共同发挥核心能力,共享收益为前提;外包则是以获得非核心能力为主,主要是为了加强对核心能力的支持和扩展。生态管理是落实开放式架构管理的重要缓解,开放式架构设计要求更好地连接所有参与方,而这种连接并不是单纯的技术连接,还包括更为重要的商业连接。参与方彼此之间通过上述生态合作形式建立合适的商业模式,才能更加稳定地为客户提供长期服务,毕竟除了核心技术外,这些有益的外部合作对客户体验还是具有非常积极的影响的。随着架构开放性的提升,合作方之间的关系对银行业务连续性的影响越来越大,这已经超出传统服务提供商对银行业务连续性的影响,因为银行无法通过内部提升来降低这些影响。

从信息化到数字化,银行架构的开放程度将持续提升,与之相对应的是,生态管理能力也需要日益增强。在数字化环境下,数据会更加开放,客户将具有更大的选择权和自主权,客户更换金融服务机构的成本将越来越低,能否维持好自身的生态也许会成为银行获客、活客、留客的前提条件,竞合比竞争更重要。

### 3.3.2 企业级风险控制管理理论

风险控制是金融行业的重要工作内容,无论信息化还是数字化阶段,风险控制都很重要,只是不同阶段银行的业务模式可能不同,风险控制的内容和方式也会随之有所差别。现有银行的业务模式如果继续保持当前业务模式,那么即便发展到信息化高级阶段,业务模式应当也较难发生根本性改变,以防范金融机构产生的系统性金融风险为主,关注核心资本抵御风险能力的风险管理模式也会一直延续下去。到数字化阶段,银行的业务模式如果真的按照笔者的分析,从"揽储,放贷,收息"造就的集中风险承担模式,变成赋能客户,辅助金融决策的资源配置服务模式,风险承担会逐渐由集中承担模式转向持续分散模式,那么,以资本充足率为基础性手段的风险控制模式也会逐渐改变,因为风险承担的主体改变了。

在业务模式改变的过程中,企业级风险管理除仍将保留银行内部视角,关注业务连续性，以及操作风险、声誉风险、财务风险等传统风险管理内容外，也将把风险管理知识、方法通过与客户的交流逐渐传导给客户，帮助客户管理风险。风险管理将成为一种服务，从而真正实现在源头上控制风险，毕竟扣除不合理经营的因素，银行风险的源头其实是客户，客户的风险降低了，银行的风险自然也会降低。

当金融风险分散到一定程度的时候，银行自身要关注的金融风险将越来越少，而帮助客户管理风险将成为提供金融服务时必须提供的辅助产品，并且要具备跨产品、跨机构的综合风险分析与管理能力。这将是数字化银行在数字化社会背景下最为关键的风险控制管理能力。

## 本 章 小 结

本章主要介绍了数字银行的相关理论。第一节从资产管理理论、负债管理理论、资产负债管理理论及全面风险管理理论回顾了传统的商业银行管理理论；第二节从数字银行对传统商业银行的冲击和数字银行对商业银行理论的冲击两方面介绍了数字银行发展对于传统商业银行理论的影响；第三节以生态管理理论和企业及风险控制管理理论两种理论为代表介绍了数字银行创新理论。

### 简答题

1. 传统银行理论"脱节"与现代银行管理的原因是什么？
2. 数字银行对传统银行的冲击为什么
3. 数字银行相关理论的核心观点是什么？
4. 传统的风险管理理论和数字银行风险管理理论的关键差别是什么？
5. 除了生态管理理论，数字经济背景下还有其他的商业银行管理理论吗？

# 第 4 章

# 移动互联网

【本章学习目标】

通过本章学习,学员应该能够:
1. 熟悉移动互联网的定义与内涵;
2. 了解移动互联网所涉及的底层技术支撑;
3. 熟悉银行业移动互联网应用的发展策略;
4. 熟悉移动互联网应用的主要问题和对策建议;
5. 了解部分银行具体应用移动互联网的案例。

## 4.1 移动互联网的基本概念

### 4.1.1 移动互联网的定义与内涵

所谓移动互联网,顾名思义,就是将移动通信与互联网二者结合为一体,是互联网技术、平台、应用与移动通信技术相结合并实践的活动的总称。移动互联网是计算机网络技术发展到一定阶段的产物,形成一种新型的网络,具有移动性、开放性、便捷性、多样性以及融合性等多元化优势特征。移动通信技术经历了 1G、2G、3G、4G,再到现如今的 5G 的发展历程。移动互联网技术不断升级发展,为用户提供了越来越便捷、优质和多元化的服务。现如今,人们都可以用手机或电脑等移动终端,通过移动互联网来接收与传输信息,包括文字、图片、音频、视频等形式的信息。因此,移动互联网技术相当于"桥梁"的作用,为人们输送着各种各样所需的信息。

21 世纪初,通信与信息领域发展最快的是移动通信与互联网。国际电信联盟统计的数据表明,截至 2019 年年底,全球已有超过 41.31 亿名互联网用户,其中绝大部分来自移动端。与此同时,截至 2019 年年末,我国共有 12 亿名独立移动用户,智能手机的持有量增至 15 亿部。另一方面,移动流量则在继续迅猛增长,且现已占整个互联网流量的 15%。移动互联网流量消费大幅增长。在我国,2018 年移动互联网接入流量消费达 711 亿元,比上年增长 189.1%,增速较上年提高 26.9%,目前我国已形成了全球最大的移动互联网应用市场,移动通信,狭义上是指可移动终端通过移动通信网络进行通信,广义上是指手持移动终端通过各种无线网络进行通信与互联网的结合就产生了移动互联网。从技术层面定义，移动互联网以宽带 IP 技术为核心架构，同时提供语音、数据和多媒体业务等开放式基础电信网络；从终端层面定义，移动互联网是用户使用智能手机、可穿戴设备及其他移动终端，通过移动网络获取互联网服务与通信服务。移动互联网的快速普及以及在社会生产、生活中的广泛应用使得传统的短信和语音业务被大量取代，电信运营商被管道化，互联网平台型企业作为市场应用与内容的供给方开始在移动互联网产业链与价值网络中跃迁到价值创造的核心地位。简而言之，移动互联网技术可以使得用户在不断地移动行为中，通过移动终端设备和互联网入口，任意时间和地点都可以访问 Internet 获取信息，获得商务、娱乐、消费等各种基于线上网络的服务。

### 4.1.2 移动互联网的基本组成要素

通常，关于移动互联网基本组成要素共有三个主体，分别是网络、终端和应用。

移动互联网的第一个要素是网络。移动互联网是建立在移动网基础上的互联网，客观上推动了互联网技术的发展。移动互联网用户数量的大大增加，"永远在线"功能消耗大量的 IP 地址，推动了 IPv6 技术的发展。不断变换的地点是移动用户最大的关键点，Mobile IP 与 M2M 技术的不断迭代也是移动互联网技术发展的基本要素。

移动互联网的第二个要素是终端。首先，终端的功能和性能是实现移动互联网纷繁的业务与服务的关键因素。智能手机、平板电脑等都是移动互联网的终端类型，同时需要附加各种硬件功能，如 GPS、运动传感器、触摸屏等，其次，是操作系统，比如 Apple 和 Android 系统等不断地升级和迭代，以及中间件等，如 Java 平台等的技术不断创新应用，都是未来移动互联网产业发展的基础。

应用则是移动互联网的第三个要素。3G 到 5G 技术迭代过程促使了移动互联网在社会生产和生活中应用更加丰富，数字化、智能化、移动互联网化的应用产品是企业研发策略的首要目标。各大移动互联网应用平台聚合了广泛的信息资源，支持形形色色的业务编排，组织方式也随之改变，更加支撑城际和区域间自由应用切换。

移动互联网助推数字经济全面快速发展，移动互联网产业是数字经济的典型代表和缩影。移动互联网与云计算、大数据、人工智能、区块链等新型技术的深度融合，不断创造新的服务模式和产业形态，重构了传统产业，为数字经济提供动力并推动中国数字经济进入快车道。与此同时，移动互联网产业为中国经济发展做出了重要的贡献。

### 4.1.3 移动互联网的特征

**1. 信息多元化**

多元化的巨量信息已经形成了今天的大数据时代，无论国内还是国外，无论是经济还是生活，整个世界的人们每时每刻都在接受和处理各种各样的信息。具体来说，所谓信息多元化是指信息的来源渠道多元化、信息的数据海量化、信息的价值判断多样化。移动互联网改变了信息和人的二元关系，人已成为信息的一部分，信息也已融注于人，二者你中有我、我中有你，相互联系、相互转化。移动互联网以其功能的多样性、内容的广泛性、速度的快捷性、环境的开放性给人类社会带来了巨大的冲击和影响，尤其是由于移动互联网的快速发展，让信息变得更加透明化、多元化，使得人们的生活方式和社会行为方式都在发生巨大的变化。当今，无论个人、企业，还是团体以及社会组织，既是多元信息的创造者、发布者，又是多元信息的接受者、处理者，整个社会已成为一个巨大的信息库、一个宏伟的信息加工厂。所以说，信息多元化已成为移动互联网时代的重要组成要素和基本的特征。

**2. 网络移动化**

整个社会方方面面因互联网而无缝链接，由移动化而飞速运转。如果说传统意义上网络化是指利用通信技术和计算机技术，把分布在不同地点的各类计算机终端设备互联起来，按照一定的网络规范原则相互联通，以达到共享软件、硬件和数据资源的目的，那么今天的移动网络化则是借助云计算和互联网技术，把虚拟世界和实体世界连接到一起，形成一个上下贯通、左右无界、高速运转的现实世界。在这里，移动互联网与传统互联网产生了本质的不同，尽管有人认为互联网和移动互联网的区别旨在终端，但从今天的现实来看，互联网的本质是符号的排列组合。而移动互联网的本质已变成人和物的排列组合，移动化已是互联网的重要特征之一，人们时刻都能切身感受到互联网移动化的影响。

在移动互联网时代，不用再像PC时代那样，人们通过端坐在电脑前上网来实现与外界的沟通。今天，每个人都可以用手机链接世界各地的一切。在公交车上刷微信、看资讯，在高铁上阅读邮件、玩手机游戏，甚至在等电梯的时候都可以浏览微博，等等。移动化使人们碎片化的时间利用得无比充分。企业的营销、生存、竞争方式同样也都发生了巨大的改变，企业和客户不再是对立的两极，在新时代，移动互联网技术使企业、员工和客户组成一个"利益共同体"。这样的组织方式相比传统的组织，效率更高，对市场反应更快。如果企业还沉浸在过去的PC互联网思维中求生存，无视移动化的巨大推动力，恐怕很快就会被移动化这股巨大的浪潮所淹没。因此，在移动互联网时代，正是互联网借助移动方式实现了向社会经济生活的全方位渗透，并对人们产生着巨大的影响。企业经营管理者只有深刻认识到移动化这一互联网时代的重要特征，才能求得生存，从而获得竞争力。

**3. 个性差异化**

移动互联网日益提升个性化和差异化。

一方面，移动互联网突出个性化，不但手机本身具有个性化特征，而且移动应用利用大数据技术也实现了个性化，这种个性化还体现在能够通过融合技术实现多屏融合，一个手机使用者在其手机上的应用，同时可以继续在平板电脑甚至在电视上继续使用，其体验是完全一致的。从移动应用经济来看，只有个性化才能实现移动互联网的替代及新的价值创造。

另一方面，移动互联网也具有差异化特征，在移动互联网时代，企业家们已经认识到企业的生存与发展在于自身的核心竞争力，而产品差异化和服务差异化则是企业核心竞争力的关键点。在当今社会，低成本竞争越来越难获得竞争的优势，移动互联网让企业的所有竞争，将体现为需求差异化的竞争。企业经营者越来越懂得利用好这一差异化特征，真正把差异化作为极其重要的一项发展战略，紧紧把握住时代特点，形成差异化经营策略，实现很好的差异化服务。可见，移动互联网时代既彰显着个性化，又体现着差异化特征。

**4. 虚拟现实交融化**

移动互联网个人终端的便捷性，极大地推动了传统互联网向人们生活的全方位渗透，加速了现实和虚拟社会的进一步交融。由于手持终端代表的移动互联网对于社会经济生活的强力介入，它影响人们生活的程度日益加深。从日常生活中随时可以看到，现实社会中的元素在虚拟网络中一般都可以找到踪影。移动互联网的便捷高效，尤其是它的无缝链接，使得现实和虚拟的高度交融日益凸显。正因为这一点，也让移动互联网成为发掘人们现实社会中多样化需求，并在虚拟网络社会中映射的平台。因此，移动互联网带给人们的不仅仅是便捷的互联网接入，更重要的是它让人们在现实世界里难以满足或发现的潜在需求，在互联网的虚拟世界里能得以映射，这是对人们需求的又一次升级，也是现实社会和虚拟社会的进一步交融。由此可见，虚拟现实交融化不失为移动互联网时代一个鲜明的特征。

**5. 个人群体互动化**

只要在移动互联网背景下，不管你在农村还是城市，人们都可以随时获得最新的资讯和所需的信息，也可以定制所需的商品和服务。越来越多的普通人会发现，有众多的平台在满足自身生活需要的同时，还可以推销自己，表达自己，展现自己的天赋。移动互联网的发展，真正成为现代人最富有个性特色以及展现自我生命价值的主阵地。与此同时，在移动互联网世界里的广义社群的互动交流已成为时尚，人们以各种各样的方式建立与他人的联系，融入不同形态的社群之中。从形式多样的网络圈子可以看到，寻求与他人的交流、协作与互助，表达自己的关切、责任与义务，追寻社会的公平与正义，日益成为日常生活的重要内容。移动互联网是全民盛宴，离开它将难以融入现代生活，这就充分说明个人群体互动化是移动互联网时代一个重要的特征。

## 4.2 移动互联网技术

### 4.2.1 云计算技术

现阶段，随着我国信息时代的飞速发展，对信息需求逐渐提升，人们在生活中可接收到各类信息，并在第一时间了解相关信息的主要内容，从而使信息得到广泛传播，充分展现出互联网的优势。技术人员不断对互联网技术进行深入研究，拓展网络运行范围，加强对互联网技术的应用，可有效为人们提供良好的交流平台。其中，云计算技术是移动互联网技术中的一种，其应用较为广泛，在人们的生产生活中较为常见。云计算技术是在计算机网络的基础上，利用虚拟资源对相关信息进行有效处理。通过对云计算技术的应用，技术人员可以在终端上发布有关指令，快速传输数据信息，继而能够达到资源优化配置的效果。该技术可提高数据信息的处理效率，保证信息的质量，确保信息得到实时高效传输。

随着网络技术的发展，用户可以将自己的数据在网上进行共享和储存，以此满足自己在网上浏览网页和看视频的需求，可见，移动网络技术可以为用户提供多样的服务，以满足用户的需求。同时，移动网络技术为了满足客户更多的需求，为用户提供更多的服务，而将网络的资源整合在一起，促进了云计算的发展。云计算是基于网络资源的收集和互享，云计算的出现是为了让用户通过网络获得更多的网络服务，同时其还能根据用户的需求进行支付。简言之，云计算是将成千上万的电脑组合在一起，而用户只需一部手机或电脑就可以在网上获取到自己需要的信息。

随着移动互联网技术的发展，用户对于移动互联网的依赖程度越来越高，通过网络储存和分享信息成为目前生活的常态。企业可以借助数量众多的移动互联网设备，进行云计算平台搭建。云计算平台是由众多的服务器构成的网络系统，移动互联网用户只需要在移动终端上，接入互联网就可以获取一切服务。

与传统的商业模式相比，云计算技术具有超大规模自由拓展性、高度可靠性、通用性、廉价性等特点。云计算平台的出现为移动互联网技术的开发，降低了运营成本，为普通人提供了更多在互联网时代进行创新和自我发展的机会，实现了社会公平和发展机遇对等，有助于和谐社会的发展，为更多的人通过互联网技术获得自己理想的生活质量提供了可能和必要的技术基础。

### 4.2.2　Mashup 技术

Mashup 技术是移动互联网技术之一，该技术属于快速构建技术，可将不同区域的网络进行充分连接，使各个区域的资源得到充分共享，以此能够及时获取相关数据信息。该技术有效满足了不同用户的需求，并可对相应选项进行定义，继而可为用户提供良好的服务。Mashup 技术通常是将数据信息资源整合，完善技术的开发模式，从而实现对资源的全面利用，并突破传统的网络架构模式，增加该技术的功能，有效完善互联网技术的主要流程，进一步降低技术的应用成本。

### 4.2.3　软件服务技术

软件服务技术（Software-as-a-Service，SaaS）是随着互联网技术的发展和应用软件的成熟，在 21 世纪开始兴起的一种完全创新的软件应用模式。在传统模式下，厂商将软件产品部署到企业内部多个客户终端实现交付。软件服务技术定义了一种新的交付方式，也使得软件进一步回归服务本质。企业部署信息化软件的本质是为了自身的运营管理服务，软件的表象是一种业务流程的信息化，本质还是第一种服务模式，软件服务技术改变了传统软件服务的提供方式，减少本地部署所需的大量前期投入，进一步突出信息化软件的服务属性，或成为未来信息化软件市场的主流交付模式。

软件服务技术具有较强的特殊性，可为互联网用户提供良好的服务，促使相关设备软件得到快速运行。同时，该技术还通常会在互联网运行中进行全面筹划以及布置，并对各个环节进行完善，符合用户的使用标准，可有效使资源得到合理分配。该技术还包含对相关系统的整体维护，为用户节省了大量的资金，充分满足用户的实际要求，继而能够达到良好的应用效果。

### 4.2.4 芯片技术

芯片技术，在移动智能终端制造领域，我国的产能首屈一指。以手机为例，全球半数以上的手机由中国企业代工生产，国外很多知名企业也选择来中国投资建厂。中国电子产业蓬勃发展，特别是应用处理器市场更是迎来了良好的发展机遇。一方面，本土企业及研发机构在此过程中逐渐崭露头角，国内创新型科技企业在移动互联网终端处理器领域相继投入大量研发资源，同时推出系列产品，另外在芯片设计、制造上均有突破。但与国外企业相比，不仅市场占有率不高，而且制作技术以及产品性能也有明显的差距。如今，高集成、低功耗和 ARM（Advanced RISC Machine）架构成为创新的趋势，7nm 芯片产品逐步研发与应用，应用网络级芯片（Network on Chip, NoC）设计思路，采用系统内封装（System in Package, SIP），同时产品功耗也更低。比如，智能手机应用最新单芯的方案，可减少 40% 以上的功耗，特别是涉及影音播放，功耗降幅更是高达 150mA，这样一来也会有更好的续航能力表现。最后就是适用 ARM 的产品架构，低耗电节能，尤其适用于移动通信领域。

应用处理器市场迎来新的发展机遇期，许多知名跨国 IT 企业迅速布局该领域以抢占市场先机。国内创新型科技企业包括盈方微和北京君正等，也在该领域投入更多研发资源，相继推出移动互联网终端应用处理器系列产品，并将其列入重点研发业务清单。处理器市场一时间涌入了为数众多的新进入者，芯片制造领域 Qualcomm、Apple 以及 TI 三强并立格局由此被打破，市场品牌趋向于分散，下游厂商由此也获得更多选择，对于加速产品性能优化及控制压减主流产品售价起到尤其关键的作用。尽管中国企业在领域同样获得快速发展，IC 设计公司提出较多有前瞻性的设计方案，但较之国际企业，从制程技术、产品性能或市占率而言，依旧有明显差距。

### 4.2.5 语音识别技术

人机交互的最高效手段即语音。受行业、技术领域及应用环境等因素影响，社会经济各部门中的语音技术应用广度和深度不尽一致。通信和金融部门最早推广语音识别技术，其次为移动智能终端，如手机、车载导航仪等，再次为家居生活电器及其他涉及社会生活的各领域，如数码娱乐终端（平板电脑等）、智能家电以及在线教育等。语音技术在手机、电视以及汽车等各型设备中均获得普及应用，智能电视配置该技术最早为 2013 年，用户不依赖遥控器使用语音即可完成调台。语音技术应用的另一方向在于实现多语种语音识别与机器翻译，由此突破不同国家和民族间存在的语言隔阂，借由机器实现无障碍沟通，即便并不具备外语习得经验也能够自如交流，内置翻译器的最终技术目标在于取代同声传译。语音技术应用为用户生活提供更多便利，机器能够精准识别语音指令，且不受口音和语气等因素干扰，准确提炼关键词并执行指令。此外，每个人的声纹都是独一无二的，故该项技术在公共服务领域也大有可为。当前政府主管部门已着手声纹库建设，未来将广泛应用于金融、通信、社保以及公共安全等公共服务领域。

### 4.2.6 近场通信技术

近场通信技术（Near Field Communication，NFC）可以在非接触前提下完成电子设备间的数据交换。NFC 技术的前身为免接触式 RFID，后者的研发厂商最早是飞利浦和索尼等主要手机制造商，其用途是为移动智能终端提供通信支持。其应用形式表现为将非接触读卡器及点对点功能糅合入同一芯片中。NFC 芯片是开放式接口平台，能够实现无线网络设置，且为设备与蜂窝网络和蓝牙等设备的连接提供服务支持。NFC 设备主要适用于芯片数据读取和智能终端间数据链路搭建等，NFC 芯片能够兼容移动支付、货币交易、网内通信以及互联网信息访问等类 App 应用。通过使用 NFC 手机，用户可以突破时空限制，与拥有同样功能的终端设备实现无现金支付的即时交易。当前，NFC 手机在第三方应用支付、定位导航以及社交等领域发挥着更加重要的作用。

## 4.3　银行业移动互联网应用

移动互联网在银行业的应用范围非常广泛。由于移动互联网具有个性化、即时化、互动化、位置信息结合、应用整合、小屏应用、终端多元化等特征，银行业的移动互联网应用与互联网应用相比，表现出较大的差异。与互联网相比，移动互联网提供的是一个集成的环境、无缝的体验，用户的操作行为与其商业行为统一。其中有三种典型应用能够充分体现出这种特征，即移动支付、大数据和移动营销。

### 4.3.1　移动支付

近年来，各大银行积极地与时共进向很多企业（如电力、天然气、福彩等）签订第三方支付业务，全面服务人们的移动消费需求，移动消费模式也成为人们日常生活中的主流。在公共交通、公共事业缴费、购物、一卡通、电子票务、旅游、金融、医疗、教育等领域都可以直接使用手机银行消费，为人们的生活与消费带来了很大的便利。

移动支付也称为手机支付，为用户提供使用其移动终端通常是手机对所消费的商品或服务进行账务支付的一种服务方式。移动支付是银行业移动互联网应用的一个关键环节，与银行的业务密切相关，同时由于移动支付需要移动通信网的承载，所以电信运营商也非常关注这个领域。对于银行来说，没有移动支付产品，就不能形成移动互联网应用的闭环。对于电信运营商来说，移动支付是其延伸自身价值的一个绝佳工具。从国内移动支付的发展现状来看，更多的是电信运营商在掌控这个领域。而银行在这个产业链中仅仅是提供了账户，并没有占据产业链关键环节，缺乏对移动支付平台的掌控。这让我们想起互联网时代，第三方支付厂商占领了客户的支付通道，而银行却被边缘化。

近年来，多家银行推出了基于移动终端的手机银行，提供账户查询、转账、支付缴费、信用卡业务等服务。截至 2023 年第一季度末，全国银行共处理移动支付业务 412.84 亿笔，金额 144.60 万亿元，同比分别增长 19.14%和 19.90%。

### 4.3.2　大数据

对银行业来说，对客户的了解程度间接地决定了银行的营销效率和收益效率。在大数据时代，银行运营方面的相关数据被充分分析和利用，客户的流失数据、资本金比率、存贷比等各种数据也形成了银行日常管理的基础。银行业是一个数据驱动的行业，数据也一直是银行信息化发展的主题词。

在互联网金融时代或者大数据金融时代，银行信息化进入了一个新的发展阶段：大数据应用。首先，要求账务数据的统一，通过数据大集中和统一的核心业务系统来实现。其次，要求客户数据的统一，支撑以客户为中心的多渠道服务和信息整合。最后，要求建立主数据管理模型，分析产品、客户、资金、组织、人员等主数据，建立企业级数据模型，实现基于数据挖掘和分析的银行商业智能。

### 4.3.3 移动营销

银行业的移动营销至少有两个层面。

第一个层面是银行自有产品的营销，比如说建行、工行在大力推广的手机银行。这种营销和互联网上的营销差异不大，移动营销的价值体现在它能够直接将营销行为转化为客户行为。银行在手机门户上的营销活动能够吸引客户在手机终端上注册开通手机银行。

第二个层面的移动营销提供的是银行合作者的产品和服务的营销。银行基于移动互联网技术为客户推荐合作者的产品和服务，这种营销是营销和服务的统一体。对于银行和合作者来说，这是一种营销行为。对于客户来说，将会享受到银行提供的独特的服务。以信用卡业务为例，银行建立一个基于移动互联网的营销和服务平台，在这个平台上汇集了各类特约商户，提供他们的位置信息、商品优惠信息。客户在平台上可以找到距离自己最近的合作商户，并可以根据商户特征筛选出最优商户，在线下载商户提供的优惠券，客户消费之后使用手机银行支付。当然，银行还可以进一步在平台上提供信用卡积分消费等服务。这种模式创造了多赢的局面，银行能够获得支付和营销推广的双重收益，合作商户能够吸引更多客户，客户能够享受到更加便捷的服务和更优惠的价格。因此，移动营销将成为银行信用卡业务实现创新的重要手段，未来也将成为信用卡业务增加收入的重要方法。

## 4.4 移动互联网应用的主要问题与对策建议

### 4.4.1 移动互联网应用的主要问题

**1. 数据流量过大**

目前，我国移动互联网的数据流量过大，当前移动客户端的数量流量还明显的超过PC端，现有的数据流量问题很难支持移动客户端应用的高速增长。这也给网络运行的承载力带来压力，尤其是节假日高峰时间网络拥堵问题更为明显，这不仅影响着用户的使用体验，而且还会造成网络拥堵，传输速度慢，甚至传输断线问题，从而影响数据的充分使用。伴随着5G的应用，这一现象正在改变。

**2. 安全问题大**

目前，移动互联网设备的安全性不高，不少移动设备还面临着较大的安全问题。首先，随着网络的日益普遍，网络安全问题的影响也日益增大，我国移动互联网的安全技术研究不足，存在着安全方面的漏洞。其次，移动互联网设备在抗病毒、防木马方面的能力弱，不少移动客户端并不具备防止入侵的功能。造成病毒爆发、手机死机等现象，给客户带来较大的麻烦。

在使用社会福利为唯一评价标准的情况下，开放平台模式的移动互联网平台为最优。但社会福利作为唯一评价标准是否合适？随着智能手机的快速普及和移动应用的爆炸式增长，开放操作系统手机平台的安全问题、移动应用的侵权管理问题等日益突出，已经成为手机用户和有关管理部门非常关注的问题。

开放模式的移动互联网平台，以其开放和灵活的特点得到了众多应用开发商的支持，手机用户数的增长也非常迅速。但丰富多彩的应用背后，却给手机用户带来了安全隐患。由于过于开放，移动应用非常容易获取用户的隐私数据，并可以操控用户的终端设备。以发生过的恶意订购为例，用户在不知情的情况下，"恶意的"移动应用就"代替"用户完成了网上订购服务，而这种情况下用户维权则非常困难。

当然，越来越多的开放平台正加强这方面的管理和控制。小米、阿里等公司甚至计划开发更为安全的手机操作系统平台（当然大都基于已有的开放操作系统平台）。所以说，对开放的移动互联网平台，如何提高终端系统和应用平台上的安全性，做到开放和安全的平衡，值得持续研究和实践。

**3. 侵权风险控制问题**

移动应用侵权的迹象越来越明显，有些应用的制作目的就是传播未经授权的内容而谋取非法利益，移动应用平台（应用商店）所要承担的成为侵权诉讼被告的风险也在增大。对移动应用平台运营商而言，在面临侵权风险时能否免责，主要依据是《信息网络传播权保护条例》和《中华人民共和国侵权责任法》。根据"避风港"规则，对移动应用平台运营商给出如下建议。

（1）移动应用平台运营方切实执行《信息网络传播权保护条例》确立的"通知删除"制度，防范和控制移动应用侵权风险。

（2）移动应用平台运营方在发现移动应用侵权行为时，需要在第一时间对侵权应用采取中止服务等措施，以免卷入侵权诉讼并保护自己的合法利益。

（3）审查与授权管理。移动应用的审查包括两种情况，涉黄、暴力等内容审查和知识产权侵权内容的审查。

（4）关注高侵权风险应用。在上述措施的基础上，平台运营方需切实关注高侵权风险的应用，防患于未然。比如，谨慎对待以侵权为目的的应用提交，审慎对待的分享应用等。

随着相关法律案例的增加，各方维权意识的增强，如果运营方不能投入相应的成本，控制侵权风险，势必会影响到自身的持续发展。

### 4.4.2 商业银行移动互联网应用的主要问题

**1. 监管缺位及信息披露不完善**

移动互联网银行的特性使其具有较传统银行和普通民营银行更强的业务创新型。作为新兴事物，一方面，在运行上也面临更加多样化的风险。目前监管部门仅针对互联网贷款和存款等其经营主要业务进行了监管规定，缺少更多的约束性和规范性条款。另一方面，现行的披露制度使监管机构及消费者不能实时掌握其具体的经营状况。因此，监管部门应进一步推动差异化监管政策落地，明确监管标准，降低移动互联网银行的经营风险。

**2. 顾客信用问题**

我国改革开放到目前为止已经40多年了，而在这40多年中国际市场的经济有着极其复杂的情况，商业银行还能保持其经济的持续发展，已经非常不容易了，当然这种发展是建立在我国银行的不断变革上的，随着复杂的市场经济变化而变化，这也从另一个侧面可以看出来，网络营销的发展已经进入了一个新的阶段。而在这样一个网络时代，顾客自身的信用问题就成为银行网络营销发展中的一个重要的阻碍，从而严重地影响银行的发展。

**3. 产品创新能力不足**

商业银行的创新首先就是从自身的产品进行一定程度的改变，从而适应金融市场的发展，适应社会的需求，适应人们的需要，从这几个原则进行电子产品的营销无疑是最好的手段与目标。但是根据调查发现，在商业银行的产品的创新方面存在着严重的缺失，比如在信用卡方面，不管是在互联网的营销模式还是在现实中的销售中，该产品自身创新上存在严重的缺失，从而失去了一定的市场竞争能力，对于其发展造成严重的影响。

### 4.4.3 商业银行移动互联网应用的对策建议

**1. 转变经营理念积极应对**

作为起点，商业银行的高管应该充分重视移动互联网金融的发展并且积极应对。移动互联网金融作为新兴业态，其诞生和成长是符合金融市场中以前没有被满足的客户的需要的。尽管目前移动互联网金融扩张速度很快，但其体量与传统银行相比还很小，对银行产生不了动摇根基的影响。但这并不意味着商业银行可以忽视移动互联网金融的存在，相反，商业银行应该密切关注起其新动态，认真研究其发展逻辑和商业模式，从中汲取商业银行进一步发展的理念。同时需要注意的是，传统商业银行和移动互联网金融仍有在客户群体等多方面的不同，商业银行既要防止传统模式的思维定式，也要防止照搬照套，而应该结合自身的优势，大胆设想，小心求证，将移动互联网金融产生的冲击变为获得新发展的机会，实现共赢。

另外，商业银行更应体现其在移动互联网金融浪潮中的"整合"功能，发挥其先天优势，进行业务整合及布局。比如支付宝、微信在渠道销售端具有绝对优势，但是在电商金融服务领域基础设施方面竞争优势不足，而商业银行在金融、线下资源整合方面具有更大的优势。

**2. 调整经营战略**

在具体经验战略上，首先，移动互联网及支付机构的优势在通过高频业务切入用户，全金融服务能力是银行账户的绝对优势，商业银行应充分利用其优势，布局余额理财，扩大用户规模，或与互联网巨头合作，或自己进行布局；其次，不盲目发展直销银行，"垂直"及"差异化"是关键，直销银行在为传统金融机构大规模开辟新市场、开发新用户方面起到了重要作用。如果发展直销银行，应注意抓住客户需求，创设应用场景，使客户在自身的平台上热烈互动，以此将大数据留存；建立大数据的基础，在本质上就是导流；这其实是所有互联网企业面临的课题，而不是直销银行独有的问题。成功的直销银行基本都是与主业隔离得较好，在市场与用户定位区隔明显，实现差异化定位与服务的机构。供应链金融中更适合商业银行发展，商业银行可以充分将金融服务与供应链对接，实现进入服务实体，尤其是服务中小企业，符合国家政策导向。

### 3. 一切以客户为中心

商业银行应切实做到真正以客户为中心，而不以竞争对手为中心。充分利用已有资源找准用户的痛点在哪里，哪里切入或反击的力度最佳。以客户为中心，打造智慧银行，社会化、智能化和多样化。客户体验是互联网企业的生命线所在，所有的互联网基因的企业都时刻在进行用户界面友好化、流程优化、用户反馈收集和更新换代。服务质量对于互联网企业来说至关重要。

在我国，由于商业银行体量庞大，地位极为重要，受到国家政策红利，在发展过程中虽然一直强调客户的重要性，但是在真正的业务执行中，经常被客户抱怨服务态度不佳、服务质量有待提高等问题。在金融这个以人为本、客户至上的行业中，客户的满意度将决定商业银行的长远发展。因此，商业银行应该向互联网企业学习，真正做到在一切以客户为中心的前提下开展业务，切实从客户的角度反思业务流程，不断提升服务质量。

### 4. 重新定义产品开发目标

在产品创意可行性"不确定"和竞争环境"快速变化"的背景下，产品开发的目标不再仅是开发产品、服务客户、赚取利润。因此，商业银行应根据所开发产品的特点和阶段有区别地制定目标。对于涉及全新商业模式、全新业务领域的创新产品，应将"学习如何创新一种可持续的业务"作为产品开发的目标（而不是开发产品和服务）。在这种情况下，产品开发的主要工作内容除了把创意转化为产品外，更重要的是衡量客户的反馈，然后认识到是应该继续坚持还是应该调整业务方向。所有产品开发工作的改进都应该有利于加速这个反馈循环。

### 5. 探索参与式的开发模式

在移动互联网时代，产品开发的过程和客户发展的过程高度整合。一方面产品迭代开发的过程就是产品根据客户的反馈不断优化的过程。另一方面口碑是移动互联网时代产品传播的重要方式，社交网络上积累的信任关系成为企业产品营销的重要载体，因此，企业需要高度重视初期核心客户的培养，这些客户是验证商业设想是否成立的首批客户，也是企业开展口碑传播最初的种子客户。鉴于上述情况，商业银行需要改变过去以银行为中心单向推送产品的产品开发和推广模式，要充分发挥移动互联网上用户创造数据、参与决策的重要作用，广泛积累和分析用户的使用情况，建立用户反馈意见、提出建议、积累口碑的渠道，激发用户主动性使其成为企业的"产品经理"，全面吸纳用户意见优化和改良产品，持续提升产品竞争力。

## 4.5 数字银行移动互联网应用案例

### 4.5.1 兴业银行武汉分行

兴业银行武汉分行于 2002 年 6 月 24 日正式对外营业，20 多年来，武汉分行紧紧围绕总行"建设一流银行、打造百年兴业"的战略目标，坚持"从严治行、专家办行、科技兴行、服务立行"的治行方略，使得其良好的信誉在这片古老而闻名的荆楚大地上创造了一个又一个奇迹。所以信誉背后的征信功能和价值创造是兴业银行武汉分行最宝贵的资产，另外其资金雄厚、认知和诚信度高也是目前以年轻人和中小微企业为主要客户的互联网金融难以与之抗衡的。

伴随着大数据在兴业银行武汉分行的应用，使其可以结合实时和历史数据的全面分析，实现业务数据的集中与整合，支持多样化和复杂化的数据分析，提升信用卡中心的业务效率，通过数据库直接提取数据，有效地改进和推动了针对性的营销活动。

**1. 大数据业务**

在移动互联网技术的时代背景下，兴业银行武汉分行充分认识大数据技术在业务领域的应用价值，也成立了专门的信息中心加强大数据技术研究，经过多年信息服务体系建设和数据技术研究，在组织、制度、环境及数据质量等方面做了大量工作，利用数据挖掘模型在精准营销领域进行重点突破，取得了一定成效。比较有代表性的案例如下。

一是安愉人生。兴业银行武汉分行以关爱、服务老年人为出发点推出的综合金融服务品牌，致力于为老年人提供高品质、专属化的金融服务。为科学、高效的挖掘安愉人生潜在客户，提高产品营销的成功率，武汉分行对存量老年客户进行深入分析，通过 188 个客户特征指标着手建立精准营销模型，提供存量老年客户中潜在的目标客户，从而完善了"安愉人生"产品的整体营销方案。武汉分行使用数据挖掘模型后，营销成功率较原先提高了 5 倍。

二是移动信息发布平台。该平台实现了经营管理指标查询、业务动态分享、通讯录快速查询等功能，提升信息服务的易达性、易用性和互动性。有效促进业务信息共享，为经营管理决策提供了数据信息支持。

**2. 移动支付业务**

一是腾讯 QQ 钱包。2016 年 2 月 21 日武汉分行与腾讯 QQ 钱包、武商量贩在武汉共同召开新闻发布会，宣布武商量贩的近百家门店全部接入 QQ 钱包移动支付功能。兴业银行借助腾讯互联网平台发展基础优势，把支付作为驱动力和源泉，使用户、商家和银行连接一起，打破人与人、人与服务的隔阂。一方面让用户享受便捷的金融服务；另一方面让商家终端的利益最大化，从而实现产业共赢。

二是兴动力手环。佩戴这款手环，用户可在全国带有"闪付（QuickPass）"标识的机具上轻松连接快速完成支付，包括商场、便利店等。在 2016 年 11 月 18 日，兴业银行武汉分行携手武汉通有限公司举行发布会，宣布加载武汉通公交地铁应用功能的移动支付手环正式投放武汉市场。挥手一刷即可轻松搭乘公交和地铁，形成了"手环+信用卡+公交地铁卡"三位一体的支付模式。在加载了地铁公交功能之后，手环的功能更加强大，也为持卡人的运动、出行、消费再添新翼，将为武汉市民出行带来极大的方便。

### 4.5.2 招商银行

在零售金融3.0数字化转型的过程中，招商银行充分利用大数据为业务赋能，运用数字化精准营销提升零售业务经营效率，进一步扩大零售金融的"护城河"优势。

于内，招商银行的移动互联网应用为数字化精准营销提供了强大的技术支持。招商银行数字化营销平台，以数字化、智能化为核心，具备实时感知用户行为发生、快速理解用户潜在需求、及时展开对用户营销的能力，做到全实时、全旅程、全漏斗、全场景、全数据的营销支持，为"拉新、促活、流量经营"提供全方位的平台支撑。

从流量来源角度细分，招商银行可经营的流量分为三类："行内自有流量""外部场景流量""外部广告流量"，三者各成体系又互相引流、共享数据，构成招商银行流量经营生态稳定繁荣的"铁三角"。招商银行移动互联网营销平台通过将三方流量数据整合打通，构建起覆盖行内外全渠道线上流量经营的生态体系，将用户在行内外各场景下的行为及交易数据进行清洗、整合、归集成统一用户画像，并完成用户从品牌认知到转化这整个旅程的数据链路的实时监测。在策略智能化统筹方面，可基于全网行为进行建模分析，实现营销策略的全局统一管控，避免各场景下用户接触策略彼此冲突、影响用户体验。

于外，与传统营销模式相比，招商银行数字化营销强调"以客户为中心"，关注客户接触点，通过客户历史行为判别是否有合适的产品或服务并进行推荐，从"我们销售什么"向"客户需要什么"来进阶。智慧营销平台是招商银行在大数据驱动下搭建的轻型精准营销系统，该平台共创建了包括客户基本信息、持有产品、客户行为、财务状况、风险管理等在内的1700个客户画像标签，支持全行亿级客户的简易探索和快速细分。不仅如此，智慧营销平台还能够为营销活动的策划、设计、执行和监控提供全套灵活的"拖拽式"配置界面，实现营销活动名单在各个渠道的精准投放与自动化分配，助力分行中台人员提升营销效率。

### 4.5.3 九江银行

以九江银行理财业务为例，在传统营销模式，九江银行首先需要涉及理财产品的宣传材料，然后在营业网点向客户发放理财产品的宣传资料。在这个过程中，需要动用大量的人力、物力，同时营销的效果难以保障。九江银行通过网络银行采取网络营销措施，除前期技术开发及例行维护的成本外，信息的传播在数量、成本、客户受众面都比传统营销措施具有明显的优势。综合而言，在移动互联网背景下，九江银行采取并完善网络营销措施是必然的选择。

在九江银行中，主要是由个人银行、企业银行以及网上商城等各种银行服务体系构成。

九江银行投入了大量的资源开发了网上银行系统，九江银行的客户通过登录银行的网络页面，能够获取相关的服务与产品信息。针对很多客户更喜欢登录手机银行获取相关服务的习惯，九江银行已经开发出支持包含iOS、安卓等多种系统的手机操作系统。

不仅如此，九江银行还建立了直销银行。直销银行是一种新型的银行运行模式。这一模式与传统模式存在比较大的区别。直销银行不需要营业网点，银行的客户可以通过电脑、手机等渠道获得相关的产品服务。由于这一模式不需要具体的营业网点作为支撑，减少了很大的经营费用。因此，直销营销的产品与服务具有价格竞争优势。九江银行为了提升直销银行的影响力，在2017年11月16日至2017年11月18日展开网络抽奖活动，活动期间，已登录用户每天分享活动链接，均可在当天获得一次抽奖机会。老用户每天更有机会获取多次抽奖。新绑卡（不包括换卡）用户，绑卡当天可获取一次抽奖机会。其中奖项包括华为手机、京东E卡和积分等奖品。通过开展网络营销活动，显著提升了直销银行在客户中的知名度。

在产品开发方面，由于我国商业银行存在较为严重的产品同质化的问题，因此目前各大银行加大了产品开发的力度。随着九江银行的竞争对手积极进行产品开发，九江银行加快了产品开发的进程。在结合客户需求加大产品研发投入的同时，九江银行致力于完善现有的支付平台，让九江银行的客户能够获得更为便捷的服务。目前，九江银行不仅提供了收付易、跨行通、基金支付等线上移动金融产品，还推出了多种新型支付服务，例如指纹支付、网购扫码付款、火车票购买等，能够满足居民的多元化服务需求。

九江银行作为金融机构，金融产品与服务依然是银行的主要业务。随着江西省居民收入水平的提升，广大居民可支配的资金数量不断增长，很多居民不再满足于将富余资金存入银行的方式，而是追求收益更高的投资方式。在缺乏投资经验的背景下，参与股市投资或期权投资，无疑具有很大的风险。理财产品作为一种投资收益高于存款产品，但是风险小于股票投资的投资方式，能够满足很多居民的投资需求。

## 本 章 小 结

移动互联网，顾名思义，就是将移动通信与互联网二者结合为一体，是互联网技术、平台、应用与移动通信技术相结合并实践的活动的总称。移动互联网是计算机网络技术发展到一定阶段的产物，形成一种新型的网络，具有移动性、开放性、便捷性、多样性及融合性等多元化优势特征。移动互联网助推数字经济全面快速发展，移动互联网产业是数字经济的典型代表和缩影。目前，移动互联网的主要问题有：移动互联网覆盖不足、数据流量过大、安全问题大、硬件续航能力差和侵权风险控制问题。由于移动互联网具有个性化、即时化、互动化、位置信息结合、应用整合、小屏应用、终端多元化等特征，银行业的移动互联网应用与互联网应用相比，表现出较大的差异。与互联网相比，移动互联网提供的是一个集成的环境、无缝的体验，用户的操作行为与其商业行为统一。其中有三种典型应用能够充分体现出这种特征，即移动支付、大数据和移动营销。此外，银行业移动互联网的主要问题有：顾客信用问题、产品创新能力不足和市场竞争环境恶劣。

**简答题**

1. 什么是移动互联网?
2. 移动互联网的特征有哪些?
3. 简述移动互联网应用的技术。
4. 举例说明银行业移动互联网的应用以及主要问题和对策。

# 第 5 章

# 人 工 智 能

【本章学习目标】

通过本章学习,学员应该能够:
1. 了解人工智能的定义、发展历程及逻辑分层;
2. 了解人工智能所涉及的底层技术支撑;
3. 了解人工智能在银行中的具体落地场景;
4. 了解目前人工智能在银行业应用存在的问题及应对方法;
5. 熟悉我国部分银行具体应用人工智能的案例。

## 5.1 人工智能的基本概念

### 5.1.1 人工智能的定义与内涵

人工智能作为一门前沿交叉学科,其定义一直存有不同的观点。《人工智能——一种现代方法》中将已有的一些人工智能定义分为四类:像人一样思考的系统、像人一样行动的系统、理性地思考的系统、理性地行动的系统。大英百科全书则限定人工智能是数字计算机或者数字计算机控制的机器人在执行智能生物体才有的一些任务上的能力。百度百科定义人工智能是"研究、开发用于模拟、延伸和扩展人的智能的理论、方法、技术及应用系统的一门新的技术科学",将其视为计算机科学的一个分支,指出其研究包括机器人、语言识别、图像识别、自然语言处理和专家系统等。中国电子技术标准化研究院在《人工智能标准化白皮书(2018版)》中,将人工智能定义为:人工智能是利用数字计算机或者数字计算机控制的机器模拟、延伸和扩展人的智能,感知环境、获取知识并使用知识获得最佳结果的理论、方法、技术及应用系统。

人工智能是一门极富挑战性的科学,从事这项工作的人必须懂得计算机知识,心理学和哲学。人工智能是包括十分广泛的科学,它由不同的领域组成,如机器学习,计算机视觉等,总的说来,人工智能研究的一个主要目标是使机器能够胜任一些通常需要人类智能才能完成的复杂工作。但不同的时代、不同的人对这种"复杂工作"的理解是不同的。2017年12月,人工智能入选"2017年度中国媒体十大流行语"。2021年9月25日,为促进人工智能健康发展,《新一代人工智能伦理规范》发布。2023年7月,国家网信办联合国家发展改革委、教育部、科技部、工业和信息化部、公安部、广电总局公布《生成式人工智能服务管理暂行办法》，自 2023 年 8 月 15 日起施行，旨在促进生成式人工智能健康发展和规范应用，维护国家安全和社会公共利益，保护公民、法人和其他组织的合法权益。

### 5.1.2　人工智能的分类

人工智能可以被划分为两个类别，即弱人工智能（Artificial Narrow Intelligence，ANI）与强人工智能（Artificial General Super Intelligence，AGI），弱人工智能只能完成单一、特定的任务，而强人工智能可以在各方面与人类的技能相类似。

弱人工智能：是指为完成单一、特定的任务而设计、训练和优化的人工智能系统，擅长于单个方面。该类算法在特定技能上可以胜过人类，但其无法将能力扩展到新的领域。为了更改或扩展功能，需要额外的训练，即缺乏通用性。如搜索引擎，自动语言翻译。

强人工智能：能够克服弱人工智能的局限性，在各方面都可以与人类的水平和技能相类似，能够学习并为一系列多领域任务提出解决方案，如 Chat GPT。

### 5.1.3　人工智能的发展历程

人工智能的概念最早在 20 世纪 50 年代提出，1956 年的达特茅斯暑期会议上正式提出了人工智能的概念。期间经历了三次发展浪潮，如图 5-1 所示，当前处于第三次大发展期。

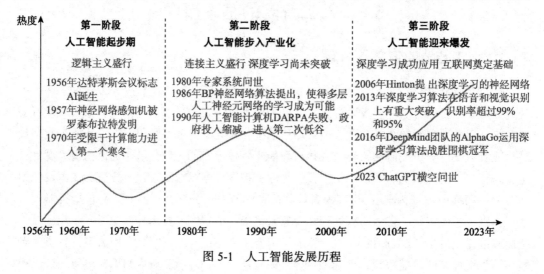

图 5-1　人工智能发展历程

第一次浪潮发生在 1956—1976 年，主导理论是逻辑主义，主要成果是完成了一些定理证明以及逻辑程序语言 prolog。

第二次浪潮发生在 1976—2006 年，主导理论是连接主义，主要成果是神经网络理论的提出以及应用。但是在实践中发现可以解决一些简单、单一问题，对于复杂问题的处理效果不尽理想。

第三次浪潮发生在 2006 年至今，可以称之为基于互联网大数据的深度学习，将大数据、神经元网络和数学统计的方法结合在一起。第三次浪潮的理论基础和第二次浪潮类似，主要的差别在于基于神经网络的深度学习算法取得了巨大的成功。这里的主要推动因素包括了硬件的进步、卷积神经网络模型优化、参数训练技巧的发展等。2023年3月，OpenAI最新发布的超大规模多模态预训练大模型——GPT-4，具备了多模态理解与多类型内容生成能力。在迅猛发展期，大数据、大算力和大算法完美结合，大幅提升了大模型的预训练和生成能力以及多模态多场景应用能力。

前两次浪潮解决了人工智能的一些基础理论问题，第三次浪潮的发展已经使得人工智能技术的发展程度（识别率、准确率等）可以实际解决很多传统需要人类大脑才能解决的问题，具备了很强的实用性，获得生产力。

总结一下，人工智能三次浪潮均始于算法突破，两次寒冬则是由于算力和数据量的限制。

第一次浪潮：核心是符号主义（逻辑主义），最重要的成果是逻辑推理、启发式搜索，第一次浪潮中产生的方法主要是基于知识或模型驱动的，建立在"if-then"结构的人工设定的形式逻辑基础。

第二次浪潮：专家系统推动人工智能从理论走向实际，BP算法解决非线性分类，成果集中在语音识别、语音翻译等领域。

第三次浪潮：深度学习的突破，基于深度学习的神经网络成功用于图像、语音识别。AI大模型成为人工智能迈向通用智能的里程碑技术。AI大模型的落地应用使得AI的三要素由"数据、算法、算力"演变为"场景、产品、算力"。基于数据的互联网时代和基于算力的云计算时代之后，我们将进入基于大模型的AI时代。

## 5.1.4　人工智能技术在商业银行中的优势

**1. 提升服务质量**

随着科学技术的发展，在人类的生活当中呈现出了不同于以往的智能化服务建设，人工智能技术的建设领域包括针对商业银行中的机器设备及系统等功能的扩建，在商业银行中，人工智能的发展逐渐代替了人工服务，目前在我国大多数的银行中都出现由及机器人充当大堂经理，与前来办理业务的客户进行交流，同时还能够利用智能化的视听技术引导客户自助进行简单的操作，充分缓解了以往由于人手不够或者工作人员服务素质不高所造成的问题。

**2. 提高工作效率，降低运营成本**

人工智能机器应用在商业银行日常工作中能够极大化的降低业务处理时间与成本，例如在以往的商业银行工作中身份核实以及验证工作往往会由人工进行，人工检查精细的情况之下所造成的影响就是工作进度缓慢，工作效率不高，往往会导致客户等待的时间过长从而对银行的服务印象产生不良影响，而利用人工智能技术建设人脸识别技术、语音验证等内容为银行实际的身份核实工作有效降低了处理时间，为客户提高办理业务速度，为客户留下良好的印象，降低了人工建设成本，利用科技技术为银行建设更多的经济效益。

**3. 加强风险管控**

人工智能利用先进的科学技术力量在商业银行投入使用的过程当中能够充分评估银

行现阶段的发展运营状态，建立详细的数据分析调查，结合风险管理流程对于银行可能出现的金融风险进行科学合理的预估，建立具有针对性的解决措施，能够帮助银行充分了解来访客户的实际信用程度、资产情况等，对业务办理的事前、事中以及事后都能够及时做到风险预估管理，从而避免银行出现资金断裂等其他金融风险。

### 5.1.5 人工智能的逻辑分层：基础层、技术层、应用层

人工智能根据从底层到应用的技术逻辑可以分成基础层、技术层、应用层。基础层从硬件和理论层面，如图 5-2 所示，为人工智能的实现提供了根本保障，主要包括 AI 芯片和深度学习算法。AI 芯片的发展进步，提供了越来越强的计算能力；深度学习算法的建立，提供了 AI 解决问题的计算方法。

| 应用层 | 金融 | 消费品与零售 | 制造与能源 | 房地产与建筑 | 汽车与出行 | 政府与公共服务 |
|---|---|---|---|---|---|---|
| | 智能风控 | 无人零售 | AI工业检测 | 智能设计 | 智能驾驶 | 智慧政务 |
| | 智能投顾 | 导购机器人 | 预测性维护 | 建筑机器人 | 智能充电桩 | 智慧公安 |
| | …… | …… | …… | …… | …… | …… |
| | 医疗与医药 | 营销 | 客服 | 组织协同 | IT运维 | …… |
| | AI药物研发 | 智能营销 | 智能客服 | AI知识管理 | AIOps | |
| | AI医学影像 | 智能内容管理 | 智能语音质检 | …… | …… | |
| | …… | …… | …… | | | |

| 技术服务层 | 视觉智能 | 自然语言处理 | 知识图谱平台 | IPA智能流程自动化 | 智能决策 | 数字人 |
|---|---|---|---|---|---|---|
| | 智能语音 | 对话式AI | OCR文字识别 | 智能搜索与推荐 | …… | |

| 技术开发层 | 机器学习平台 | AI数据管理平台 | 数据采集与标注 | MLOps工具 | 算法框架 |
|---|---|---|---|---|---|

| 基础设施层 | AI芯片 | 存储计算网络资源 | 云平台 | 传感器 | …… |
|---|---|---|---|---|---|

图 5-2 人工智能的基础层、技术层、应用层

基础层之 AI 芯片：CPU 凭借通用性，依然在 AI 训练中占据重要位置；GPU 凭借生态优势和强大的计算能力在 AI 应用中占据主导地位，FPGA/ASIC 未来占比将不断提升。AI 芯片是 AI 加速服务器中用于 AI 训练与推理的核心计算硬件，主要可以分为 CPU/FPGA/ASIC/NPU 等。CPU 是目前常见的计算单元，具有很高的灵活性，但在大规模运算方面的性能和功耗表现一般。GPU 因具有大规模的并行架构而能够在 AI 计算任务中实现较好的性能表现，但同时它会带来不菲的能耗成本。ASIC 指的是人工智能专用芯片，在 AI 任务中有着最优秀的性能表现，其缺点是灵活性较低同时具有高昂的研发成本和能耗成本。与 ASIC 相反的是灵活性很高的可重复编程芯片 FPGA，其高效的异步并行能力

帮助其在 AI 计算加速中扮演重要的作用，但其成本较高。目前，GPU 因其更强的计算能力和更为成熟的编程框架（如 CUDA、OpenCL 等），已经成为当前 AI 应用中的重要处理器和通用解决方案，而 FPGA 和 ASIC 则在特定的应用场景下有着各自的优势。

技术层是基于基础层的支撑，设计出的解决某一类过去需要人脑解决问题的通用方法，具体包括智能语音、计算机视觉、自然语言处理以及其他类这四大人脑功能的处理方法。这些方法基于深度学习算法，根据具体的数据以及处理场景，形成了专门的成套技术处理方法和最佳实践。通过技术层的实现，我们可以将基础层提供的算力以及计算方法运用到具体领域，去真实对应到大脑的某一类功能以及实践能力。

应用层是基于技术层的能力，去解决具体现实生活中的问题。比如，利用计算机视觉技术，实现金融、安防等多个领域的人脸识别；利用智能语音技术，实现智能音箱、录音笔等的语音识别；利用自然语言处理技术，用于智能客服的问答。在实际的应用中，技术层和应用层的关系是相互交叉的，某个领域的应用可能用到多个维度的技术层的能力，比如金融行业的应用对于智能语音、计算机视觉、自然语言处理技术都会有需求；同样某个技术层的能力也可以广泛应用到多个不同的应用领域，比如，计算机视觉技术可以广泛应用到金融、安防、医疗、交通、教育等多个维度。

## 5.2 人工智能技术

人工智能技术包含了机器学习、知识图谱、自然语言处理、人机交互、计算机视觉、生物特征识别、AR/VR 七个关键技术。

### 5.2.1 机器学习

机器学习是一门涉及统计学、系统辨识、逼近理论、神经网络、优化理论、计算机科学、脑科学等诸多领域的交叉学科，研究计算机怎样模拟或实现人类的学习行为，以获取新的知识或技能，重新组织已有的知识结构使之不断改善自身的性能，是人工智能技术的核心。基于数据的机器学习是现代智能技术中的重要方法之一，研究从观测数据（样本）出发寻找规律，利用这些规律对未来数据或无法观测的数据进行预测。根据学习模式、学习方法以及算法的不同，机器学习存在不同的分类方法。根据学习模式将机器学习分类为监督学习、无监督学习和强化学习等。根据学习方法可以将机器学习分为传统机器学习和深度学习。

### 5.2.2 知识图谱

知识图谱本质上是结构化的语义知识库，是一种由节点和边组成的图数据结构，以符号形式描述物理世界中的概念及其相互关系，其基本组成单位是"实体—关系—实体"三元组，以及实体及其相关"属性—值"对。不同实体之间通过关系相互联结，构成网状的知识结构。在知识图谱中，每个节点表示现实世界的"实体"，每条边为实体与实体之间的"关系"。通俗地讲，知识图谱就是把所有不同种类的信息连接在一起而得到的一个关系网络，提供了从"关系"的角度去分析问题的能力。

知识图谱可用于反欺诈、不一致性验证、组团欺诈等公共安全保障领域，需要用到异常分析、静态分析、动态分析等数据挖掘方法。特别地，知识图谱在搜索引擎、可视化展示和精准营销方面有很大的优势，已成为业界的热门工具。但是，知识图谱的发展还有很大的挑战，如数据的噪声问题，即数据本身有错误或者数据存在冗余。随着知识图谱应用的不断深入，还有一系列关键技术需要突破。

### 5.2.3 自然语言处理

自然语言处理是计算机科学领域与人工智能领域中的一个重要方向，研究能实现人与计算机之间用自然语言进行有效通信的各种理论和方法，涉及的领域较多，主要包括机器翻译、机器阅读理解和问答系统等。

机器翻译技术是指利用计算机技术实现从一种自然语言到另外一种自然语言的翻译过程。基于统计的机器翻译方法突破了之前基于规则和实例翻译方法的局限性，翻译性能取得巨大提升。基于深度神经网络的机器翻译在日常口语等一些场景的成功应用已经显现出了巨大的潜力。随着上下文的语境表征和知识逻辑推理能力的发展，自然语言知识图谱不断扩充，机器翻译将会在多轮对话翻译及篇章翻译等领域取得更大进展。

语义理解技术是指利用计算机技术实现对文本篇章的理解，并且回答与篇章相关问题的过程。语义理解更注重于对上下文的理解以及对答案精准程度的把控。随着 MCTest 数据集的发布，语义理解受到更多关注，取得了快速发展，相关数据集和对应的神经网络模型层出不穷。语义理解技术将在智能客服、产品自动问答等相关领域发挥重要作用，进一步提高问答与对话系统的精度。

问答系统分为开放领域的对话系统和特定领域的问答系统。问答系统技术是指让计算机像人类一样用自然语言与人交流的技术。人们可以向问答系统提交用自然语言表达的问题，系统会返回关联性较高的答案。尽管问答系统目前已经有了不少应用产品出现，但大多是在实际信息服务系统和智能手机助手等领域中的应用，在问答系统鲁棒性方面仍然存在着问题和挑战。

### 5.2.4 人机交互

人机交互主要研究人和计算机之间的信息交换，主要包括人到计算机和计算机到人的两部分信息交换，是人工智能领域的重要的外围技术。人机交互是与认知心理学、人机工程学、多媒体技术、虚拟现实技术等密切相关的综合学科。传统的人与计算机之间的信息交换主要依靠交互设备进行，主要包括键盘、鼠标、操纵杆、数据服装、眼动跟踪器、位置跟踪器、数据手套、压力笔等输入设备，以及打印机、绘图仪、显示器、头盔式显示器、音箱等输出设备。人机交互技术除了传统的基本交互和图形交互外，还包括语音交互、情感交互、体感交互及脑机交互等技术。

### 5.2.5 计算机视觉

计算机视觉是使用计算机模仿人类视觉系统的科学，让计算机拥有类似人类提取、处理、理解和分析图像以及图像序列的能力。自动驾驶、机器人、智能医疗等领域均需要通过计算机视觉技术从视觉信号中提取并处理信息。近来随着深度学习的发展，预处理、特征提取与算法处理渐渐融合，形成端到端的人工智能算法技术。根据解决的问题，计算机视觉可分为计算成像学、图像理解、三维视觉、动态视觉和视频编解码五大类。

### 5.2.6 生物特征识别

生物特征识别技术是指通过个体生理特征或行为特征对个体身份进行识别认证的技术。从应用流程看，生物特征识别通常分为注册和识别两个阶段。注册阶段通过传感器对人体的生物表征信息进行采集，如利用图像传感器对指纹和人脸等光学信息、麦克风对说话声等声学信息进行采集，利用数据预处理以及特征提取技术对采集的数据进行处理，得到相应的特征进行存储。

识别过程采用与注册过程一致的信息采集方式对待识别人进行信息采集、数据预处理和特征提取，然后将提取的特征与存储的特征进行比对分析，完成识别。从应用任务看，生物特征识别一般分为辨认与确认两种任务，辨认是指从存储库中确定待识别人身份的过程，是一对多的问题；确认是指将待识别人信息与存储库中特定单人信息进行比对，确定身份的过程，是一对一的问题。

生物特征识别技术涉及的内容十分广泛，包括指纹、掌纹、人脸、虹膜、指静脉、声纹、步态等多种生物特征，其识别过程涉及图像处理、计算机视觉、语音识别、机器学习等多项技术。目前，生物特征识别作为重要的智能化身份认证技术，在金融、公共安全、教育、交通等领域得到广泛的应用。

### 5.2.7 VR/AR

虚拟现实（VR）/增强现实（AR）是以计算机为核心的新型视听技术。结合相关科学技术，在一定范围内生成与真实环境在视觉、听觉、触感等方面高度近似的数字化环境。用户借助必要的装备与数字化环境中的对象进行交互，相互影响，获得近似真实环境的感受和体验，通过显示设备、跟踪定位设备、触力觉交互设备、数据获取设备、专用芯片等实现。

虚拟现实/增强现实从技术特征角度，按照不同处理阶段，可以分为获取与建模技术、分析与利用技术、交换与分发技术、展示与交互技术以及技术标准与评价体系五个方面。获取与建模技术研究如何把物理世界或者人类的创意进行数字化和模型化，难点是三维物理世界的数字化和模型化技术；分析与利用技术重点研究对数字内容进行分析、理解、搜索和知识化方法，其难点是在于内容的语义表示和分析；交换与分发技术主要强调各种网络环境下大规模的数字化内容流通、转换、集成和面向不同终端用户的个性化服务等，其核心是开放的内容交换和版权管理技术；展示与交互技术重点研究符合人类习惯数字内容的各种显示技术及交互方法，以期提高人对复杂信息的认知能力，其难点在于建立自然和谐的人机交互环境；标准与评价体系重点研究虚拟现实/增强现实基础资源、内容编目、信源编码等的规范标准以及相应的评估技术。

## 5.3 银行业人工智能应用

智慧金融近年来发展迅速，应用场景丰富而多样，典型的如智慧网点、智能客服、智能信贷、智能合控、智能营销与投顾、RPA 银行机器人等。在这些场景下金融行业可以通过 AI 技术提升效率和竞争力，赋能效果显著，以下做具体介绍。

### 5.3.1 智慧网点

网点是商业银行最重要的服务场所和品牌形象的代表，随着网络渠道的发展，银行不能简单裁撤网点以节省成本，而是需要进行网点变革，通过以客户为中心，建设轻型化、特色化、社区化的新型网点，以实现用更低成本对客户进行更好的服务。新型网点人员少面积小，为了实现对客户的有效服务，只有通过人工智能技术的手段，才能实现小面积、少人员、快速实现对客户的有效服务。因此，智慧网点应运而生，表 5-1 列举了人工智能技术在智慧网点的典型应用，这些应用能大幅提升效能和客户体验。

表 5-1　人工智能技术在智慧网点的应用

| 网点 VTM/ATM | 个人终端 | 摄像头 | 生物识别设备（人脸、虹膜、指纹等） | 网点自助终端 |
| --- | --- | --- | --- | --- |
| 远程开户 | 远程开户 | 客户身份确认 | 核心区域安防、出入管理 | 手机实名认证 |
| 无卡取款 | 无卡取款 | VIP 客户识别 | 押运员身份确认 | 刷脸支付 |
| 转账/交易 | 转账/交易 | 员工行为监控 | — | — |
| — | 注册、登录等身份认证 | — | — | — |
| — | 手机实名认证 | — | — | — |
| — | 刷脸支付 | — | — | — |

### 5.3.2 智慧客服

金融业的服务属性决定了其具有大量客户沟通运营的需求，银行业尤其突出。客服作为企业与用户沟通的直接出口，需要兼具专业解答能力、营销能力与良好的沟通交流能力。当前，客服行业人员素质参差不齐，高素质客服短缺且成本较高，而智能客服在成本、效率上具备明显优势。

智能客服除了可以模拟客服人员和客户进行沟通外，还可以通过语音识别、大数据挖掘技术对银行海量的通话记录进行智能分析，挖掘分析有价值的信息，为服务与营销提供数据与决策支持。

### 5.3.3 智能风控与合控

反欺诈反洗钱一直是商业银行和监管部门面临的核心问题，因此产生了合规与风控的需求。人工智能技术近年来在这些领域得到了广泛应用，与传统的被动式监管相比，AI和大数据分析技术的结合能够实现对海量数据的实时挖掘，主动发现、智能监控。

智能风控是一个基于人工智能技术的综合性系统工程，充分利用各种数据，借助如机器学习、深度学习和大数据技术，与风控业务逻辑、流程的有机结合，结合银行信贷业务中的交易欺诈、网贷申请欺诈、信贷全生命周期风险管理、客户价值分析、预期客户管理等场景的痛点及问题，最终形成一套完整的风控系统。

传统银行的业务一般是基于线下模式来开展的，缺少线上业务运营的经验，相应的风险控制经验和能力不足。而各类金融科技企业通过新兴技术，例如人工智能、大数据、云计算等对多维度客户数据的处理，理解和预测不同客户的行为和需求，为他们提供个性化的服务。对于银行业而言，金融科技企业在产品与服务创新、运营效率与客户体验方面的优势明显，银行与金融科技企业的合作成为发展趋势。近年来，智能风控逐渐成为金融领域，尤其是银行业的应用热点，它提供一种贯穿事前预警与反欺诈、事中监控和事后分析全业务流程的风控手段，如图 5-3 所示。

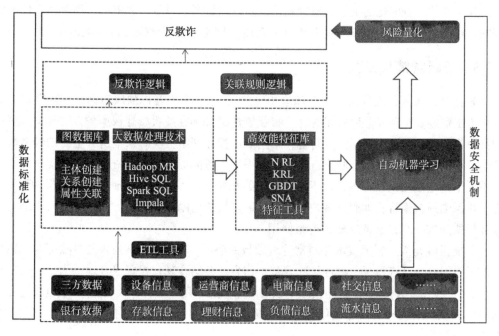

图 5-3 智能合控流程示意

### 5.3.4 智能信贷

信贷管理是商业银行的核心业务，智能信贷能基于人工智能和大数据技术，实现线上信贷业务的全流程优化和监控，提升风控能力和运营效率，降低成本，如图 5-4 所示。

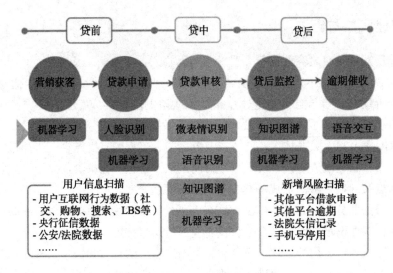

图 5-4　智能合信贷程示意

精准信用画像和信贷审批自动化是经营效率提升的主要环节。深度学习算法可利用大数据为用户建立信用画像,从而更加前瞻性地反映申请者的信用状况,快速形成对潜在客户的风险评估。智能化的决策引擎则利用风险评估数据对借贷形成审批、额度、定价等的判断,可从贷前、贷中和贷后的各个环节实现信贷业务精细化以及自动化运作。

### 5.3.5　智能营销与投顾

根据马科维茨的现代资产组合理论(MTP),结合个人客户的风险偏好和理财目标,利用人工智能算法和互联网技术为客户提供资产管理和在线投资建议服务,实现个人客户的批量投资顾问服务。运用人工智能,采用多层神经网络,实时采集所有重要的经济数据指标,智能营销投顾系统不断进行学习。它采用合适的资产分散投资策略,可实现大批量的不同个体定制化投顾方案,以不追求短期的涨跌回报,而期望长期的稳健回报为目标,进一步深刻践行银行长期服务客户的理念。通过智能营销投顾解决方案,把财富管理这个服务门槛降到一个普通的家庭人群来使用。

智能投顾是人工智能技术在财富管理领域的应用,它通过一系列智能算法综合评估用户的风险偏好、投资目标、财务状况等基本信息,并结合现代投资组合理论为用户提供自动化、个性化的理财方案。智能投顾的核心环节包括:用户画像、大类资产配置(投资标的选择)、投资组合构建和动态优化等。智能投顾相比人工服务具有专业高效、降低门槛、客观中立等优势。

专业高效:相比于传统投顾,智能投顾更高效。在用户端,智能投顾通过问卷或互联网上的留存数据进行用户的投资画像,快速针对客户的基本信息、风险偏好和投资目标等进行综合评估,在资产端平台自动进行分析和产品匹配,生成投资组合建议。

降低门槛:传统投顾主要针对高净值客户,覆盖范围有限,服务成本高,起步资金门槛在 50 万~100 万元,高端服务需要千万元级别的资金。而智能投顾则依靠技术优势,有效节省了人力成本,从而大大降低了服务门槛,可有效覆盖中产及以下的普通投资者。

客观中立:传统投顾完全依赖投资顾问个人的能力和品行,如何保障投资顾问的道德操守,避免人性的贪婪和恐惧,是重要挑战。而智能投顾通过计算机的大量参与,可有效避免很多人为因素的干扰。

### 5.3.6 RPA 银行机器人

RPA 即机器人流程自动化,通过软件机器人自动处理大量重复性、基于规则的工作流程任务。通俗来讲,RPA 就是通过模拟人对计算机的操作,只要是人可以在计算机上通过操作鼠标和键盘来实现的,RPA 都可以实现。作为信息化程度最高的行业之一,银行内部完成了成百上千套信息系统的建设,导致了大量系统与系统,数据与数据之间是割裂的,许多"衔接性"的工作流程需要有员工操作完成。这些高流量、重复的、容易产生风险和失误的场景是 RPA 的应用首选,它们分布在银行里各个业务条线的前、中、后台。

**1. 企业征信查询机器人**

在企业或个人授信审批过程中,客户经理需要登录法院、工商、税务、裁判文书等 20 多个企业/个人征信相关系统网站,汇总查询结果信息。同时,客户经理还要按照合规要求截图保存。企业征信查询系统实现对企业相关信息的一键查询。机器人自动登录外部征信系统或者网站,获取、汇总并截图保存查询结果信息,不仅提升了工作效率,还保障了征信数据的完整性。

**2. 财务报表机器人**

分支机构客户经理需要将大量的财务报表上的数百项信息手动录入至相应的企业金融系统,并将财务信息填写至相应的企业金融系统,并将财务信息填写至尽职调查报告。同时,这些财务报表的会计科目数值大,再加上报表的会计科目也不规范,例如有些企业资产负债表中提供的科目是"实收资本",有些企业是"实收股本",这类同义词也需要由专业财务资质经验的业务老师做后续判断。财务报表数量多,会计科目数值大,报表不规范,导致财务报表采集过程费时费力,且容易出错。在这种场景下,采用"RPA+OCR+自然语言处理"的解决方案,首先通过 OCR 技术将财务报表扫描件转化成电子文件,再使用自然语言处理技术识别同义词,最后再用 RPA 实现信息的自动化采集和尽职调查报告财务分析的自动生成。在机器人的帮助下,财务报表采集和分析的时间从几个小时降低到 10 分钟以内,效率显著提升。

**3. 智慧贷后审判机器人**

当授信申请通过审批后,银行就会出具审批意见书。授信部门贷后管理人员需要从长篇幅的审批意见书中提取出需要执行与关注的内容,并下发给支行及支行的客户经理执行。客户经理需要关注企业贷款的资金流向、经营情况,如果是外贸项目还要关注汇率的变动情况等。审批意见书篇幅比较长,不同人员在阅读理解时对要点理解上可能不一致,这会让后面的执行和落地存在一定的挑战和困难。针对这一痛点,提供了智慧贷后审批机器人解决方案。首先用自然语言处理技术实现审批意见书的关键要素的提取,同时将提取的要素按照高级、中级、低级进行分类,然后再下发给客户经理执行,最后贷后管理人员做执行情况的跟进。在智能 RPA 的帮助下,大幅度提升了经营机构的贷后管理水平,更好地满足了监管机构的合规要求。

## 5.4 银行业人工智能应用的主要问题与对策

### 5.4.1 我国银行业人工智能应用发展存在的问题

人工智能技术在银行领域的应用,有助于提升银行竞争力和经营效率,促进银行脱虚入实、服务实体经济的能力。但是,人工智能在我国银行领域的应用还存在一些问题。

**1. 针对人工智能的监管机制变革滞后**

在金融创新与金融科技快速发展的新时代,我国金融监管基本依靠事后监管,缺乏前瞻性的研究。央行与其他金融相关管理部门虽然多次提及金融科技的监管思路,但是仍未出台针对人工智能在金融领域应用的系统性法律法规。人工智能的深入应用正在对银行的信贷、风险控制和资产定价、营销和客服等重要环节和业务产生重大影响。如果发生意外突发金融风险,波及范围和影响将会超过传统银行和互联网金融。在实践中,人工智能的应用涉及多项设备和技术,当出现故障并造成金融市场出现异常波动,并对投资者造成损失,该如何厘清责任、如何处罚没有法规可循。

**2. 人工智能应用简单,对数据价值挖掘不充分**

当前,我国人工智能技术处于发展初期,自主研发能力有待提高,加上银行处于数字化、人工智能发展的初级阶段,人工智能在银行的应用较为简单,以常规客服与智能化工具为主,在智能风控和营销等领域应用极其有限。人工智能在银行领域的应用,关键之一就是建立智能数据收集和分析模型。我国银行内部的各项数据尚未全面联网,信息和大数据存在分散和不规范等诸多难题。银行缺乏整体的数据资产架构规划与大数据资产管理手段,未树立起大数据时代"数据即资产"的先进经营理念,数据信息相关供应链还不健全,没有充分挖掘数据的经济价值。此外,数据清洗、过滤模型构建成本高,导致基于大数据的人工智能应用升级进展缓慢。

**3. 人工智能应用存在潜在技术安全风险**

银行在人工智能技术尚未成熟的探索期,不可避免会遇到一系列技术安全问题。比如,应用日益广泛的人脸识别,部分银行已经实现了在 ATM 机上的"刷脸取款",但是如何识别长相极其相似的客户,例如双胞胎,人脸识别的安全性有待进一步检验。另外,建立在人工智能基础上的智能投顾也面临着机器深度学习不够的风险,当市场遭遇黑天鹅时,机器深度学习可能跟不上金融市场变化的节奏,得出的配置方案和投资建议与市场特征不匹配,会给投资者带来投资损失。算法缺陷是指由于程序设计失误等原因,使得智能投顾没有按照原有理论提供预期服务的漏洞。

**4. 人工智能应用标准有待统一完善**

我国对于人工智能软硬件产品和机具,缺乏针对银行应用的统一标准,导致用户界面和算法,各自为政,使得机器学习成本较高,不利于人工智能在银行业的快速发展。此外,我国对人工智能在银行领域应用并未制定信息披露统一标准,使得用户的知情权和人工智能系统的信息机密性难以得到保障。

**5. 中小银行人工智能应用意愿和能力弱**

虽然我国一些中小银行和城商行也展开了人工智能等金融科技的研发应用,但是受技术储备、资本规模和人才等显著,应用缓慢,效果不明显。根据各家银行披露的 2022 年年报,在金融科技投入方面,2022 年国有六大行投入总计 1 165.49 亿元,十大股份制银行投入总计 647.68 亿元,多家中小银行未披露金融科技投入具体数额。从以披露的实力较强的中小银行来看,2022 年北京银行科技投入 25.52 亿元,上海银行为 21.32 亿元,实力较弱的中小银行如重庆银行、贵阳银行 2022 年科技投入分别为 3.84 亿元、3.58 亿元,与国有大行及股份制银行几百亿元、数十亿元的投入金融差距明显。

### 5.4.2 我国银行业人工智能应用发展的建议

随着人工智能相关技术日新月异快速发展,其在银行业的广泛应用将带来银行的深刻变革,重构银行业优势。我国银行业应正视人工智能时代的到来,积极探索人工智能技术的研发和应用,更好适应银行业发展新时代。

**1. 建立针对银行业应用人工智能的金融监管机制**

监管是防控金融创新风险的重要保障。为了降低银行人工智能应用发展过程中的风险,建议:一是制定针对银行业应用人工智能技术的系统性法律法规,制定规范统一的信息披露标准,保障好用户的隐私与信息安全;二是完善人工智能的检测技术和标准,建立银行业应用人工智能的责任划分、追究机制;三是适应人工智能时代对监管要求提升的新形势,积极探索通过监管沙箱和监管科技的新思路,监管部门要强化人工智能等金融科技的学习,成立基于大数据分析应用的金融风险实时监控处置平台,逐步实现监管智能化,前瞻性研究金融科技带来的潜在风险,不要等到出了问题才被动反应;四是尽快统一银行业应用人工智能的相关标准,包括软硬件产品、机具及数据标准。

**2. 加强人工智能基础设施建设,拓展应用场景**

国家可以借鉴美国创新计划,牵头银行、企业成立一些国家级人工智能创新中心或重点实验室,加强计算机视听觉、智能决策控制、基础算法、重点设备等共性软硬件的研发,集中突破核心瓶颈,推动人工智能感知识别、人工智能分析等技术在银行领域的深入应用;出台优惠政策鼓励银行等金融机构增加对人工智能的投入,培养人工智能金融复合型人才,完善人工智能基础设施,为银行应用人工智能创造好的机遇。银行应加快建立支撑数字化升级的组织管理架构和 IT 基础设施,促进银行内部不同部门及不同银行之间的数据交流,通过积累移动互联网、传统信息来源、线下网点等海量数据,拓宽重要数据信息来源,构建标准化的数据信息平台,提高多数据源汇集、存储与处理能力,实现数据源的实时管理，为银行的智能化经营夯实基础。银行业应根据实际情况和人工智能技术的应用成熟度，分阶段发展相关人工智能技术，优先发展人工智能识别类型的场景应用，逐步开展基于神经网络技术和机器深度学习的场景应用。

**3. 完善风险安全防范机制，提高人工智能应用风险防控水平**

金融安全和风险可控是金融业健康发展和服务实体经济的重要基础，在人工智能发展过程中，监管层应及时发现潜在漏洞及时修补。要完善风险安全防范机制，应参考以下几个方面的建议：首先是确保人工智能技术自主可控，在银行应用人工智能的的系统设计上，尽可能全面展开白盒测试与大量特殊值的黑盒测试，只有做到安全并有完备的应急预案，才允许上线运行；二是为了降低人工智能应用过程中由于机器深度学习不够带来的潜在风险，应仔细查验深度学习框架和软件可能存在的漏洞，及时解决漏洞，提高人工智能安全性；三是完善银行交易安全防范机制，以基于人工智能生活识别的交易为例，可综合运用"生物识别+人力活动数据识别"。

## 5.5　银行人工智能应用案例

近年来，在人工智能发展的浪潮下，银行业对人工智能的重视程度空前提高。正确应对和合理利用人工智能，提高银行的核心竞争力，已成为国内银行业面临的重要课题。

从国有商业银行到股份制银行、城商行及农商行，都纷纷涉足人工智能领域。当前国内银行对人工智能的应用主要包括智能客服、语音数据挖掘、客户认证识别、金融预测、反欺诈、智能投顾、网点智慧机器人等取得了一定的效果。

### 5.5.1　邮储银行

邮储银行为解决传统银行业务中柜台人工录入票据工作存在的工作量大、效率低、查找困难等问题，推出基于智能票据识别技术的智能授权机器人。该机器人通过智能票据识别技术，将网点柜面需要综合柜员、支行长授权的交易凭证转换为文字信息。通过配置业务授权审核规则，对证件信息、单据信息与交易信息等进行自动比对，同时利用人脸识别对客户信息真实性进行确认。通过这些方式，实现比对规则固定、交易要素单一的简单交易的自动授权。

基于智能票据识别技术的智能授权机器人项目，目前邮储银行已在全国网点推广应用，平均识别正确率约为93%，业务授权交易审核处理时长大幅缩短，提高了集中授权效率，缩短了排队时间和授权审核时间，提升了客户满意度。此外，智能授权机器人减少了授权人员，节约近20%的人工录入作业量、节约人力成本、节省办公场地，提升了整体的规模效益和成本控制能力。

### 5.5.2　浦发银行

随着自然语言处理技术加速应用，浦发银行在业内首推基于自然语言理解的智能客服

"智能小浦",构建了全行级自然语言交互能力平台。此智能客服,支持客户通过口语化、开放式的对话,简单、直接地响应客户需求。"智能小浦"全面赋能所有业务渠道,彻底颠覆传统对客服务模式,打造了全新"人机交互"智能服务模式。"智能小浦"可以听懂并用自然语言与人进行交互,帮助用户完成疑问解答和业务办理,极大提升了用户体验,且可以在短时间内快速吸收银行内部多年累计的数据知识,确保"智能客服"服务能力构建在长期经验积累基础之上,同时也赋予"智能服务"不断自我学习和优化的能力,使系统在未来的应用中变得更加智能。

### 5.5.3 平安银行

在智能营销赛道上,平安银行持续贯彻"零售突破"的策略方针,深化综合金融优势,构建以 AI 为内驱的营销策略,发力基础零售、私行财富与消费金融三大业务模块。平安银行通过聚焦基础零售客户获客及经营,通过场景化、科技化手段,利用不同的互联网场景打造多种获客路径,坚持科技赋能,利用大数据驱动客户分析及经营策略的制定,促进获客及客户经营效率与产能提升。在口袋银行 App 和信用卡首页,通过智能推荐平台进行精准营销广告投放,转化效果比人工投放提升 50%以上。

智能风控领域,在风险控制上,平安银行搭建了全面 AI 为基础的"风险 3.0"新一代智能风险管理体系建设,以人工智能和大数据为核心,通过人工智能预审平台及多元化外部数据,将传统的逻辑回归、决策树模型和 GBM 链式聚类分析等大数据模型相结合,引入了生物识别技术,搭建了贷前、贷中、贷后人工智能风控机器人。此外,平安银行还打通了个人贷款、汽融、信用卡等产品的风险管理系统,实现风险前、中、后业务实现智能化和数字化管理。

在智能网点建设上,平安银行以"智能零售新门店"进行网点推进。新型门店整合打造出综合智能化服务体系,通过场景化和个性化构建智能化银行。在产能效率方面,平安银行通过实施 AI 战略,零售人力产能得到进一步提升。另外,平安银行还通过智能化 OMO (Online Merge Offline,线上线下相融合)服务体系,让客户办理业务时,线上线下无缝切换,给客户给好的智能化体验。

### 5.5.4 交通银行

**客服领域**:2013 年开始逐步推行智能客服,作为人工客服的前置过滤,智能应答客户咨询,极大降低人工客服的压力。目前已在网银、短信、微信、手机、网点机器人上推广。同时结合语音、声纹识别等多种生物识别技术,提升客服中心的质检和精准营销水平。

**生物识别领域**:2014 年 6 月率先在业内建立了全行统一的生物识别身份认证平台。目前已在全行的智能柜、ITM 机、个性化发卡机上推广使用,提升了身份认证效率,有效挖掘了各个渠道潜在的客户营销信息。

**网点机器人领域**:2015 年开始在银行网点推广人工智能机器人,实现了实体机器人在银行服务领域的全面应用。

智能投顾领域：结合现代资产组合理论、资本资产定价模型、私人银行多年资产管理经验及人工智能技术研发智能财富管理系统，为各类客户提供了更加全面和优质的投资顾问服务。

风控领域：提升贷前风险判断和贷后风险预警能力，结合挖掘的外部数据进行客户关联画像，通过机器学习深挖历史数据、扩展外部数据，训练出更精准的风险防控模型，实时做出更专业的判断，使风险识别、防范、决策更加可靠，实现对潜在风险的及时防控。

### 5.5.5 建设银行

建设银行普惠条线 RPA 应用案例。建设银行从供应商资质、服务方案、自主可供、技术指标、商务价格等方面综合评比，也选取了某企业进行 RPA 技术引入。银行运营管理业务包括资源管理、业务监控、人机交互、运营分析、任务管理和风险管理。基于这些业务又匹配了相应的 RPA 运营管理岗位，比如机器人使用岗、机器人审批岗、机器人技术运维申请岗及审批岗、机器人业务运维申请岗及审批岗、机器人监控调度岗等，赋予 RPA 机器人虚拟员工身份，可以解释为以机器人作为虚拟劳动力来自动处理大量重复性、具备规则性的工作流程任务。RPA 应用情况主要分布在贷前业务、贷中贷后业务和普惠管理业务，应用层级是一级/二级分行普惠部。2020 年度累计执行次数上百次，大大节约工时，折算产出效益上万元。其中，以普惠管理应用情况为例，"二级行小微快贷实时查询"和"存贷款通报表自动加工"应用都已上线，可以利用 RPA 机器人实现自动下载和加工数据。"二级行小微快贷实时查询"在广东分行试点上线后，报表制作时间效率提升 5 倍，助力精细化管理。

## 本 章 小 结

人工智能是"研究、开发用于模拟、延伸和扩展人的智能的理论、方法、技术及应用系统的一门新的技术科学"。人工智能根据从底层到应用的技术逻辑可以分成基础层、技术层、应用层。人工智能技术包含了机器学习、知识图谱、自然语言处理、人机交互、计算机视觉、生物特征识别、AR/VR 七个关键技术。智慧金融近年来发展迅速，应用场景丰富而多样，典型的如智慧网点、智能客服、智能信贷、智能合控、智能营销与投顾、RPA 银行机器人等。在这些场景下金融行业可以通过 AI 技术提升效率和竞争力，赋能效果显著。但是，人工智能在我国银行领域的应用还存在一些问题，主要包括监管机制变革滞后，应用相对简单，对数据价值挖掘不充分，潜在技术安全风险，应用标准有待统一完善等问题。面对上述问题需要监管机构、政府相关部门、银行主体等多方合作持续强化监管体制建设，拓宽应用场景，完善风险安全防范机制。同时，应建立由银行主导、高校研发或金融科技公司合作的一体化的发展模式，将高校或金融科技公司在人工智能方面的科研成果与具体业务相结合，将技术转化为真正的商业价值。

## 简答题

1. 简述人工智能的发展阶段。
2. 简述人工智能涵盖的关键技术。
3. 简述人工智能在我国商业银行的具体应用场景。
4. 简述人工智能的发展趋势。
5. 简述我国银行业应用人工智能的问题及其对策。

即测即练　　　　　扩展阅读

自学自测　扫描此码

# 第 6 章

# 大 数 据

【本章学习目标】

通过本章学习，学员应该能够：
1. 明确大数据的概念；
2. 了解大数据的特征与影响；
3. 了解大数据技术的处理过程；
4. 掌握大数据技术在银行具体应用场景；
5. 掌握大数据应用发展过程中面临的问题。

## 6.1 大数据概述

### 6.1.1 大数据的定义与内涵

关于大数据发展概念的界定目前还没有统一的定义，但总体上来说，大数据领域包括大数据技术和大数据应用两大部分。

大数据技术主要是指在大数据领域的主要技术，包括但不限于数据挖掘、数据分析、数据存储、数据传输等一系列技术。这些技术是大数据能够落地生根的关键，也是实现大数据发展服务实体经济发展的重要保障。可见，大数据技术是大数据发展的基础，没有大数据技术，大数据发展便成为无源之水、无本之木。

大数据应用指的是大数据技术在社会生活中的应用，其所应用的领域包括但不限于电商领域、传媒领域、金融领域、交通领域、电信领域、安防领域、医疗领域等。如果说大数据技术考虑得更多的是技术领域的突破，那么，大数据应用则更关心如何将技术应用的成本降低，使其商业化。因此，正是基于大数据应用，大数据技术、大数据发展才可以对政治、经济、文化、社会等诸多领域产生影响，使得传统基于经验认知判断的感性决策更多地转向基于数字、逻辑的理性决策，大大提升了决策的科学性。可见，大数据发展是实现数字产业化和产业数字化价值的主要路径，是实现我国经济做大做强的重要工具。

关于大数据产业发展概念的界定。大数据产业发展主要包括数字产业化和产业数字化两大方面。在数字产业化方面，数字产业化是指通过现代信息技术的市场化应用，推动数字产业的形成和发展。就数字产业化和大数据技术的关系来看，数字产业化的发展离不开大数据技术源源不断的供给，同时数字产业化的大力发展也为大数据技术提供了市场导向和发展机遇。可见，数字产业化在生活中更多的是面向数字产业，这些产业诸如信息挖掘、数据分析、技术服务等诸多领域。在产业数字化方面，产业数字化是指利用现代信息技术对传统产业进行全方位、全角度、全链条的改造，更多的是聚焦于提升传统产业效率。这种效率的提升离不开大数据技术在传统产业的应用，故而同数字产业化不同，产业数字化同大数据应用的关系更为密切。综合来看，当大数据技术、大数据应用等计算机领域的概念进入到经济生活中，并开始构成国民经济发展的重要组成部分时，大数据产业便应运而生。

由上可见，大数据产业是一种高技术附加值的产业，其产业价值主要表现在对多种行业的聚合，形成不同产业之间的分工协作。因此，大数据产业也是目前我国实现经济结构转型，实现从数字产业化到产业数字化的升级迭代，推动经济高质量发展的重要驱动力量。

## 6.1.2　大数据的特征

从某种程度上说，大数据是数据分析的前沿技术。简言之，从各种各样类型的数据中，快速获得有价值信息的能力，就是大数据技术，明白这一点至关重要，也正是这一点促使该技术具备走向众多企业的潜力。

2001 年，高德纳分析员道格·莱尼在演讲中指出，数据增长有三个方向的挑战和机遇：量（Volume），即数据多少；速（Velocity），即资料输入、输出的速度；类（Variety），即多样性。

在莱尼的理论基础上，IBM 提出大数据的 4V 特征得到了业界的广泛认可。第一，数量（Volume），即数据巨大，从 TB 级别跃升到 PB 级别；第二，多样性（Variety），即数据类型繁多，不仅包括传统的格式化数据，还包括来自互联网的网络日志、视频、图片、地理位置信息等；第三，速度（Velocity），即处理速度快；第四，真实性（Veracity），即追求高质量的数据。

虽然不同学者、不同研究机构对大数据的定义不尽相同，但都广泛提及了这四个基本特征。下文对着四个特征依次进行介绍。

### 1. 大容量

据马海祥了解，天文学和基因学是最早产生大数据变革的领域，2000 年，斯隆数字巡天项目启动时，位于新墨西哥州的望远镜，在短短几周内搜集到的数据已经比天文学历史上总共搜集的数据还要多；在智利的大型视场全景巡天望远镜一旦于 2016 年投入使用，其在 5 天之内搜集到的信息量将相当于前者 10 年的信息档案。

伴随着各种随身设备、物联网和云计算、云存储等技术的发展，人和物的所有轨迹都可以被记录，数据因此被大量生产出来。移动互联网的核心网络节点是人，不再是网页，人人都成为数据制造者，短信、微博、照片、录像都是其数据产品；数据来自无数自动化传感器、自动记录设施、生产监测、环境监测、交通监测、安防监测等；来自自动流程记录，刷卡机、收款机、电子不停车收费系统，互联网点击、电话拨号等设施以及各种办事流程登记等。大量自动或人工产生的数据通过互联网聚集到特定地点,包括电信运营商、互联网运营商、政府、银行、商场、企业、交通枢纽等机构,形成了大数据之海。

我们周围到底有多少数据?数据量的增长速度有多快?许多人试图测量出一个确切的数字。

2011年,马丁·希尔伯特和普里西利亚·洛佩兹在《科学》期刊上发表了一篇文章,对1986—2007年人类所创造、存储和传播的一切信息数量进行了追踪计算。其研究范围大约涵盖了60种模拟和数字技术:书籍、图画、信件、电子邮件、照片、音乐、视频(模拟和数字)、电子游戏、电话、汽车导航等。据他们估算:2007年,人类大约存储了超过300 EB的数据;1986—2007年,全球数据存储能力每年提高23%,双向通信能力每年提高28%,通用计算能力每年提高58%;预计到2013年,世界上存储的数据能达到约1.2 ZB。根据IDC的统计结果,预计2025年,世界范围内的数据总量将超过16万EB。

这样大的数据量意味着什么?

据估算,如果把这些数据全部记在书中,这些书可以覆盖整个美国52次。如果存储在只读光盘上,这些光盘可以堆成5堆,每堆都可以伸到月球。

在公元前3世纪,希腊时代最著名的图书馆亚历山大图书馆竭力搜集了当时其所能搜集到的书写作品,可以代表当时世界上其所能搜集到的知识量。但当数字数据洪流席卷世界之后,每个人都可以获得大量数据信息,相当于当时亚历山大图书馆存储的数据总量的320倍之多。

**2. 多样性**

随着传感器、智能设备以及社交协作技术的飞速发展,组织中的数据也变得更加复杂,因为它不仅包含传统的关系型数据,还包含来自网页、互联网日志文件(包括点击流数据)、搜索索引、社交媒体论坛、电子邮件、文档、主动和被动系统的传感器数据等原始、半结构化和非结构化数据。在大数据时代,数据格式变得越来越多样,涵盖了文本、音频、图片、视频、模拟信号等不同的类型;数据来源也越来越多样,不仅产生于组织内部运作的各个环节,也来自于组织外部。

例如,在交通领域,北京市交通智能化分析平台数据来自路网摄像头、传感器、公交、轨道交通、出租车以及省际客运、旅游、化学危险品运输、停车、租车等运输行业,还有问卷调查和地理信息系统数据。4万辆浮动车每天产生2 000万条记录,交通卡刷卡记录每天1900万条,手机定位数据每天1 800万条,出租车运营数据每天100万条,电子停车收费系统数据每天50万条,定期调查覆盖8万户家庭,等等,这些数据在体量和速度上都达到了大数据的规模。发掘这些形态各异、快慢不一的数据流之间的相关性,是大数据做前人之未做、能前人所不能的机会。

大数据不仅是处理巨量数据的利器,更为处理不同来源、不同格式的多元化数据提供了可能。

例如,为了使计算机能够理解人的意图,人类就必须要将需解决的问题的思路、方法和手段通过计算机能够理解的形式告诉计算机,使得计算机能够根据人的指令一步一步工作,完成某种特定的任务。在以往,人们只能通过编程这种规范化计算机语言发出指令,随着自然语言处理技术的发展，人们可以用计算机处理自然语言，实现人与计算机之间基于文本和语音的有效通信，为此，还出现了专门提供结构化语言解决方案的组织—语言数据公司。自然语言无疑是一个新的数据来源，而且也是一种更复杂、更多样的数据，它包含诸如省略、指代、更正、重复、强调、倒序等大量的语言现象，还包括噪声、含混不清、口头语和音变等语音现象。苹果公司在 iPhone 手机上应用的一项语音控制功能 Siri 就是多样化数据处理的代表。用户可以通过语音、文字输入等方式与 Siri 对话交流，并调用手机自带的各项应用，读短信、询问天气、设置闹钟、安排日程，乃至搜寻餐厅、电影院等生活信息，收看相关评论，甚至直接订位、订票，Siri 则会依据用户默认的家庭地址或是所在位置判断、过滤搜寻的结果。为了让 Siri 足够聪明，苹果公司引入了谷歌、维基百科等外部数据源，在语音识别和语音合成方面，未来版本的 Siri 或许可以让我们听到中国各地的方言，比如四川话、湖南话和河南话。

多样化的数据来源正是大数据的威力所在，例如交通状况与其他领域的数据都存在较强的关联性。据马海祥博客收集的数据研究发现，可以从供水系统数据中发现早晨洗澡的高峰时段，加上一个偏移量（通常是 40~45 分钟）就能估算出交通早高峰时段；同样可以从电网数据中统计出傍晚办公楼集中关灯的时间，加上偏移量估算出晚上的堵车时段。

### 3. 快速度

在数据处理速度方面，有一个著名的"1 秒定律"，即要在秒级时间范围内给出分析结果，超出这个时间，数据就失去价值了。

例如，IBM 有一则广告，讲的是"1 秒，能做什么？"1 秒，能检测出我国台湾的铁道故障并发布预警；也能发现美国得克萨斯州的电力中断，避免电网瘫痪；还能帮助一家全球性金融公司锁定行业欺诈，保障客户利益。在商业领域，"快"也早已贯穿企业运营、管理和决策智能化的每一个环节，形形色色描述"快"的新兴词汇出现在商业数据语境里，如实时、快如闪电、光速、念动的瞬间、价值送达时间。

英特尔中国研究院首席工程师吴甘沙认为，快速度是大数据处理技术和传统的数据挖掘技术最大的区别。大数据是一种以实时数据处理、实时结果导向为特征的解决方案，它的"快"有两个层面。

一是数据产生得快。有的数据是爆发式产生，例如，欧洲核子研究中心的大型强子对撞机在工作状态下每秒产生 PB 级的数据；有的数据是涓涓细流式产生，但是由于用户众多，短时间内产生的数据量依然非常庞大，如点击流、日志、射频识别数据、GPS（全球定位系统）位置信息。

二是数据处理得快。正如水处理系统可以从水库调出水进行处理，也可以处理直接对涌进来的新水流。大数据也有批处理（"静止数据"转变为"正使用数据"）和流处理（"动态数据"转变为"正使用数据"）两种范式，以实现快速的数据处理。

为什么要"快"？

第一，时间就是金钱。如果说价值是分子，那么时间就是分母，分母越小，单位价值就越大。面临同样大的数据"矿山"，"挖矿"效率是竞争优势。

第二，像其他商品一样，数据的价值会折旧，等量数据在不同时间点？价值不等。

NewSQL（新的可扩展性/高性能数据库）的先行者 VoltDB（内存数据库）发明了一个概念叫作"数据连续统一体"：数据存在于一个连续的时间轴上，每个数据项都有它的年龄，不同年龄的数据有不同的价值取向，新产生的数据更具有个体价值，产生时间较为久远的数据集合起来更能发挥价值。

第三，数据跟新闻一样具有时效性。很多传感器的数据产生几秒之后就失去意义了。美国国家海洋和大气管理局的超级计算机能够在日本地震后 9 分钟计算出海啸的可能性，但 9 分钟的延迟对于瞬间被海浪吞噬的生命来说还是太长了。

越来越多的数据挖掘趋于前端化，即提前感知预测并直接提供服务对象所需要的个性化服务，例如，对绝大多数商品来说，找到顾客"触点"的最佳时机并非在结账以后，而是在顾客还提着篮子逛街时。电子商务网站从点击流、浏览历史和行为（如放入购物车）中实时发现顾客的即时购买意图和兴趣，并据此推送商品，这就是"快"的价值。

### 4. 真实性

在以上三项特征的基础上，大数据还有第四个特征——真实性。

数据的重要性就在于对决策的支持，数据的规模并不能决定其能否为决策提供帮助，数据的真实性和质量才是获得真知和思路最重要的因素，是制定成功决策最坚实的基础。追求高数据质量是一项重要的大数据要求和挑战，即使最优秀的数据清理方法也无法消除某些数据固有的不可预测性，例如，人的感情和诚实性、天气形势、经济因素以及未来。

业界还有人把大数据的基本特征从 4V 扩展到了 11V，包括价值密度低（Value）、可视化（Visualization）、有效性（Validity）等。例如，价值密度低是指随着物联网的广泛应用，信息感知无处不在，信息海量，但在连续不间断的视频监控过程中，可能有用的数据仅一两秒。如何通过强大的机器算法更迅速地完成数据的价值"提纯"，是大数据时代亟待解决的难题。

国际数据公司报告里有一句话，概括出了大数据基本特征之间的关系：大数据技术通过使用高速的采集、发现或分析，从超大容量的多样数据中经济地提取价值。

除了上述主流的定义，还有人使用 3S 描述大数据的特征，即：大小（Size）、速度（Speed）和结构（Structure）。

## 6.1.3　大数据的影响

大数据的影响主要集中在农业、工业、服务业三个领域。

在农业领域，大数据发展主要通过促进农业创新、提升灾害预报能力、强化市场预测、优化资源配置等四个维度来推进农业高质量发展。在促进农业创新方面，大数据通过构建一系列综合性的"产学研"创新平台，整合各地区之间农业创新平台的优势，促进不同地区之间的科研交流和人才流动，强化小农户与现代农业的有机结合，进而提升整体的农业创新水平。在提升灾害预报能力方面，基于全国一体化的遥感卫星、地面监控等体系，尤其是现代化的 GIS 地理信息大数据平台的建设，大数据能够最大限度地做到对自然灾害的实时预警，并为进一步的减灾、救治工作提供更多帮助。同时，在对生物灾害定点防治的过程中，大数据能够对可能出现或即将出现的生态危机进行实时分析和预测，能够做到对植物保护和动物疾病预防的定点防控、专项整治。在强化市场预测方面，大数据可以基于卫星遥感对农产品产量进行评估、地区种植信息进行统计，并依托市场价格预测机制，对这些宏观监测信息进行汇总，可以有效指导农户在农产品种植、畜牧业养殖等方面作出科学合理的规划，防止出现长周期产品的震荡型"蛛网"情况。在优化资源配置方面，农业大数据的应用可以通过区域范围内的一体化资源调控机制，降低要素运输过程中的交易成本，提升要素的配置效率，进而带动全要素生产率的提升。不难发现，大数据在农业发展的全过程都发挥了重要作用，深入推进农业和大数据的有机契合是下一步农业全要素生产率提升的发展方向。

在工业领域，大数据发展将通过满足异质性需求和流程再造引领工业高质量发展。在异质性需求方面，信息化时代，产业链条长、上下游关联度低的产业时常面临供求信息不对称的问题。导致上游产业产品不能很好匹配消费者需求，造成库存浪费和供需不匹配，进而形成"长鞭效应"。但信息时代广泛存在的"长尾效应"表明小众产品市场仍是一片"蓝海"，这种不同于过往规模化生产的异质性需求具有广阔的市场空间这两种效应的出现表明粗放式生产模式已经不适应现代化的多样性需求，必须探索更为全面合理的生产方式。而大数据将消费者纳入产业链的各个环节，将产品的异质性需求融入研发、设计、生产、销售的各个环节，把传统的规模经济、范围经济转变为可以满足异质性需要的网络经济形态。这种网络经济的自我积累强化使得产品的异质性需求迅速增加，也会形成对产品高质量供给的"正反馈"循环。在流程再造方面，大数据依托流数据处理技术，对生产的全过程进行实时控制，一旦零件尺寸、生产时间等超出某一阈值便进行自动反馈。实现对于生产工艺的全过程监督，可以大大提升产品质量。同时基于数据可视化技术，通过数据建模和参数设定，大数据可以将实际生产过程在元宇宙空间进行仿真建模，对生产的各个工段、各个流程进行数据可视化还原，可以实现产品端和研发端工作人员的有机联动。

在服务业领域，大数据发展将通过对传统服务业的升级换代和催生新服务业两个方面来繁荣服务业。在传统服务业进行升级换代方面，大数据能够通过渗透作用重新定义产业链，将对生产的全过程进行整合，进一步基于预测技术定位潜在客户需求，打通生产、服务与销售之间的障碍。这种新型服务形式帮助传统产业衍生出诸多新类型业务，如智慧医疗、智慧市政、智慧旅游、智慧工业、智慧环保等。在催生新行业方面，数字产业化的发展也使得大数据创造了一批新产业。举例来说，部分行业诸如咨询服务、网络平台等，由于其生产的产品自身定位原因，其所服务的公司独立进行这项服务可能面临专业化不足、投入成本过高、科技成果转化率不足的弊病。对这些服务的外包成为众多行业的选择，进而催生出数字产业化的相关行业。这些服务业的数字产业化会弥补农业、工业产业数字化难以触及的方面，能通过渗透作用带动整个社会经济的大发展，并为其他行业的经济高质量发展提供大数据方案。

由上可见，大数据发展对人们日常生活的影响是多层次、全方位的，对经济社会生活产生了全面的影响。

## 6.2 大数据技术

### 6.2.1 大数据收集和预处理

在数据收集过程中，数据源会影响大数据质量的真实性、完整性、一致性、准确性和安全性。对于 Web 数据，多采用网络爬虫方式进行收集，这需要对爬虫软件进行时间设置以保障收集到的数据时效性质量。比如可以利用易海聚采集软件的增值 API 设置，灵活控制采集任务的启动和停止。大数据采集过程中通常有一个或多个数据源，这些数据源包括同构或异构的数据库、文件系统、服务接口等，易受到噪声数据、数据值缺失、数据冲突等影响，因此，需首先对收集到的大数据集合进行预处理，以保证大数据分析与预测结果的准确性与价值性。

大数据的预处理环节主要包括数据清洗、数据集成、数据归约与数据转换等内容，这一步可以大大提高大数据的总体质量，是大数据过程质量的体现。数据清洗技术包括对数据的不一致检测、噪声数据的识别、数据过滤与修正等方面，有利于提高大数据的一致性、准确性、真实性和可用性等方面的质量；数据集成则是将多个数据源的数据进行集成，从而形成集中、统一的数据库、数据立方体等，这一过程有利于提高大数据的完整性、一致性、安全性和可用性等方面质量；数据归约是在不损害分析结果准确性的前提下降低数据集规模，使之简化，包括维归约、数据归约、数据抽样等技术，这一过程有利于提高大数据的价值密度，即提高大数据存储的价值性；数据转换处理包括基于规则或元数据的转换、基于模型与学习的转换等技术，可通过转换实现数据统一，这一过程有利于提高大数据的一致性和可用性。

总之，数据预处理环节有利于提高大数据的一致性、准确性、真实性、可用性、完整性、安全性和价值性等方面质量，而大数据预处理中的相关技术是影响大数据过程质量的关键因素。

### 6.2.2 大数据存储与管理

大数据存储与管理的技术对整个大数据系统都至关重要，数据存储与管理的好坏直接影响了整个大数据系统的性能表现。数据存储和管理如今并不止被定义为接收、存储、组织和维护组织创建的数据，更多时候它还意味着更多内容，包括但不限于：对数据进行分类；聚合、收集和解析数据的元数据；保护数据和元数据不受自然和人为中断的影响；在内部部署和地理上移动数据，以进行共享、归档、复制、数据保护、存储系统技术更新和迁移，并访问所需的分析引擎，从而对该数据进行更深入的研究；在进行一次或多次移动后，保持用户和应用程序对数据的透明访问；提供用户可定义的策略，这些策略可自动移动、复制和删除数据；部署人工智能和机器学习以优化和自动化大多数数据管理功能；搜索数据并提供可行的信息和见解；使数据符合个人识别信息法律和法规；将数据管理扩展到数百 PB 甚至 EB 的快速扩展数据等。

根据数据存储和管理的内容范围，我们可以大致理解大数据存储及管理技术需要重点研究如何解决大数据的可存储、可表示、可处理、可靠性及有效传输等几个关键问题。具体来讲需要解决的往往是以下几类问题：海量文件的存储与管理，海量小文件的传输、索引和管理，海量大文件的分块与存储，系统可扩展性与可靠性。伴随着重点研究问题，在大数据存储和管理发展过程中，出现了以下几种较为有效的存储和管理大数据的方式。

**1. 不断加密**

对于任何一个企业来说，任何类型的数据都可能是至关重要且私有的，只有能在自己掌控的范围内才可以说是安全的。然而，很多行业巨头容易成为黑客攻击的首要目标，许多公司会对此有危机感。随着企业为保护资产而全面开展对于黑客的反击，加密技术成为打击网络威胁的可行途径：通过将所有内容转换为代码，使用加密信息，只有收件人可以解码。如果没有其他的要求，则加密保护数据传输，增强在数字传输中有效地到达正确人群的机会。

**2. 仓库存储**

有人说，大数据似乎就像一个永无休止的数据漩涡，极其难被管理。因此，可以考虑将信息精简后统一集中到一个指定位置——数据仓库。通过对数据的存储、校准、整合及输出，对数据进行集中分层次管理，在保证数据时效性、生态性的同时，还能够对数据完成不同程度的处理。

**3. 备份服务——云端**

设想一下，假如数据存储技术在物理层面就停滞不前，而大数据却依旧以现在的速度持续增长，迟早有一天我们会面临数据无处存储的窘境，所幸大数据存储和管理正在迅速脱离物理机器的范畴，并迅速进入数字领域。由于云存储服务推动了数字化转型，使得云计算的应用越来越繁荣。数据可以随时随地进行访问，并在云存储服务上进行备份，这也意味着如果出现网络攻击，云端将数据从 A 迁移到 B 甚至到 C 的方式来确保数据安全。数字经济时代，大数据管理不仅仅是数据存储架构的变革，更是大数据思维方式的转变升级。用好数据是企业数字化转型的关键。

### 6.2.3 大数据分析和挖掘

数据挖掘，顾名思义就是从大量的数据中挖掘出有用的信息，即从大量的、不完全的、有噪声的、随机的、模糊的数据中，提取隐含其中的、规律性的、人们事先未知的、但又是潜在的有用信息和知识的过程。数据挖掘是一个在海量数据中利用各种分析工具发现模型与数据间关系的过程，它可以帮助决策者寻找数据间潜在的某种关联，发现被隐藏的、被忽略的因素，因而被认为是在这个数据爆炸时代解决信息贫乏问题的一种有效方法。数据挖掘作为一门交叉学科，融合了数据库、人工智能、统计学、机器学习等多领域的理论与技术。数据库、人工智能与数理统计为数据挖掘的研究提供了三大技术支持。

数据挖掘当前的主要功能如下。

（1）数据总结：继承于数据分析中的统计分析。数据总结目的是对数据进行浓缩，给出它的紧凑描述。传统统计方法如求和值、平均值、方差值等都是有效方法。另外,还可以用直方图、饼状图等图形方式表示这些值。广义上讲,多维分析也可以归入这一类。

(2)分类:目的是构造一个分类函数或分类模型(也常常称作分类器),该模型能把数据库中的数据项映射到给定类别中的某一个。要构造分类器,需要有一个训练样本数据集作为输入。训练集由一组数据库记录或元组构成,每个元组是一个由有关字段(又称属性或特征)值组成的特征向量,此外,训练样本还有一个类别标记。一个具体样本的形式可表示为:($v_1, v_2, \cdots, v_n; c$),其中 $v_i$ 表示字段值,$c$ 表示类别。例如:银行部门根据以前的数据将客户分成了不同的类别,现在就可以根据这些来区分新申请贷款的客户,以采取相应的贷款方案。

(3)聚类:是把整个数据库分成不同的群组。它的目的是使群与群之间差别很明显,而同一个群之间的数据尽量相似。这种方法通常用于客户细分。在开始细分之前不知道要把用户分成几类,因此,通过聚类分析可以找出客户特性相似的群体,如客户消费特性相似或年龄特性相似等。在此基础上可以制定一些针对不同客户群体的营销方案。例如:将申请人分为高度风险申请者,中度风险申请者,低度风险申请者。

(4)关联分析:是寻找数据库中值的相关性。两种常用的技术是关联规则和序列模式。关联规则是寻找在同一个事件中出现的不同项的相关性;序列模式与此类似,寻找的是事件之间时间上的相关性,例如:今天银行利率的调整,明天股市的变化。

(5)预测:把握分析对象发展的规律,对未来的趋势作出预见。例如:对未来经济发展的判断。

(6)偏差的检测:对分析对象的少数的、极端的特例的描述,揭示内在的原因。例如:在银行的 100 万笔交易中有 500 例的欺诈行为,银行为了稳健经营,就要发现这 500 例的内在因素,减小以后经营的风险。

### 6.2.4 大数据应用和展望

全球范围内,研究发展大数据技术、运用大数据推动经济发展、完善社会治理、提升政府服务和监管能力正成为趋势。下面将从应用、治理和技术三个方面对当前大数据的现状与趋势进行梳理。

一是已有众多成功的大数据应用,但就其效果和深度而言,当前大数据应用尚处于初级阶段,根据大数据分析预测未来、指导实践的深层次应用将成为发展重点。

按照数据开发应用深入程度的不同,可将众多的大数据应用分为三个层次。第一层,描述性分析应用,是指从大数据中总结、抽取相关的信息和知识,帮助人们分析发生了什么,并呈现事物的发展历程。如美国的 DOMO 公司从其企业客户的各个信息系统中抽取、整合数据,再以统计图表等可视化形式,将数据蕴含的信息推送给不同岗位的业务人员和管理者,帮助其更好地了解企业现状,进而作出判断和决策。第二层,预测性分析应用,是指从大数据中分析事物之间的关联关系、发展模式等,并据此对事物发展的趋势进行预测。如微软公司纽约研究院研究员 David Rothschild 通过收集和分析赌博市场、好莱坞证券交易所、社交媒体用户发布的帖子等大量公开数据,建立预测模型,对多届奥斯卡奖项的归属进行预测。2014 年和 2015 年，均准确预测了奥斯卡共 24 个奖项中的 21 个，准确率达 87.5%。第三层，指导性分析应用，是指在前两个层次的基础上，分析不同决策将导致的后果，并对决策进行指导和优化。如无人驾驶汽车分析高精度地图数据和海量的激光雷达、摄像头等传感器的实时感知数据，对车辆不同驾驶行为的后果进行预判，并据此指导车辆的自动驾驶。

当前，在大数据应用的实践中，描述性、预测性分析应用多，决策指导性等更深层次分析应用偏少。一般而言，人们作出决策的流程通常包括：认知现状、预测未来和选择策略这三个基本步骤。这些步骤也对应了上述大数据分析应用的三个不同类型。不同类型的应用意味着人类和计算机在决策流程中不同的分工和协作。例如：第一层次的描述性分析中，计算机仅负责将与现状相关的信息和知识展现给人类专家，而对未来态势的判断及对最优策略的选择仍然由人类专家完成。应用层次越深，计算机承担的任务越多、越复杂，效率提升也越大，价值也越大。然而，随着研究应用的不断深入，人们逐渐意识到前期在大数据分析应用中大放异彩的深度神经网络尚存在基础理论不完善、模型不具可解释性、鲁棒性较差等问题。因此，虽然应用层次最深的决策指导性应用，当前已在人机博弈等非关键性领域取得较好应用效果，但是，在自动驾驶、政府决策、军事指挥、医疗健康等应用价值更高，且与人类生命、财产、发展和安全紧密关联的领域，要真正获得有效应用，仍面临一系列待解决的重大基础理论和核心技术挑战。在此之前，人们还不敢也不能放手将更多的任务交由计算机大数据分析系统来完成。这也意味着，虽然已有很多成功的大数据应用案例，但还远未达到我们的预期，大数据应用仍处于初级阶段。未来，随着应用领域的拓展、技术的提升、数据共享开放机制的完善，以及产业生态的成熟，具有更大潜在价值的预测性和指导性应用将是发展的重点。

二是大数据治理体系远未形成，特别是隐私保护、数据安全与数据共享利用效率之间尚存在明显矛盾，成为制约大数据发展的重要短板，各界已经意识到构建大数据治理体系的重要意义，相关的研究与实践将持续加强。

随着大数据作为战略资源的地位日益凸显，人们越来越强烈地意识到制约大数据发展最大的短板之一就是：数据治理体系远未形成，如数据资产地位的确立尚未达成共识，数据的确权、流通和管控面临多重挑战；数据壁垒广泛存在，阻碍了数据的共享和开放；法律法规发展滞后，导致大数据应用存在安全与隐私风险；等等。如此种种因素，制约了数据资源中所蕴含价值的挖掘与转化。

其中，隐私、安全与共享利用之间的矛盾问题尤为凸显。

一方面，数据共享开放的需求十分迫切。近年来，人工智能应用取得的重要进展，主要源于对海量、高质量数据资源的分析和挖掘。而对于单一组织机构而言，往往靠自身的积累难以聚集足够的高质量数据。另外，大数据应用的威力，在很多情况下源于对多源数据的综合融合和深度分析，从而获得从不同角度观察、认知事物的全方位视图。而单个系统、组织的数据往往仅包含事物某个片面、局部的信息，因此，只有通过共享开放和数据跨域流通才能建立信息完整的数据集。

然而，另一方面，数据的无序流通与共享，又可能导致隐私保护和数据安全方面的重大风险，必须对其加以规范和限制。例如，鉴于互联网公司频发的、由于对个人数据的不正当使用而导致的隐私安全问题，欧盟制定了"史上最严格的"数据安全管理法规《通用数据保护条例》（General Data Protection Regulation，GDPR），并于 2018 年 5 月 25 日正式生效。该《条例》生效后，Facebook 和谷歌等互联网企业即被指控强迫用户同意共享个人数据而面临巨额罚款，并被推上舆论的风口浪尖。2020 年 1 月 1 日，被称为美国"最严厉、最全面的个人隐私保护法案"——《加利福尼亚消费者隐私法案》（CCPA）将正式生效。CCPA 规定了新的消费者权利，旨在加强消费者隐私权和数据安全保护，涉及企业收集的个人信息的访问、删除和共享，企业负有保护个人信息的责任，消费者控制并拥有其个人信息，这是美国目前最具典型意义的州隐私立法，提高了美国保护隐私的标准。在这种情况下，过去利用互联网平台中心化搜集用户数据、实现平台化的精准营销的这一典型互联网商业模式，将面临重大挑战。

我国在个人信息保护方面也开展了较长时间的工作，针对互联网环境下的个人信息保护，制定了《全国人民代表大会常务委员会关于加强网络信息保护的决定》《电信和互联网用户个人信息保护规定》《全国人民代表大会常务委员会关于维护互联网安全的决定》和《消费者权益保护法》等相关法律文件。特别是 2016 年 11 月 7 日，全国人大常委会通过的《中华人民共和国网络安全法》中明确了对个人信息收集、使用及保护的要求，并规定了个人对其个人信息进行更正或删除的权利。2019 年 5 月，国家互联网办公室发布关于《数据安全管理办法（征求）意见稿》公开征求意见的通知，向社会公开征求意见，明确了个人信息和重要数据的收集、处理、使用和安全监督管理的相关标准和规范。相信这些法律法规将在促进数据的合规使用、保障个人隐私和数据安全等方面发挥不可或缺的重要作用。然而，从体系化、确保一致性、避免碎片化考虑，制定专门的数据安全法、个人信息保护法是必要的。

同时，我们也应看到，这些法律法规也将在客观上不可避免地增加数据流通的成本、降低数据综合利用的效率。如何兼顾发展和安全，平衡效率和风险，在保障安全的前提下，不因噎废食，不对大数据价值的挖掘利用造成过分的负面影响，是当前全世界在数据治理中面临的共同课题。

近年来，围绕大数据治理这一主题及其相关问题，国际上已有不少成功的实践和研究探索工作，诸如在国家层面推出的促进数据共享开放、保障数据安全和保护公民隐私的相关政策和法规，针对企业机构的数据管理能力评估和改善，面向数据质量保证的方法与技术，促进数据互操作的技术规范和标准等。然而，考察当前的研究和实践，仍存在三个方面的主要问题。

一是大数据治理概念的使用相对"狭义"，研究和实践大都以企业组织为对象，仅从个体组织的角度考虑大数据治理的相关问题，这与大数据跨界流动的迫切需求存在矛盾，限制了大数据价值的发挥。二是现有研究实践对大数据治理内涵的理解尚未形成共识，不同研究者从流程设计、信息治理和数据管理应用等不同视角，给出了大数据治理的不同定义，共识的形成尚有待时日。三是大数据治理相关的研究实践多条线索并行，关联性、完整性和一致性不足。诸如，国家层面的政策法规和法律制定等较少被纳入大数据治理的视角；数据作为一种资产的地位仍未通过法律法规予以确立，难以进行有效的管理和应用；

大数据管理已有不少可用技术与产品,但还缺乏完善的多层级管理体制和高效管理机制;如何有机结合技术与标准、建立良好的大数据共享与开放环境,仍需要进行进一步探索。缺少系统化设计,仅仅在已有的相关体系上进行扩展和延伸,可能会导致数据治理的"碎片化"和一致性缺失等。

当前,各界已经普遍认识到了大数据治理的重要意义,大数据治理体系建设已经成为大数据发展重点,但仍处在发展的雏形阶段,推进大数据治理体系建设将是未来较长一段时间内需要持续努力的方向。

三是数据规模高速增长,现有技术体系难以满足大数据应用的需求,大数据理论与技术远未成熟,未来信息技术体系将需要颠覆式创新和变革。

近年来,数据规模呈几何级数高速成长。据国际信息技术咨询企业国际数据公司(IDC)的报告,2020 年全球数据存储量将达到 44ZB,到 2030 年将达到 2 500ZB。当前,需要处理的数据量已经大大超过处理能力的上限,从而导致大量数据因无法或来不及处理,而处于未被利用、价值不明的状态,这些数据被称为"暗数据"。据国际商业机器公司(IBM)的研究报告估计,大多数企业仅对其所有数据的 1%进行了分析应用。

近年来,大数据获取、存储、管理、处理、分析等相关的技术已有显著进展,但是大数据技术体系尚不完善,大数据基础理论的研究仍处于萌芽期。首先,大数据定义虽已达成初步共识,但许多本质问题仍存在争议,例如:数据驱动与规则驱动的对立统一、"关联"与"因果"的辩证关系、"全数据"的时空相对性、分析模型的可解释性与鲁棒性等;其次,针对特定数据集和特定问题域已有不少专用解决方案,是否有可能形成"通用"或"领域通用"的统一技术体系,仍有待未来的技术发展给出答案;最后,应用超前于理论和技术发展,数据分析的结论往往缺乏坚实的理论基础,对这些结论的使用仍需保持谨慎态度。

推演信息技术的未来发展趋势,较长时期内仍将保持渐进式发展态势,随技术发展带来的数据处理能力的提升将远远落后于按指数增长模式快速递增的数据体量,数据处理能力与数据资源规模之间的"剪刀差"将随时间持续扩大,大数据现象将长期存在。在此背景下,大数据现象倒逼技术变革,将使得信息技术体系进行一次重构,这也带来了颠覆式发展的机遇。例如,计算机体系结构以数据为中心的宏观走向和存算一体的微观走向,软件定义方法论的广泛采用,云边端融合的新型计算模式等;网络通信向宽带、移动、泛在发展,海量数据的快速传输和汇聚带来的网络的 Pb/s 级带宽需求,千亿级设备联网带来的 Gb/s 级高密度泛在移动接入需求;大数据的时空复杂度亟须在表示、组织、处理和分析等方面的基础性原理性突破,高性能、高时效、高吞吐等极端化需求呼唤基础器件的创新和变革;软硬件开源开放趋势导致产业发展生态的重构;等等。

## 6.3 银行业大数据应用

### 6.3.1 银行精准营销

近年来,随着互联网的普及,大数据作为一种全新的技术手段逐渐被人们所重视,并得到了广泛应用。大数据主要是指海量、高增长、异构的数据,其中包括结构化数据和非结构化数据。目前,大数据已经成为银行业的一个重要的营销工具,银行业也在不断利用大数据进行精准营销。

精准营销是传统的"大众营销"方法的变体。它是将市场分成不同的人群,然后根据人群中相似特征和行为对相应产品或服务进行定向宣传,使之与人们的兴趣、喜好、习惯相匹配。而大众市场是将市场作为一个未加工的整体来对待,所有人都将看到同样的广告,而不考虑他们对该产品或服务是否感兴趣。因此,通过对市场进行分割,然后根据人们的特征和行为将产品或服务定位于特定市场族群,使之能够真正发挥其功能,这便是所谓的"精准营销"。其核心就是通过不断地对市场、客户进行剖析(Analyze)分别(Segment),对不同族群(Tribe)进行深入了解(Understand),从而寻找有针对性的有效解决方案(Solution),来驱动企业增长(Growth)。

银行业精准营销是基于大数据的统计分析,通过对客户的消费行为、购买倾向、交易数据、信用评级等进行大数据分析,从而实现对目标客户群的细分、人群定位、以及个性化营销。大数据在银行业精准营销中发挥了不可替代的作用。通过对用户数据的分析,能够帮助企业快速找到相关目标客户,并对相关人群进行准确定位。此外,大数据还能够帮助企业有针对性地向目标人群推送产品和服务,从而实现真正的个性化营销。

传统的营销方式很难真正做到对目标人群进行准确定位和个性化营销,而这正是大数据所能带来的价值。如何运用大数据开展银行业精准营销已成为当前企业需要重视的问题。

### 6.3.2 银行绩效考核

基于大数据的银行绩效考核的方法绩效考核是从银行总体战略为出发点,采用基于计算机信息技术的数据管理和运用,在海量数据中找出其中的有价值信息,利用大数据的方法驱动经营管理模式的转型,并深度服务客户选择与风险管理、产品设计与精准营销、资源配置与结构调整,从机构到内部的管理,都是由数据驱动,由数据支撑决策的银行绩效考核方法。研究基于银行业务的大数据,经过数据清洗、数据分类、数据挖掘、数据分析确定出可影响银行绩效的关键业绩指标,基于这些选定的 KPI 指标,建设起一套银行绩效管理模型。银行绩效考核关键和创新点是选择和优化绩效考核指标及每个指标的计算公式,从 Excel 中自动分析并提取绩效计算公式的方法。银行绩效考核将从多角度客观的进行量化与分析对行长、主管、员工的工作效率及工作量和利润贡献率进行全面的量化考核,通过考核为银行提供客观、科学、全面的考核,实现对不同对象的业绩考核,为银行制定有效的人才激励机制提供有力保证,实现银行绩效管理目标。业务管理层也能够通过该绩效考核了解本行、本部门的绩效完成情况,分析员工在工作中的不足,即时改进工作方向,明确努力的方向,并为持续的改进绩效而提供客观、科学、有力的支撑,进而可以帮助本行、本部门更好地完成绩效目标。在基于大数据的 KPI 绩效考核的体系模式下,管理决策层能够精准、有效、全面地了解银行的发展情况,能够在海量的银行信息数据中,集中精力发现对银行的未来发展和银行的生存起到关键作用的数据信息,加强银行管理方向和管理力度,延伸管理半径,优化配置资源,实现银行的长期战略目标和短期战略目标的平衡。

基于大数据的银行绩效考核系统技术实现银行绩效考核系统采用目前最流行的 SSH 框架进行开发设计银行绩效考核系统，帮助使用单位实现绩效考核管理的科学化、网络化、标准化，提升银行业务的工作效率和工作业绩。

### 6.3.3 银行风险防控

随着国内经济向"新常态"的逐步转型，金融市场改革的持续深化，以及现代化信息技术的快速渗透，银行监管机构对商业银行自身风险管理能力的重视程度大大加强，银行传统的信贷风险管控体系面临严峻挑战。

一是经济增长换挡回落以及经济结构深入调整带来资产质量下行压力；二是企业跨地域、集团化经营业态的发展，风险传导机制复杂，增加风险刻画难度；三是银行信贷规模增长以及客户结构深刻变化，传统信贷业务模式下的信贷风险控制方法存在较高的优化需求，基于大数据新型信息化风险监控模式成为大势所趋。

因此，通过大数据技术实现跨平台、跨业务条线、跨区域的数据整合和风险信息挖掘，提高对信贷风险管理的敏感度及对其衡量的准确度是未来商业银行不断创新业务发展的需要，也是银行风险管理发展的必然趋势，对建立新型风险监控体系具有重要的战略意义。

一是大数据可为风险识别赋能。传统风控受限于单一专家经验和综合人力成本，风险识别能力有限。大数据技术可构建风险全景视图，伴随数据中心、智能计算提供的强大算力，支持海量风险数据深度挖掘，快速甄别各业务条线中暗藏的风险信息，有效解决风险数据数量大、信息隐藏层次深的问题。

二是新技术可提升风险模型的效能。挖掘算法可发现海量数据中的风险因子，机器学习、神经网络可进行高维非线性建模，人工智能可根据不同的风险场景精准构建风控模型，缩短模型训练时间，加快风控模型迭代效率，提高模型精度，为提升风险模型效能提供契机。

三是金融科技推动风险管理流程再造。金融科技使得风险信息的快速共享、风险政策的高效传导成为可能，风险管理更趋扁平化。风险管理流程逐步实现由线下、延时、事后管理向线上、实时、事前事中管控升级，由"事后救火"向"事前防火"转变。商业银行使用大数据进行风险控制管理的逻辑，可通过外部数据采集、内部引擎处理、对外服务接口三个步骤完成。

## 6.4 大数据应用的主要问题与对策

### 6.4.1 大数据发展面临的问题

**1. 数据霸权问题**

数据霸权并非新的社会现象，它是进入大数据时代后行业垄断行为在数据领域的体现，是传统的行业寡头晋升为数据寡头的表现。数据霸权不只是用量来衡量的，即不光是用数据持有的多少、数据技术掌握的多寡来界定，更是通过其背后的权力、资本对数据占有的影响来定性的数据霸权产生的前提是对数据的垄断。

数据垄断的先决条件是数据归属权的不明。在未对数据赋权的情况下，企业、组织对数据的过多占有并拒绝共享，会形成数据霸权。那么，数据究竟应归哪个主体所有？目前学界尚无定论。数据流动过程中涉及的主体较多，按对数据持有的先后顺序大致可分为：数据产生者、数据控制者和数据处理者三类。

从数据产生者角度看，首先要明确数据从何而来，即谁生产了数据？人们直观地会想到是以计算机为主的各类电子设备，但设备不会完全自主产生数据，这是在接收人类命令后的行为，所以人才是产生数据的主体。数据是人类记录行为的结果，是人类对世界的一种描述。同时人也是数据化的主要对象，现今各类移动终端、可穿戴设备、传感器等使得人成为移动着的数据源。由此数据产生者应具有数据的主要所有权，因为数据产生者付出劳动创造了数据，虽然是基于客观世界生产而来，但却是物化自然的结果。

从数据控制者角度看，数据控制者是现阶段持有数据的主体。持有是一种存储行为，但存储不等于所有，它只是数据流通的中间环节，或称为中介行为，因此持有不能成为数据所有权的依据。不可否认，数据控制者在数据采集和存储的过程中也付出了劳动，诸如设定数据采集算法、进行数据爬取、投入硬件成本、开展数据存储服务等。但数据控制者所付出的劳动具有规模化特征，就个体数据的劳动程度而言不如数据产生者多，其在数据所有权上所占比重也就没有数据产生者多。

从数据处理者角度看，数据处理是数据产生者或数据控制者交付数据后的应用行为。数据处理者只负责数据在此阶段的应用操作，数据使用权并不能等同于数据所有权。当处理任务完成后，即应交付成果归还或删除数据。因此数据处理者并不具备所有权争议价值。

需要明确的是，如果数据产生者、控制者、处理者三者是统一体，则数据的所有权自然毫无争议。例如大学所产生的研究数据应归大学所有，研究组的人员要负责数据的收集、处理、存储。但如果三者不统一，还是应以数据产生者的意愿为主，因为其对数据付出的劳动最多。

以上是从学理层面对数据归属进行界定，是基于权利维度进行的分析。然而实操层面并非如此，数据控制者、数据处理者霸占数据的现象趋于常态，由此形成数据垄断。这主要是因为学界、司法界对于数据的权责界定尚不完善，相较于趋于完善的物质世界法律，数据世界的司法制定还有很长的路要走。而在混乱的时代，就容易诞生垄断的巨头。目前具有数据霸权特质的典型企业就是各类互联网巨头。它们收集、存有海量的数据，然而这些数据大部分是用户生产的，或是基于用户行为产生的。但通常它们对待数据的态度是只进不出，从而形成数据黑洞。常见的现象是用户的交易数据、社交数据都会被它们采集去，却很少反馈回来。正如很多传统银行机构认为的那样，它们只发现客户们将钱从银行转入支付宝，但客户用这笔钱买了什么、做了什么，它们便不得而知，支付宝却知道。这种不健康的闭环数据流向与积累，会加深数据垄断，最终导致数据霸权，引发大数据时代的新一轮不平等问题。

**2. 隐私侵犯**

如果说数据霸权等数据伦理问题涉及的是群体利益，那么隐私侵犯问题则更关乎个人权益，但这种个人利益往往需要产生集群效应才能得到各方的重视。大数据的应用似乎必然会对隐私造成不同程度的侵犯，二者之间仿佛不可规避。对于隐私侵犯，学界主流的研究趋势是将其单独作为问题对象进行分析，但是因为隐私的侵犯会影响个人的自由与尊严，这也是人类安全的重要方面。

大数据发展的核心动力来源于人类测量、记录和分析世界的渴望"。数据是记录的结果，大数据是众多记录结果的集合，这其中就必然包含对个人隐私的记录。过去记录的成本过高，只能对重要的事件、人物进行记录，对于普通的事情、平凡的民众，人类的记忆是主要的记录方式，而记忆是会随着时间消逝的。如今大数据技术的发展使得记录变得廉价且普遍，一切事物、人物都可以被随时记录。正如舍恩伯格所说，在大数据时代，记忆成为常态，遗忘变成了例外。遗忘由此成为一种美德。记录技术打破了时间和空间的限制，使被记录的数据可以永恒存在、四散传播。记录的后续是访查，记录只有被查阅才有意义，访查使记录是其所是。而对于人们隐私情况的记录，就使得隐私被访问成为可能。并且大数据技术的日益进步，使得个人隐私被收集、访问、分析和应用愈发容易。一经泄露更可能被迅速传播开来。计算机正在掠夺人们这样的能力：监视和控制关于他们个人信息被使用的途径。组织的私营和公共部门日常地交换这些信息，个人没法知晓这些信息是否是错误的、废弃的或者是不合适的。当今的基础正在被建设，在其中通过日常的消费者交易的数据收集。

随着数据应用场景的丰富，国家也开始逐渐重视个人信息保护问题。近年来国家也不断出台各种法律法规，但是依然有很多应用服务在简单迫使用户勾选一些不合规的用户信息授权协议之后，便大肆搜集用户的隐私信息。因我国互联网行业起步较晚，严格来说尚未建立完善的隐私保护法律规定，未能建立成熟的隐私保护技术和合规说明，网络上的个人隐私信息易于泄露，并处于失控状态。例如：人们主要通过微信等社交软件与他人进行线上交流沟通，维护社会关系，系统储存着人们的交友聊天、网页浏览、购物消费等记录。但随着大数据时代的来临，用户面临着双重威胁，一方面，人们可能遭受个人信息外泄的风险；另一方面，系统在获取大数据以后，可能会对个体的行为状态进行预测。例如，12306账号信息泄露等安全事件，就引起了人们对信息传输安全问题的高度重视，如果无法妥善解决这些问题，会使用户面临隐私泄露的巨大风险。因此，怎样基于大数据时代对数据信息进行妥善管理，在为数据的使用效益提供保障的同时，也应注重个人隐私保护，这也是当代社会面临的艰巨挑战计算机可以被用来推断个人的生活方式、爱好、行踪和关系。可以说，这是大数据技术作为记录技术的本质属性使然，是隐私侵犯的客观原因。也是大数据技术本身的副作用，不可完全规避，除非摒弃该技术。同时，数据集之间并非孤立，其相互的关联是发挥大数据功用的主要途径，也是造成隐私泄露的原因之一，这可视为大数据注重相关性所导致的后果。

大数据具有容量大的特征，但单个大数据集合并不足以包含关于个体的全部信息，诸如用户的医疗数据中通常不包含用户的网购数据，此两类数据是分立存储的。但大数据集合之间的关联则可以将分散于不同处的数据聚合起来，构筑关于个体的具体画像。例如，在 A 数据集合中的个人信息可能并非隐私信息，但通过 A 数据集获得的个人信息在 B 数据集中进行关联查询，就可能获得该个体的隐私信息。"不断增长的证据表明聚合是一个侵犯个人隐私的愈发有力的和可用的方法"。数据集之间的关联和聚合可以看作"数据汇编"技术的一种。罗杰克拉克指出："'汇编'是一种技术，凭借它可以从过去的经验中推断出一类特定人的一系列特征，然后搜索数据存储找出有此系列特征的人。"数据汇编可以理解为通过数据集合掌握数据主体信息的手段，其目的在于为后续行动提供依据。对于单个数据集合的保护并不能有效阻止数据集合间的串联。因为数据的流动特性是数据的存在之基，是数据得以发挥功用的主要方式，这可以视作大数据自身特性所导致的伦理问题。即使对数据采取匿名化处理，也存在隐私侵犯的风险。因为始终有数据集合中的数据是能直接指向现实中的本体，完全匿名化的数据是没有功利价值的。然而目前，各国的数据相关保护政策基本都不保护匿名化数据。这就是说，通过对未受保护的匿名化数据的利用，在其他数据库中进行关联、聚合，就可能获得受保护的私人信息。这一隐私侵犯路径使得匿名化处理功用不再。

### 3. 数据泄露

对于数据泄露，欧盟认为："个人数据泄露"是一种安全泄露，它能导致传输、存储或其他处理中的个人数据的意外的或非法的损毁、丢失、更改、未授权披露或接入。

数据采集节点的增加必然涉及大量数据的传输。大数据在传输阶段不但存在数据丢失的风险，还可能被他人窃取利用。在传输阶段，为了提升传输准确性，对数据进行加密或压缩传输，但是这类才做以及引发数据的信息失真的问题。及时对数据内容本身进行脱敏处理，但由于某些行业数据买卖猖獗，黑客仍然可以通过撞库的方法获取到对应的信息，因此也存在个人信息泄露的风险。当然这些风险与大数据传输所具备的异构等特点密不可分。数据传输最薄弱的网络层是最容易受到攻击的，最常见的就是 APR 攻击。ARP（Address ReSolution Protocol）是网络层在局域网内解析 IP 地址发起寻址交流的协议，原理是主机将带有 IP 地址的 ARP 请求发到网络上所有主机，一般其他主机收到消息后会将请求内的 IP 和 MAC address 存入本机 ARP 缓存起来，目的是下次节省查询成本。而这就使这个 ARP 的缓存容易被攻击者利用。ARP 协议是没有专门的安全认证机制的，在一个 WLAN 中所有的服务器又都是默认互相信任，无论哪个服务器接收到请求响应都会进行缓存，这就为 ARP 欺骗提供了可能，攻击者可以发送错误的 IP 地址与 MAC 地址的映射关系。应用层的传输协议，虽然目前基本上所有的服务方都升级成了 HTTPS，但依然有数据挟持的风险。因为 HTTPS 是单向双向设计模式均有不合理的地方，当黑客通过动态 HOOK 的形式可以轻易拿到数据发起方的 CA 证书，本地代码不做安全保护的情况下导致 HTTPS 证书验证极容易被绕过。

除了数据传输之外，数据的存储服务器也是一个极大的风险高发地。云服务器是数据传输的基础设施，它为大数据提供了储存场所。因此，其安全问题也成为制约大数据存储发展的核心影响因素。许多大数据服务都采用分布式储存模式，将数仓建在云服务器上，因此云服务器储存了大量数据。虚拟化技术也让云服务技术有着较为清晰的存储路径视图，近年来阿里、华为、腾讯等大型公司相继投入到公有云市场的开发中。然而，由于云厂商作为服务提供方将必备的一些安全组件如 DDoS 高防、WAF 等作为服务有偿提供，导致很多公司为了节省成本并未购买，这就带来了一定的数据泄露的主观概率。从云服务厂商本身来说，针对存储的大量数据，他们的安全保护方式较为单一，因大数据环境拥有大量终端管理权限用户，在认证客户端身份时，需要消耗大量时间和精力，这就导致部分云厂商为了提升管理效率，在权限细分上未做精细化处理，导致存在数仓被攻击的隐患。另外，相较于传统数据，大数据的数据类型、结构具有绝对优势。数据量高速增长的大数据存储平台在存储不同类型、结构的数据时，必然会出现多种应用程序并发、高频运行的情况，易于引发数据储存错位、数据管理失序的问题，使得大数据储存、后期处理存在较大的安全风险。

个体数据具有价值，但挖掘分析个体数据后所产生的效益，相较于其本身传递出的信息并没有增加多少，除非是关于重要人物、重大事件的数据。因此，只有当数据以数据集形式出现，即大数据，对其进行分析处理后得到的效益才具有大价值。"在美国，从历史上来看，隐私是一种商品。它是一种资产，由法院通过侵权行为法规范"。隐私信息尚可以变成一种商品，更不必说其他数据信息了。2020年3月，中共中央、国务院发布的《关于构建更加完善的要素市场化配置体制机制的意见》中指出要加快培育数据要素市场。数据作为最新的生产要素已经得到国家层面的认可。这充分证明数据已经成为一种资源，乃至一种商品，这是数据目前被认定的一种普遍存在形态。

功用是大数据的通常意义所在，追求功用也是现世最为流行的法则与标准。追求大数据的大价值就是追求它的功用，这是大数据之所以经常被泄露、被盗取的根本原因。与此同时，众所周知，信息具有可分享性，"每一个传者将信息发出后，自己依然享有它，而没有丝毫损失。因此，信息的可分享性也可称之为信息的非损耗性。与物质、能量相比，这是信息的一大特征和优势"。数据作为信息的载体同样具有该特性。数据的非损耗性恰恰是数据泄露等问题不受重视的理论根源。由于数据的该特性，数据泄露者或数据盗取者认为自己的行为没有减少数据原有量，并没有给原数据控制者造成损失，只是多了一份拷贝在流通而已（但却会造成知识产权上的侵害）。斯皮内洛指出："问题在于很多人并不把计算机系统侵入和物理侵入相提并论。他们认为前者更抽象，理由是网络化的计算机系统是可以'借用'并可以丝毫无损地归还的东西。"物质实体则具有损耗性，在流动中自身价值会被削减。人们因此更加重视物质，相对轻视信息。

综上，大数据由大容量所产生的大价值可以看作是数据泄露的实际原因，大数据的非损耗性则可视为数据泄露的理论原因。从这两方面来看，大数据所造成的信息泄露几乎是不可避免的。

### 6.4.2 大数据应用的发展对策

**1. 健全云服务器的安全组件**

健全云服务器的安全组件如今中小型企业"上云"的趋势越加明显，对于企业方来说上云可以减小服务器的投入和运维成本，而对于云厂商来说，专注于云服务及安全技术的提高也是其作为服务基建厂商必须大力投入改善的一个重要方面，应该说是一种双赢的商业模式。因此，在应对大数据时代的安全技术发展需求下，云厂商应结合大数据的特点，以大数据储存技术为研究核心之一，探索先进的存储技术、改善数据的分类方式。通过发展更完善的监控技术和审计机制，以便对数据安全隐患问题及时发现，并对信息泄露等安全事件进行严格防范和控制、进行高效处理。此外，云厂商还应将数据备份管理工作落实到位，并以网络安全防护为核心，加大用户的身份认证力度，对匿名技术等安全保护措施进行积极探索。及时检测网络智能终端，尽早发现漏洞并进行修复，针对病毒等问题，应对大数据技术等进行进一步研究，并改善系统的功能配置、开发大量的技术软件等，进而为智能终端的全面控制提供有力保障。

作为企业方，一方面需要对数据敏感程度做好数据分类管理，对不同安全级别的数据采用差异化安全存储，包括差异化脱敏存储、加密存储、访问控制等，并且做好加密算法、脱敏方法的安全性保密。例如，企业方可以将核心数据基于公共云部署，在满足业务在线化和数据合规安全诉求的同时，所有服务部署在专有网络（VPC）环境下，运营管理和服务运行维护只能通过专用 VPN 网关访问。管理平台所有公网流量通过专用负载均衡服务接入，并可对负载均衡服务添加 WEB 应用防火墙拦截非法流量，保证内部网络安全。

**2. 升级数据及其传输加密方案**

互联网外网域、外部接入域的数据传输活动必然存在安全风险。为了避免数据传输的泄露，企业方应对敏感信息的传输进行加密保护，并且根据数据敏感级别采用相应程度的加密手段。数据加解密简单来说就是服务端对消息明文用 KEY 进行加密，客户端收到加密后的密文之后，用对应的 KEY 进行解密。不难看出 KEY 是整个数据传输过程中安全的关键。企业服务端在采用密钥加密时，除了对密钥的生成、分发、验证、更新、存储、备份、有效期、销毁进行全生命周期管理之外，如何选择合适的加密方式，也是关键步骤。企业应采用公认安全的、标准化、公开的加密算法和安全协议。业界常用的非对称加密是较好管理 KEY 泄露的主流方案之一，通过现在比较常用的 RSA 非对称加密方式对数据进行加密保护。数据发送方调用接收方 RSA 公钥查询接口，实时获取数据接收方当前 RSA 公钥数据。发送方将待发送数据使用获取到的接收方 RSA 公钥进行加密；发送方通过调用约定接口将 RSA 密文数据发送给接收方。接收方将收到的数据密文和当前 RSA 公钥信息入库存储，接收方解密数据完成业务应用（非必要），接收方返回成功标识（Trueorfalse）给发送方。这种场景的方案就能较好地缓解数据在传输过程中被攻击的风险。然而 RSA 加密虽然在安全上做得非常优秀，但是对于加解密的性能却是一大损耗。尤其是客户端拿到密文之后，通过混合加密的形式，减少信息接收端对 RSA 密文的解密能耗，从而提升数据传输效率。

## 6.5 数字银行大数据应用案例

### 6.5.1 工商银行陕西分行大数据应用

工行某分行管理信息部大力支持，通过 EDW 系统数据挖掘，向支行下发了个人客户信息表。信息表载明了××某支行金融资产 10 万元以上的 7 000 多户客户信息，信息涵盖客户归属网点、客户基本信息、管户客户经理、客户贡献星级、服务星级、资产余额等。通过对客户信息资料整理分析发现，金融资产 20 万元以上的客户中，有 400 多户没有管户客户经理，占比为 6.14%。此类客户属于网点未发现客户资金变化或在日常客户识别中有遗漏的客户，处于网点及管户客户经理开展客户维护工作的视线之外。支行随即安排相关网点对客户进行 PBMS 系统登记，开展对客户的跟进维护工作，使此类易流失客户群体成为支行的稳定客户。此外，通过客户本期金融资产余额与上期金融资产余额相对比，对金融资产增幅在 20 万元以上的 800 多名客户以及降幅在 20 万元以上的 200 多名客户安排管户客户经理重点跟进维护。尤其是对资产下降的客户维护中，采用目标客户名单式管理，有针对性地通过客户经理日常产品到期提醒、新产品推送、生日礼品、节日回馈活动等方式，对目标客户逐一回访；对财富以上客户更是采用"一户一策"的方式，要求客户经理开展精准营销，促进客户资金回流。从目前网点客户经理的反馈和支行个人金融资产整体增长的情况看，精准营销效果良好。一方面体现在客户经理对客户的维护上，经过筛选的客户资金变动信息减轻了客户经理日常要在系统内逐户筛选客户的工作量，为客户经理开展工作提供了精准目标；另一方面体现在工作成果上，个人客户经理管户的个人金融资产均保持增长，其中 60%超额完成目标任务。支行在旺季营销中个人金融资产增长超过 2 亿多元。

通过上级管理信息部门的引导和支行网点的实践，后台数据库的大数据支持是网点开展客户拓展和维护的有力抓手。对客户群体根据不同特征进行细分，有针对性地开展精准营销活动，进而提升营销效率和成功率。

### 6.5.2 建设银行榆林分行大数据应用

为有效推进"存管通"业务的开展，中国建设银行榆林分行个人金融业务部向管理信息部提出数据需求，管理信息部利用 EDW 系统灵活查询工具，将客户经理统一认证号码和业务操作员号码作为筛选依据，提取存管通开户与扣款情况，向各行通报客户经理营销数据。之后根据数据情况评选出"存管通业务营销标兵"与"存管通业务营销明星"。自活动开展以来，各支行大力开展"存管通"的营销宣传活动，着重宣传该行"存管通"业务的理念和系统领先优势。一是闲置资金增收益客户签订存管通产品协议后，账户资金可以随时存取，当客户从证券资账户转回该行对应结算账户并成功留存的活期储蓄存款达到指定标准每本度末月 21 日银行将为客户支付额外收益。二是安全保本无风险。每季度末月 21 日银行将为客户支付额外收益。"存管通"是该行个人特色存款创新产品，让客户资金更安全更有保障。"存管通"业务根据客户从证券资金账户转回该行对应结算账户并成功留存的活期存款计算利息。同时，开立第三方存管关系的客户可通过银行柜面、网银渠道签订"存管通"产品协议。柜面服务时间同网点营业时间，网上银行可为客户提供 7×24 小时服务。避免客户亲赴网点的特点，取得了良好的宣传效果。

截至"存管通"活动开展年末，全省累计新增"存管通"协议数 500 多户，存量协议数超过 1600 户。加强各部门之间的合作联动是有效发挥信息创造价值作用的关键。业务部门日常工作中往往需要应用到大量的数据支持，而现有报表不能完全满足业务部门的个性化需求，通过与管理信息部门的合作，加强对该行数据的深入挖掘和处理，可以有效解决管理和营销中的重点、难点问题，使遇到的难题迎刃而解。

### 6.5.3　建设银行汉中分行大数据应用

随着"信用消费"时代的到来，如何充分利用银行客户、品牌和产品优势，实现信用卡业务发展质量并举，是银行信用卡业务发展必须深刻思考的问题。随着我国经济快速发展，居民消费水平不断上升，面对激烈的同业竞争，各行信用卡发卡和授信政策变化也越来越快，快捷大额授信成为客户的普遍追求。与此同时，客户通过一系列办法恶意提升在银行星级水平，借此骗取高额信用卡授信，然后利用额度实施套现或者恶意透支等事件也时有发生。因此，在大量发卡的背景下，如何管控好授信和调额关，严控信用卡业务发展风险，成为银行银行卡中心的工作重点。

中国建设银行汉中分行银行卡中心积极与资金财务部沟通，向省分行管理信息部提出业务需求，对该行信用卡客户授信额度进行数据挖掘，对 20 万元以上大额信用卡客户数据进行全面采集，通过智能营销（EBM）系统进行营销部署，对提取的超过 800 位客户授信数据进行分析，再通过系统查询客户资产状况和信用记录等数据，并进行仔细分析，筛选出采取星级办卡授信的客户清单，在反复核实和验证基础上，对部分资产质量欠佳、虚假提升星级水平或个人信用记录存在问题的客户及时进行降额处理，有效排除了潜在隐患。通过此次部室联动采取数据挖掘技术获取大额信用卡客户授信数据，有效避免了信用卡业务发展的风险点，实现了管理精细化，对提升该行信用卡业务发展质量，增强银行信用卡风险管控能力起到了促进作用。通过这一行动，中国建设银行汉中分行信用卡不良率远低于全省平均水平，较好地完成了全年信用卡业务不良控制指标实现了信用卡业务发展量质并举。

中国建设银行汉中分行的此次行动展现出业务数据挖掘的重要性。及时收集客户的用卡信息，实现动态管理是银行进行风险防控的重点。

## 本 章 小 结

大数据时代的悄然来临，让信息技术的发展发生了巨大变化，并深刻影响着社会生产和人民生活的方方面面。每个国家都高度重视大数据技术的研究和产业发展，纷纷把大数据上升为国家战略加以重点推进。企业和教育机构也纷纷加大技术、资金和人员投入力度，以期在"第三次信息化浪潮"中占得先机，引领市场。首先，本章主要对大数据体系进行了简要描述。本章第一节介绍了大数据的定义、内涵、特征和影响，希望同学们从大数据的本质上理解其重要性。随后，本章简要对大数据技术的实现过程进行了介绍，希望同学们能从整体上把握大数据技术的流程。接着，本章介绍了大数据在银行业的应用以及应用过程中可能遇见的一系列现实问题。最后，本章对大数据在银行业中的落地应用举出了实例。

### 简答题

1. 大数据技术能够应用于商业银行的那些场景？

2. 大数据技术的基本流程分为几步?
3. 大数据技术在银行业内应用的过程中是否存在风险?应当如何解决?
4. 大数据技术在银行业内的发展趋势是什么?
5. 请简要阐述大数据技术与金融科技的关系?

# 第 7 章

# 云 计 算

【本章学习目标】

通过本章学习，学员应该能够：
1. 了解什么是云计算，对云计算有一个全面、清晰的认知；
2. 了解云计算的关键技术；
3. 熟悉和掌握银行云计算的应用情况；
4. 熟悉和掌握银行云计算应用的主要问题和发展趋势；
5. 了解数字银行云计算的具体应用案例。

## 7.1 云计算概述

云计算（Cloud Computing）是一种新兴的共享基础架构的方法，可以将巨大的系统池连接在一起以提供各种 IT 服务。它是分布式计算的一种，它通过网络"云"将巨大的数据计算处理程序分解成无数个小程序，然后，通过多部服务器组成的系统处理和分析这些小程序，得到结果并返回给用户。云计算是继互联网、计算机后在信息时代又一种新的革新，被视为"革命性的计算模型"，它通过将很多计算机资源协调在一起使超级计算成为可能。因为云计算的出现，社会的工作方式和商业模式也在发生巨大的改变。

云计算最初源于互联网公司对公司成本的控制。当时随着业务的发展，互联网公司的服务器数量不断增加，对其运维成本与运维效率提出了很大的挑战。除此之外，海量数据的存储问题同样困扰着互联网公司，互联网公司需要承载的数据量不断增加，如何有效地利用这些数据提供的信息财富开始成为互联网公司的重要任务。在这种背景下，云计算的技术与商业模式不断发展，并在实践的过程中逐步演进。

云计算模式经常被比喻成自来水厂集中供水或者电厂集中供电的模式。云计算就像自来水厂或者电厂一样，用户可以随时方便地接水或用电，并且不限量、价格较为低廉，最后用户只需按照自己的用量付费就可以。也就是说，通过云计算，用户可以不必去购买新的服务器，更不用去部署软件，就可以得到应用环境或者应用本身。对于用户来说，软硬件产品也就不再需要部署在用户身边，这些产品也不再是专属于用户自己的产品，而是变成了一种可利用的虚拟的资源。

## 7.1.1 云计算的定义与内涵

**1. 云计算的定义**

业界关于云计算的定义有多种说法,并不统一。原因是云计算是一个概念,而不是指某项具体的技术或标准,于是不同的人从不同的角度出发就会有不同的理解。

在 2006 年 8 月 9 日的搜索引擎大会上(SES San Jose, 2006),Google 首席执行官埃里克·施密特首次提出"云计算"的概念。并说谷歌自创办以来,就一直采用这种新型的计算方式。随着大数据时代的日益发展,大量的数据需求分析使得云计算这一技术迅猛地发展起来。

维基百科上对云计算的定义是这样的:云计算是一种计算模式,在这种模式下,动态可扩展而且通常是虚拟化的资源通过互联网以服务的形式提供出来。终端用户不需要了解"云"中基础设施的细节,不必具有相应的专业知识,也无须直接进行控制,而只需关注自己真正需要什么样的资源,以及如何通过网络来得到相应的服务。

中国云计算专家咨询委员会秘书长刘鹏教授对云计算作了长、短两种定义。长定义是"云计算是一种商业计算模型。它将计算机任务分布在大量计算机构成的资源池上,使各种应用系统能够根据需要获取计算能力、存储空间和信息服务"。短定义是"云计算是通过网络按需提供可动态伸缩的廉价计算服务",这种资源池称之为"云"。刘鹏教授对云计算的定义比较专业和难懂,通俗地来讲,就是把计算机资源和应用程序集中起来,形成资源池,然后放到网上供用户使用,就形成了"云计算"。

美国加州大学伯克利分校对于云计算概念的定义为:"云计算是互联网上的应用服务及在数据中心提供这些服务的软硬件设施,互联网上的应用服务一直被称作'软件即服务(SaaS)',而数据中心的软硬件设施就是所谓的'云',云计算就是 SaaS 和效用计算。"

北京 2008 IEEE Web 服务国际大会提出了根据对象身份来定义的云计算概念:"对于用户,云计算是'IT 即服务',即通过互联网从中央式数据中心向用户提供计算、存储和应用服务;对于互联网应用程序开发者,云计算是互联网级别的软件开发平台和运行环境;对于基础设施提供商和管理员,云计算是由 IP 网络连接起来的大规模、分布式数据中心基础设施。"

现阶段广为接受的是美国国家标准与技术研究院(National Institute of Standards and Technology)的信息技术实验室对于云计算概念的定义:"云计算是一种资源利用模式,它能以简便的途径和按需使用的方式通过网络访问可配置的计算资源(网络、服务器、存储、应用、服务等),这些资源可快速部署,并能以最小的管理代价或只需服务提供商开展少量的工作就可实现资源发布。"这一定义以技术化的语言较为全面地概括了云计算的技术特征。

**2. 云计算的内涵**

虽然云计算的概念至今未有较为统一和权威的定义,但云计算的内涵已基本得到普遍认可。其核心是可以将很多的计算机资源协调在一起,因此,使用户通过网络就可以获取到无限的资源,同时获取的资源不受时间和空间的限制。狭义来讲,云计算是信息化基础设施的交付和使用模式,是通过网络以按需要、易扩展的方式获取所需资源,提供资源的网络就被成为"云",对于使用者来说,"云"可以按需使用,随时扩展,按使用付费。广义来讲,云计算是指服务的交付和使用模式,是通过网络以按需要、易扩展的方式获取所需信息化、软件或互联网等相关服务或其他服务。

云计算与两个名字紧密相关。一是互联网。可以说,"云"是互联网的一种比喻说法。而云计算可以被认为是基于互联网的相关服务的增加、使用与交付模式,通常通过互联网来提供动态易扩展的资源。云计算的兴起代表着计算与数据资源正在逐渐迁移至互联网,所以有的人认为云计算就是"互联网+计算"。云计算与互联网应用正在日益结合,不断推动互联网应用与云计算的发展。二是"虚拟化"。虚拟化是指通过虚拟化技术将一台计算机虚拟为多台逻辑计算机。在一台计算机上同时运行多个逻辑计算机,每个逻辑计算机可运行不同的操作系统,并且应用程序都可以在相互独立的空间内运行而互不影响,从而显著提高计算机的工作效率。云计算通过虚拟化实现了有弹性可扩展的资源与服务,虚拟化技术是云计算的一个重要基础。云计算服务商通过对软硬件资源的虚拟化,将基本资源变成了可以自由调度的资源池,从而实现资源的按需配给,向用户提供按使用付费的服务。用户可以根据业务的需求动态调整所需的资源,而云计算服务提供商也可以提高自己的资源使用效率,降低服务成本,通过多种不同类型的服务方式为用户提供计算、存储与数据业务的支持。

云计算是并行计算(Parallel Computing)、分布式计算(Distributed Computing)和网格计算(Grid Computing)的发展,或者说是这些计算科学概念的商业实现。云计算是虚拟化(Virtualization)、效用计算(Utility Computing)、将基础设施作为服务 IaaS(Infrastructure as a Service)、将平台作为服务 PaaS(Platform as a Service)和将软件作为服务 SaaS(Software as a Service)等概念混合演进并跃升的结果。

### 7.1.2 云计算的发展历程

云计算这个概念从正式提出到今天,已经历了十几年的时间。在这十几年间,从早期以虚拟化技术为核心的云计算到如今以容器、微服务、DevOps 技术为核心的云原生,云计算已进入新的阶段,并取得了飞速的发展与翻天覆地的变化。

追溯云计算的根源,它的产生和发展与之前所提及的并行计算、分布式计算等计算机技术密切相关,都促进着云计算的成长。但追溯云计算的历史,可以追溯到 1956 年,一篇有关虚拟化的论文正式提出了虚拟化的概念。虚拟化是云计算基础架构的核心,是云计算发展的基础。而后随着网络技术的发展,逐渐孕育了云计算的萌芽,并且基于云计算的基础上,在容器技术、可持续交付、编排系统等开源社区的推动下,以及微服务等开发理念的带动下,云原生得到的高速的发展,应用上云已经是不可逆转的趋势。

**1. 云计算发展阶段**

云计算主要经历了四个阶段才发展到现在这样比较成熟的水平。这四个阶段依次是:电厂模式、效用计算、网格计算和云计算。

(1)电厂模式阶段。电厂模式,就好比是利用电厂的规模效应,来降低电力的价格,并让用户使用起来更方便,且无须维护和购买任何发电设备。

（2）效用计算阶段。在 1960 年前后,当时计算设备的价格是非常高昂的,远非普通企业、学校和机构所能承受。所以,很多人产生了共享计算资源的想法。1961 年,人工智能之父麦肯锡在一次会议上提出了"效用计算"这一个概念。其核心借鉴了电厂模式,具体目标是整合分散在各地的服务器、存储系统以及应用程序来共享给多个用户,让用户能够像把灯泡插入灯座一样来使用计算机资源,并且根据其所使用的量来付费。但是,由于当时整个 IT 产业还处于发展初期,很多强大的技术还未诞生,比如互联网等。所以,虽然这个想法一直为人称道,但是总体而言"叫好不叫座"。

（3）网格计算阶段。网格计算,研究如何把一个需要非常巨大的计算能力才能解决的问题,分成许多小的部分,然后把这些部分分配给许多低性能的计算机来处理,最后把这些计算结果综合起来攻克大问题。可惜的是,由于网格计算在商业模式、技术和安全性方面的不足,使得其并没有在工程界和商业界取得预期的成功。

（4）云计算阶段。云计算的核心,与效用计算和网格计算非常类似,也是希望 IT 技术能像使用电力那样方便,并且成本低廉。但与效用计算和网格计算不同的是,其在需求方面已经有了一定的规模,同时在技术方面也已经基本成熟了。

**2. 云计算发展历史**

1984 年,Sun 公司创始人 John Gage 提出"The Network is the Computer"理论,描述了分布式技术所带来的新世界,分布式已成为目前云计算的前身。

1997 年,南加州大学教授 Ramnath K. Chellappa 提出计算机不再以技术局限作为界限而是以经济合理性作为界限,这是有关云计算的第一个相对学术的定义。

1999 年,Marc Andreessen 创建的第一个商业化 IaaS 平台：Loud Cloud。

2005 年,Amazon 发布了自己公司的云平台：Amazon Web Services。

2006 年 8 月,Google 首席执行官埃里克在搜索引擎大会首次提出"云计算"的概念。

2007 年,戴尔数据中心解决方案事业部成立,旨在为云计算平台提供云基础架构服务。

2008 年 2 月,IBM 在我国无锡建立了全球第一个云计算中心。同年 6 月,IBM 成立了 IBM 大中华区云计算中心。

2008 年 7 月,英特尔、雅虎和惠普公司联合推出 Open Cirrus。

2008 年 8 月,戴尔公司首次向美国专利局申请"云计算"商标,这引起了诸多公司对这一新兴技术的重视,同时唤起了各大公司对此技术的控制。

2008 年 9 月,Google 推出了 Chrome 浏览器,首次将云计算与浏览器结合。同时 Oracle 和 Amazon 合作,使得用户可以在云中安装甲骨文软件和备份云中的数据库。

2009 年 1 月,首个电子商务云计算中心在我国江苏南京成立,这是阿里软件公司建立的第一个相对完善的云计算中心。我国三大运营商在面临庞大的用户群体下,也加大了对云计算的研究,同年 11 月,中国移动启动云计算平台"大云"计划。

2013 年,Pivotal 公司的 Matt Stine 首次提出云原生（Cloud Native）的概念。

2014 年,Oracle 公司正式成为 Open Stack 的赞助商,并将其云管理组件应用到公司内部的虚拟设备中。同年,CA Technologie 作为云计算及跨平台 IT 管理供应商成功推出用于

System z 的 CA。

2015 年，云原生计算基金会（CNCF）成立，最初把云原生定义为包括：容器化封装+自动化管理+面向微服务。

2017 年，Matt Stine 在接受媒体采访时，将云原生架构归纳为模块化、可观察、可部署、可测试、可替换、可处理 6 特质；Pivotal 最新官网对云原生概括为 4 个要点：DevOps+持续交付+微服务+容器。

2018 年，CNCF 又更新了云原生的定义，把服务网格（Service Mesh）和声明式 API 加了进来。

2019 年 8 月 17 日，北京互联网法院发布《互联网技术司法应用白皮书》。发布会上，北京互联网法院互联网技术司法应用中心揭牌成立。

2020 年，"云基建"成为一大云计算关键词，2020 年 3 月 4 日，中共中央政治局常务委员会召开会议，强调"要加大公共卫生服务、应急物资保障领域投入，加快 5G 网络、数据中心等新型基础设施建设进度"。

2021 年，国资云概念引发广泛关注。当时，多地国资委发布文件，要求已经在第三方公有云平台上部署建立信息系统的国资企业，逐步向"国资云"平台迁移。

2022 年 7 月 26 日，在第五届数字中国建设峰会·云生态大会上，由中国电信牵头、中国电子、中国电科、中国诚通和中国国新等中央企业参与打造的国家云，正式对外亮相。

未来，随着"东数西算"工程的落地、企业上云进程的持续加快，以及数字经济的高质量发展，中国云计算产业将迎来更快的发展、更大的繁荣。

### 7.1.3 云计算的特征

云计算平台整合了软硬件资源，通过网络对客户提供服务，这种服务既不受地点和客户端限制，又具有超大规模、虚拟化、按需分配服务、高可靠性、可动态伸缩等特征。这些特征使得云计算能为用户提供更方便的体验，它为人们解决大规模计算、资源存储等问题提供了一条新的途径。正因为如此，云计算才能脱颖而出，并被业界推崇。

（1）超大规模。"云"具有相当的规模。Google 云计算已经拥有 100 多万台服务器，Amazon、IBM、微软和 Yahoo 等公司的"云"均拥有几十万台服务器。"云"能赋予用户前所未有的计算能力。

（2）虚拟化技术。虚拟化技术可将一台计算机虚拟多台逻辑计算机，实现多台逻辑计算机同时运行，可有效提高计算机设备资源的利用率和工作效率。必须强调的是，虚拟化突破了时间、空间的界限，是云计算最为显著的特点，虚拟化技术包括应用虚拟和资源虚拟两种。众所周知，物理平台与应用部署的环境在空间上是没有任何联系的，正是通过虚拟平台对相应终端操作完成数据备份、迁移和扩展等。

（3）按需部署。计算机包含了许多应用、程序软件等，不同的应用对应的数据资源库不同，所以用户运行不同的应用需要较强的计算能力对资源进行部署，而云计算平台能够根据用户的需求快速配备计算能力及资源。

（4）通用性与高可用性。云计算不针对特定的应用，云计算中心很少为特定的应用存在，但它有效支持业界的大多数主流应用，并且一个云可以支撑多个不同类型的应用同时运行，在云的支撑下可以构造出千变万化的应用，并保证这些服务的运行质量。并且，通过集成海量存储和高性能的计算能力，云能提供较高的服务质量。云计算能容忍节点的错误，因为它可以自动检测失效节点，并将失效节点排除，而不影响系统整体的正常运行。

（5）可靠性高。倘若服务器故障也不影响计算与应用的正常运行。因为单点服务器出现故障可以通过虚拟化技术将分布在不同物理服务器上面的应用进行恢复或利用动态扩展功能部署新的服务器进行计算。

（6）可扩展性。用户可以利用应用软件的快速部署条件来更为简单快捷地将自身所需的已有业务以及新业务进行扩展。如，计算机云计算系统中出现设备的故障，对于用户来说，无论是在计算机层面上，或者是在具体运用上均不会受到阻碍，可以利用计算机云计算具有的动态扩展功能来对其他服务器开展有效扩展。这样一来，就能够确保任务得以有序完成。在对虚拟化资源进行动态扩展的情况下，同时能够高效扩展应用，提高计算机云计算的操作水平。

（7）极其经济廉价。由于云的特殊容错措施可以采用极其廉价的节点来构成云，云的自动化集中式管理使大量企业无须负担日益高昂的数据中心管理成本，云的通用性使资源的利用率较传统系统大幅提升，因此，用户可以充分享受云的低成本优势。通常只要花费几百元、几天时间就能完成以前需要数万元、数月时间才能完成的任务。显然，组建一个采用大量的商业机组成的集群，相对于组建同样性能的超级计算机花费的资金要少很多。

### 7.1.4 云计算的层次架构以及部署方式

**1. 云计算的层次架构**

云计算可以按需提供弹性资源，它的表现形式是一系列服务的集合。因此，大多数学者以及工程技术人员将云计算的三层体系架构多分为基础设施服务层（Infrastructure as a Service，IaaS）、平台服务层（Platform as a Service，PaaS）、软件服务层（Software as a Service，SaaS），即三层 SPI（SaaS、PaaS、IaaS 的首字母缩写）架构。

IaaS：基础设施即服务，例如硬件服务器租用，可随着业务量的多少，零花增加或减少租用量；PaaS：平台即服务，例如软件的个性化定制开发，提供完整的云端开发环境；SaaS：软件即服务，例如阳光云服务，简单讲可以理解为软件放在云端，线上直接使用，不限于电脑，手机也可以登录，并实时同步。

（1）基础架构即服务（Infrastructure as a Service）。位于云计算三层服务的最底端，也是云计算狭义定义所覆盖的范围，就是把 IT 基础设施像水、电一样以服务的形式提供给用户，以服务形式提供基于服务器和存储等硬件资源的可高度扩展和按需变化的 IT 能力。通常按照所消耗资源的成本进行收费。

该层提供的是基本的计算和存储能力，以计算能力的提供为例，其提供的基本单元就是服务器，包含 CPU、内存、存储、操作系统及一些软件。为了让用户能够定制自己的服务器，需要借助服务器模板技术，即将一定的服务器配置与操作系统和软件进行绑定，并提供定制的功能。

（2）平台即服务（Platform as a Service，PaaS）。位于云计算三层服务的最中间，通常也称为云计算操作系统。它提供给终端用户基于互联网的应用开发环境，包括应用编程接口和运行平台等，并且支持应用从创建到运行整个生命周期所需的各种软硬件资源和工具。通常按照用户或登录情况计费。在 PaaS 层面，服务提供商提供的是经过封装的 IT 能力，或者说是一些逻辑的资源，比如数据库、文件系统和应用运行环境等。

通常又可将 PaaS 细分为开发组件即服务和软件平台即服务。前者指的是提供一个开发平台和 API 组件，给开发人员更大的弹性，依不同需求定制化。一般面向的是应用软件开发商（ISV）或独立开发者，这些应用软件开发商或独立开发者们在 PaaS 厂商提供的在线开发平台上进行开发，从而推出自己的 SaaS 产品或应用。后者指的是提供一个基于云计算模式的软件平台运行环境。让应用软件开发商（ISV）或独立开发者能够根据负载情况动态提供运行资源，并提供一些支撑应用程序运行的中间件支持。目前，有能力提供 PaaS 平台的厂商并不多，本部分中关于云的产品示例包括 IBM 的 Rational 开发者云，Salesforce 公司的 Force.com 和 Google 的 Google App Engine 等。

（3）软件即服务（Software as a Service，SaaS），是最常见的云计算服务，位于云计算三层服务的顶端。用户通过标准的 Web 浏览器来使用 Internet 上的软件。服务供应商负责维护和管理软硬件设施，并以免费（提供商可以从网络广告之类的项目中生成收入）或按需租用方式向最终用户提供服务。尽管这个概念之前就已经存在，但这并不影响它成为云计算的组成部分。

这类服务既有面向普通用户的，诸如 Google Calendar 和 Gmail；也有直接面向企业团体的，用以帮助处理工资单流程、人力资源管理、协作、客户关系管理和业务合作伙伴关系管理等。这些产品的常见示例包括：IBM LotusLive，Salesforce.com 和 Sugar CRM 等。这些 SaaS 提供的应用程序减少了客户安装和维护软件的时间和技能等代价，并且可以通过按使用付费的方式来减少软件许可证费用的支出。在 SaaS 层面，服务提供商提供的是消费者应用或行业应用，直接面向最终消费者和各种企业用户。

以上的三层，每层都有相应的技术支持提供该层的服务，具有云计算的特征，比如弹性伸缩和自动部署等。每层云服务可以独立成云，也可以基于下面层次的云提供的服务。每种云可以直接提供给最终用户使用，也可以只用来支撑上层的服务。

**2. 云计算的部署方式**

并非所有云计算都是相同的，也并非一种云计算适合所有场景，主流的云计算部署方式分为三类：公有云、私有云、混合云。

（1）公有云。公有云是云基础设施由一个提供云计算服务的运营商或称云供应商所拥有，该运营商再将云计算服务销售给一般大众或广大的中小企业群体所共有，是现在最主流的，也是最受欢迎的一种云计算部署模式。

公有云是一种对公众开放的云服务，能支持数目庞大的请求，而且因为规模的优势，其成本偏低。公有云由云供应商运行，为最终用户提供各种各样的 IT 资源。云供应商负责从应用程序、软件运行环境到物理基础设施等 IT 资源的安全、管理、部署和维护。用户在使用 IT 资源时，只需为其所使用的资源付费，而无须任何前期投入，所以非常经济。

（2）私有云。关于云计算，虽然人们谈论最多的莫过于以 Amazon EC2 和 Google App Engine 为代表的公有云。但是，对许多大中型企业而言，因为很多限制和条款，它们在短时间内很难大规模地采用公有云技术，可是它们也期盼云计算所带来的便利，所以引出了私有云这一云计算的部署模式。

私有云是云基础设施被某单一组织拥有或租用，可以坐落在本地（on Premise）或防火墙外的异地，该基础设施只为该组织服务。也就是说，私有云主要是为企业内部提供云服务，不对公众开放，大多在企业的防火墙内工作，并且企业 IT 人员能对其数据、安全性和服务质量进行有效的控制。与传统的企业数据中心相比，私有云可以支持动态灵活的基础设施，从而降低 IT 架构的复杂度，使各种 IT 资源得以整合和标准化。

（3）混合云。混合云是云基础设施由两种或以上的云（私有云、公有云或行业云）组成，每种云仍然保持独立实体，但用标准的或专有的技术将它们组合起来，具有数据和应用程序的可移植性可通过负载均衡技术来应对处理突发负载（Cloudburst）等。

混合云虽然不如前面的公有云和私有云常用，但已经有类似的产品和服务出现。顾名思义，混合云是把公有云和私有云结合到一起的方式，即它是让用户在私有云的私密性和公有云的低廉性之间作一定权衡的模式。例如，企业可以将非关键的应用部署到公有云上来降低成本而将安全性要求很高、非常关键的核心应用部署到完全私密的私有云上。

现在混合云的例子非常少，最相关的就是 Amazon VPC（Virtual Private Cloud，虚拟私有云）和 VMware vCloud 了，如通过 Amazon VI, C 服务能将 Amazon EC2 的部分计算能力接入企业的防火墙内。

除了以上三类，行业云（Community Cloud）近年来开始被提及。行业云可译成社区云、行业云或机构云，即云基础设施被一些组织共享，并为一个有共同关注点的社区、行业或大机构服务（如任务、安全要求、政策和准则等），这种云可以被该社区、行业或大机构拥有和租用，也可以坐落在本地、防火墙外的异地或多地，它也可能是一组私有云通过 VPN 连接到一起的 NPC，即混合云的一种。

## 7.2 云计算技术

云计算是分布式处理、并行计算和网格计算等概念的发展和商业实现，其技术实质是计算、存储、服务器、应用软件等 IT 软硬件资源的虚拟化，其运用的技术主要有编程模式、分布式计算、虚拟化技术、分布式存储技术、云计算管理技术、信息安全技术、绿色节能技术等技术。

### 7.2.1 编程模式

为了使用户能更轻松地享受云计算带来的服务，让用户能利用该编程模型编写简单的程序来实现特定的目的，云计算上的编程模型必须十分简单。必须保证后台复杂的并行执行和任务调度向用户和编程人员透明。当前各 IT 厂商提出的"云"计划的编程工具均基于 Map-Reduce 的编程模型。

MapReduce 是 Google 开发的 java、Python、C++编程模型，它是一种简化的分布式编程模型和高效的任务调度模型，用于大规模数据集（大于 1TB）的并行运算。严格的编程模型使云计算环境下的编程十分简单。MapReduce 模式的思想是将要执行的问题分解成 Map（映射）和 Reduce（化简）的方式，先通过 Map 程序将数据切割成不相关的区块，分配（调度）给大量计算机处理，达到分布式运算的效果，再通过 Reduce 程序将结果汇整，然后输出。

### 7.2.2 分布式计算

分布式计算的概念是相对于集中式计算概念来说的，因此，首先来比较这两个概念。集中式计算完全依赖于一台大型的中心计算机的处理能力，这台中心计算机称为主机（Host 或 mainframe），与中心计算机相连的终端设备具有各不相同非常低的计算能力。实际上大多数终端完全不具有处理能力，仅作为输入输出设备使用。与集中式计算相反，分布式计算中，多个通过网络互联的计算机都具有一定的计算能力，它们之间互相传递数据，实现信息共享，协作共同完成一个处理任务。

由此可以看出，分布式计算就是将计算任务分摊到大量的计算节点上，一起完成海量的计算任务。分布式计算的原理和并行计算类似，就是将一个复杂庞大的计算任务适当划分为一个个小任务，任务并行执行，只不过分布式计算会将这些任务分配到不同的计算节点上，每个计算节点只需要完成自己的计算任务即可，可以有效分担海量的计算任务。而每个计算节点也可以并行处理自身的任务，更加充分利用机器的 CPU 资源。最后再将每个节点的计算结果汇总，得到最后的计算结果。这样可以节约整体计算时间，大大提高计算效率。分布式系统的扩展性、性能、容量、吞吐量等可以随着节点增加而线性增长，非常适合云计算这种大规模的系统。

分布式计算比起其他算法具有以下几个优点：（1）稀有资源可以共享；（2）通过分布式计算可以在多台计算机上平衡计算负载；（3）可以把程序放在最适合运行它的计算机上。其中，共享稀有资源和负载平衡是计算机分布式计算的核心思想之一。

云计算是分布式计算的一种，指的是通过网络"云"将巨大的数据计算处理程序分解成无数个小程序，然后，通过多部服务器组成的系统进行处理和分析这些小程序得到结果并返回给用户。云计算早期，简单地说，就是简单的分布式计算，解决任务分发，并进行计算结果的合并。因而，云计算又称为网格计算。通过这项技术，可以在很短的时间内（几秒钟）完成对数以万计的数据的处理，从而达到强大的网络服务。

现阶段所说的云服务已经不单单是一种分布式计算，而是分布式计算、效用计算、负载均衡、并行计算、网络存储、热备份冗杂和虚拟化等计算机技术混合演进并跃升的结果。

### 7.2.3 虚拟化技术

虚拟化是云计算最重要的核心技术之一，它为云计算服务提供基础架构层面的支撑，是 ICT 服务快速走向云计算的最主要驱动力。虚拟化技术通常意味着计算元素在虚拟基础上运行，而不是在真实基础上运行。可以同时运行多个操作系统，每个操作系统有多个程序在运行，每个操作系统运行在一个虚拟 CPU 或虚拟主机上；它们可以在独立的空间中运行，互不影响，从而显著提高计算机的工作效率。从技术上讲，虚拟化是一种在软件中仿真计算机硬件，以虚拟资源为用户提供服务的计算形式。虚拟化的最大好处是增强系统的弹性和灵活性，降低成本、改进服务、提高资源利用效率。从表现形式上看，虚拟化又分两种应用模式。一是将一台性能强大的服务器虚拟成多个独立的小服务器，服务不同的用户。二是将多个服务器虚拟成一个强大的服务器，完成特定的功能。在云计算中，这两种模式都有比较多的应用。

虚拟化技术的发展经历了几十年，对于虚拟化技术最早的研究出现于 20 世纪 50 年代。1959 年，克里斯托弗·斯特雷奇（Christopher Strachey）在国际信息处理大会上发表了一篇名为《大型高速计算机中的时间共享》(*Time Sharing in Large Fast Computers*)的学术论文。起初，虚拟化技术的出现源于对分时系统的需求，它解决了早期操作系统只能处理单任务而不能处理分时多任务的问题。IBM7044 是最早使用虚拟化技术的计算机之一，之后，大型机和小型机都开始使用虚拟化技术。而在 X86 架构中对虚拟化技术的使用，使虚拟化技术得到了更加广泛的应用。在 X86 架构中，最开始实现的是纯软件的"全虚拟化"。后来又出现了 Denali 项目和 Xen 项目中的半虚拟化模式，需要对客户机操作系统进行更改，从而获得更高的性能。而后随着硬件技术的不断发展，Intel 和 AMD 等厂商都相继将对虚拟化技术的支持加入 X86 架构处理器中（例如，Intel 的 VT 技术），使原来纯软件的各项功能都可以用硬件实现。

虚拟化技术根据对象可分成存储虚拟化、计算虚拟化、网络虚拟化等，计算虚拟化又分为系统级虚拟化、应用级虚拟化和桌面虚拟化。在云计算实现中，计算系统虚拟化是一切建立在"云"上的服务与应用的基础。虚拟化技术目前主要应用在 CPU、操作系统、服务器等多个方面，是提高服务效率的最佳解决方案。虚拟化根据其实现原理的不同，共有三种实现技术：全虚拟化、半虚拟化、硬件辅助的虚拟化。

主流虚拟化技术有 KVM、Xen、VMware、Hyper-V 等。目前，KVM 是最受欢迎的虚拟化技术，AWS、阿里云、华为云、腾讯云目前也都从 Xen 转向了 KVM。除了软件虚拟化，还有硬件辅助虚拟化（如 Intel-VT 或 ADM-V），比如，通过引入新的指令和运行模式，来解决软件无法实现完全虚拟化的问题，同时也能进一步提升虚拟化的性能与处理能力。

### 7.2.4 分布式存储技术

云计算系统由大量服务器组成，同时为大量用户服务，因此，云计算系统采用分布式存储的方式存储数据，用冗余存储的方式保证数据的可靠性。分布式存储是一种数据存储技术，通过网络使用企业中的每台机器上的磁盘空间，并将这些分散的存储资源构成一个虚拟的存储设备，数据分散的存储在企业的各个角落。

分布式存储系统，可在多个独立设备上分发数据。传统的网络存储系统使用集中存储服务器来存储所有数据。存储服务器成为系统性能的瓶颈，也是可靠性和安全性的焦点，无法满足大规模存储应用的需求。分布式网络存储系统采用可扩展的系统结构，使用多个存储服务器共享存储负载，利用位置服务器定位存储信息，不仅提高了系统的可靠性、可用性和访问效率，而且易于扩展。

虽然有关分布式存储系统的研究已经有很多年的历史了，但直到最近几年，由于大数据和人工智能应用的兴起才使它大规模地应用到工程实践中。互联网行业的实际需求推动了新一代的分布式存储系统的两个重要特点：低成本与大规模，可以说是互联网公司重新定义了大规模分布式存储系统。

分布式存储的优势主要有：①可扩展：分布式存储系统可以扩展到数百甚至数千个这样的集群大小，并且系统的整体性能可以线性增长；②低成本：分布式存储系统的自动容错和自动负载平衡允许在低成本服务器上构建分布式存储系统，此外，线性可扩展性还能够增加和降低服务器的成本，并实现分布式存储系统的自动操作和维护；③高性能：无论是针对单个服务器还是针对分布式存储群集，分布式存储系统都需要高性能；④易用性：分布式存储系统需要提供方便易用的界面。此外，他们还需要拥有完整的监控和操作工具，并且可以轻松地与其他系统集成。

云计算系统中广泛使用的数据存储系统是 Google 的 GFS 和 Hadoop 团队开发的 GFS 的开源实现 HDFS。GFS 即 Google 文件系统（Google File System），是一个可扩展的分布式文件系统，用于大型的、分布式的、对大量数据进行访问的应用。GFS 的设计思想不同于传统的文件系统，是针对大规模数据处理和 Google 应用特性而设计的。它运行于廉价的普通硬件上，但可以提供容错功能。它可以给大量的用户提供总体性能较高的服务。

一个 GFS 集群由一个主服务器（master）和大量的块服务器（chunkserver）构成，并被许多客户（Client）访问。主服务器存储文件系统所有的元数据，包括名字空间、访问控制信息、从文件到块的映射以及块的当前位置。它也控制系统范围内的活动，如块租约（Lease）管理，孤儿块的垃圾收集，块服务器间的块迁移。主服务器定期通过 HeartBeat 消息与每一个块服务器通信，给块服务器传递指令并收集它的状态。GFS 中的文件被切分为 64MB 的块并以冗余存储，每份数据在系统中保存 3 个以上备份。客户与主服务器的交换只限于对元数据的操作，所有数据方面的通信都直接和块服务器联系，这大大提高了系统的效率，防止主服务器负载过重。

### 7.2.5 云计算管理技术

**1. 数据管理技术**

云计算需要对分布的、海量的数据进行处理、分析，因此，数据管理技术必需能够高效的管理大量的数据。云计算系统中的数据管理技术主要是 Google 的 BT（BigTable）数据管理技术和 Hadoop 团队开发的开源数据管理模块 HBase。

BT 是建立在 GFS，Scheduler，Lock Service 和 MapReduce 之上的一个大型的分布式数据库，与传统的关系数据库不同，它把所有数据都作为对象来处理，形成一个巨大的表格，用来分布存储大规模结构化数据。

Google 的很多项目使用 BT 来存储数据，包括网页查询，Google earth 和 Google 金融。

这些应用程序对 BT 的要求各不相同：数据大小不同（从 URL 到网页到卫星图像），反应速度不同（从后端的大批处理到实时数据服务）。对于不同的要求，BT 都成功的提供了灵活高效的服务。

**2. 平台管理技术**

云计算资源规模庞大，服务器数量众多并分布在不同的地点，同时运行着数百种应用，如何有效地管理这些服务器，保证整个系统提供不间断的服务是巨大的挑战。云计算系统的平台管理技术能够使大量的服务器协同工作，方便地进行业务部署和开通，快速发现和恢复系统故障，通过自动化、智能化的手段实现大规模系统的可靠运营。

云管理通常涉及四个层面：一是租户端管理，让用户能有效管理使用基本的云服务；二是运营管理，涉及云服务运营策略，如资源管理、计量计费、消息通知等；三是运维管理：涉及云平台的可用性与可靠性保障，如自动化运维、监控告警、运维排障等。四是多云纳管，当前对于很多企业混合云是一个趋势，私有云+公有云，或者引入和均衡多个云厂商。所以需要提供能够统一纳管多种云，以及传统 IT 环境的管理平台。OpenStack 是一个开源的云管平台，各个云厂商都有自己的管控平台，还有一些专门做多云纳管的厂商，比如博云、骞云、飞致云等。

### 7.2.6 数据安全技术

云环境由于规模巨大，组件复杂，用户众多，其潜在攻击面较大、发起攻击的成本很低，受攻击后的影响巨大。所以，云安全形势还是非常严峻，涉及主机安全、网络安全、应用安全、业务安全、数据安全等，各厂商在相关领域都有比较成熟的产品和技术。2019 年 12 月 1 日生效的等保 2.0（《信息安全技术——网络安全等级保护基本要求》）对云安全提出了全面详细的体系化的要求和指导，目前已经成为一个必须满足的合规要求，金融政府等重要企业单位的 IT 系统都要求达到等保三级以上。其重点就是一个中心（安全管理中心）与三重防护（计算环境安全，通信网络安全、区域边界安全）。

主要的数据安全问题和风险包括：①数据存储及访问控制：包括如何有效存储数据以避免数据丢失或损坏，如何避免数据被非法访问和篡改，如何对多租户应用进行数据隔离，如何避免数据服务被阻塞，如何确保云端退役（at rest）数据的妥善保管或销毁，等等；②数据传输保护：包括如何避免数据被窃取或攻击，如何保证数据在分布式应用中有效传递等；③数据隐私及敏感信息保护：包括如何保护数据所有权、并可根据需要提供给受信方使用，如何将个人身份信息及敏感数据挪到云端使用等；④数据可用性：包括如何提供稳定可靠的数据服务以保证业务的持续性，如何进行有效的数据容灾及恢复等；⑤依从性管理：包括如何保证数据服务及管理符合法律及政策的要求等。

相应的数据安全管理技术包括：①数据保护及隐私（Data Protection and Privacy），包括虚拟镜像安全、数据加密及解密、数据验证、密钥管理、数据恢复、云迁移的数据安全等；②身份及访问管理（Identity and Access Management，IAM），包括身份验证、目录服务、联邦身份鉴别/单点登录（Single Sign on，SSO）、个人身份信息保护、安全断言置标语言、虚拟资源访问、多租用数据授权、基于角色的数据访问、云防火墙技术等；③数传输（Data Transportation），包括传输加密及解密、密钥管理、信任管理等；④可用性管理（Availability Management），包括单点失败（Single Point of Failure，简称SPoF）、主机防攻击、容灾保护等；⑤日志管理（Log Management），包括日志系统、可用性监控、流量监控、数据完整性监控、网络入侵监控等；⑥审计管理（Audit Management），包括审计信任管理、审计数据加密等；⑦依从性管理（Compliance Management），包括确保数据存储和使用等符合相关的风险管理和安全管理的规定要求。

## 7.3　银行业云计算应用

### 7.3.1　银行业对云计算应用的需求

互联网时代，终端设备的普及与信息技术的进步不断改变着人们的行为特征，也影响着各行业的商业模式。互联网以前所未有的速度向各个行业渗透，消费者个人行为特征向信息化、虚拟化和移动化转变，企业开始纷纷借助新渠道和新技术重塑传统商业模式。同样，银行业也面临着新的客户需求、新行业进入者两方面带来的巨大挑战。客户对银行业提出了随时随地、量身定制的个性化需求。新的行业进入者正在不断弱化银行的中介职能。为了应对这些挑战，银行急需提高银行竞争力，而云计算的应用在很大程度上可以提高银行的整体业务水平，帮助银行压缩成本、加强综合治理，提高银行竞争力。云计算应用在银行中具有以下优势。

（1）提高银行效率。在银行系统中引入云计算可以提升银行效率。云计算能提升开发效率、运行效率、维护效率、测试效率、资源利用效率等。云计算可以极大节约业务处理时间，整合耗时较长的中间业务，这样能够极大提高工作效率，也能够节约客户的时间、提高服务质量。提高资源利用率是指提高对网络资源、存储资源和计算资源的利用率。通过虚拟技术来达到资源的尽可能最大化的利用，从而提高投入产出比，带来更高的利益。

（2）降低银行成本、提高银行利润。在银行系统中引入云计算可以压缩成本、提高银行的利润。银行可以减少投入硬件及硬件维护成本、软件及软件维护成本和管理成本等。银行通过云计算所节约的成本能够应用于技术开发和其他类别的投资，来获得新技术，提高银行的整体实力，大大提高银行的竞争力。

（3）促进IT结构优化。云计算的应用能够促进IT结构优化，通过云计算银行可以访问来自第三方供应商的IT资源，这样就能够让银行第一时间部署新的应用程序，享受到新的服务或其他资源，而不需要对基础设施进行重新设计，甚至在云计算之下完全可以只需要少量或不需要基础设施。所以说在银行广泛使用云计算，可以有效促进银行的业务发展，促进IT结构优化。

（4）提高数据可靠、存储能力。银行业中云计算技术的应用，可有效提高其数据存储能力和可靠能力，能够应对不可抗力事件，强有力的支撑银行不断增长的存储业务。现阶段，银行存储技术主要有两种：NAS和SAN，由于NAS和应用使用同一网络，容易造成网络拥堵，限制了网络数据的传输能力，且管理成本较高。而云计算技术，采用分布式服务集群，如果某一台发生故障，"云"中服务器可利用克隆技术，在较短时间内复制到别的服务器上，进而确保银行服务有效进行，保证数据的完整性。

（5）对数据进行整合和深度挖掘。银行业是传统的金融行业，银行业的客户信息及数据资料是极其庞大的，云计算系统能够根据这些信息对数据进行整合和深度挖掘，使得银行能够更好地依据客户的需要为客户设计产品组合。

（6）运维自动化程度较高。目前，主流的云计算操作系统都设有监控模块。云计算操作系统通过统一的平台管理金融企业内服务器、存储和网络设备。通过设备的集中管控，可以显著提升企业对 IT 设备的管理能力，有助于实现精益管理。此外，通过标签技术可以精准定位出现故障的物理设备。通过现场设备更换可以快速实现故障排除。传统金融架构下，若设备发生故障，基本每次都需要联系厂家进行维修，缺少自主维护能力。

（7）大数据和人工智能的支撑技术。云计算技术可以帮助金融机构通过统一平台，承载或管理内部所有的信息系统，消除信息孤岛。此外，信息系统的联通可以将保存在各系统的数据集中到一起，形成"数据仓库"，从而实现内部数据的集中化管理。如果说大数据是金矿，金融云则可被看作是矿井。矿井的安全性、可靠性直接决定了金矿的开采效率。此外，云计算还为大数据和人工智能技术提供便利且可扩展的计算和存储能力。

（8）满足全球提出的绿色需求。云计算系统中的数据都是保存在"云"端的，它将云计算的服务建立在虚拟环境下，这就使得银行业在一定程度上减少了关于 IT 基础设施建设，这就减少了因为建设基础设施而产生的能源消耗和污染排放。所以说，云计算系统在一定程度上满足了全球提出的绿色需求。

（9）促进了银行数字化转型。云计算技术有助于商业银行数字化转型。通过云计算，商业银行可以进一步提供相对高水平的数字化金融服务能力，充分地在客户服务、洞察、业务运营以及场景生态融合等方面发挥巨大的作用，提供相对智能的网点服务以及金融服务的平台，结合线上下的服务之间的融合，为客户提供相对高水平的使用体验。

### 7.3.2 银行业云计算应用的现状

**1. 银行业稳步加快推进上云进程**

2016 年 7 月，中国银监会发布《中国银行业信息科技"十三五"发展规划监管指导意见（征求意见稿）》，提出银行业金融机构要稳步开展云计算应用，到"十三五"末期，面向互联网场景的重要信息系统全部迁移到云计算架构平台，其他系统迁移比例不低于 60%。恒丰银行上云，以及更早的微众银行使用云计算技术构建业务系统等成功案例，也将对银行业上云起到示范作用。

2019 年 8 月，中国人民银行发布《金融科技（FinTech）发展规划（2019—2021 年）》（以下简称《规划》），这也是中国金融科技行业首个发展规划和顶层设计。《规划》提出要重点发展人工智能、大数据、云计算、分布式数据库、区块链等技术和应用场景，标志着金融行业展开了新一轮科技和产业融合变革。

2020 年，国家发改委首次就"新基建"概念和内涵作出正式解读和阐释，云计算明确纳入新基建范畴。作为传统行业信息科技应用的"领头羊"，金融行业正成为继互联网行业之后云化转型的"排头兵",金融机构上云要求也逐步向精准化、标准化、智能化方向发展。

随着金融科技加速发展,银行机构纷纷采取开放战略,深化与金融科技公司的合作与沟通,实现风险的高效率、自动化控制。在政策大力支持下,部分大型金融企业(如建设银行、中信证券、平安银行等)已积极构建云平台,在搭建自用私有云的同时将冗余的计算资源向有服务需求的中小型金融企业开放,形成专供金融机构使用的金融云服务模式。

当然,银行机构在制定上云策略时,不仅仅要技术架构、考虑风险和系统迁移的可操作性,还要考虑上云以后的系统运维。更重要的是,在选择云服务商时,要有全面的评估和考量。银行业上云需求规模快速增长,为金融云服务商带来新的市场机遇。国际数据公司 IDC 新发布的《中国金融云市场(2019 下半年)跟踪》报告显示,2019 年中国金融云市场高速发展,规模达到 33.4 亿美元,同比增速达 49.6%。预计之后,传统金融系统上云、线上获客、智能化升级等需求将驱动金融云市场实现快速增长。

接下来,如何将数字资源转化为可信的价值资源,最终服务于实体经济,是数字银行建设的重要命题。云计算融合区块链、大数据、人工智能等创新技术,与供应链、资管系统、智能风控、异地结算、资产登记平台等应用系统有机结合,构建真实可靠、安全快捷的信息共享网络,有助于数字价值的可信扭转,为银行业的长远健康发展赋能。

对于云计算而言,银行业没有改变对于所有解决方案的要求,安全性和可持续性还是关注的两个要点。对于银行业开源和闭源的选择,大部分银行还是赞成开源和闭环共同存在,或者是协同发展的局面。因为对于银行业来说,传统的一些应用和架构也许还会用于传统的包括小机的方式,但是一些新兴的创新应用,从应用架构开始就应用微服务架构,底下支撑也会应用虚拟化的云计算方式。

**2. 银行云计算应用场景**

在银行领域,云计算主要应用于 IT 运营管理和开放型底层平台等方面。应用云计算技术搭建开放云平台,可以借助 API 方式构建全面金融服务生态圈,提供生活缴费、资讯查询、网上购物等"金融+非金融"服务,依托金融服务与生活场景的结合提升金融账户价值。

云计算应用在银行运行的各个过程之中。从银行自身方面来说,云计算可以帮助银行更好地运行与发展,提高银行竞争力。具体应用场景有测试和开发、大数据和分析、文件存储、灾难恢复与备份等。

(1)测试和开发。云的最佳使用场景可能是测试和开发环境。这需要保证预算,设置环境中的实物资产、重要的人力和时间。然后,还要进行平台的安装和配置。所有这些工作通常会延长项目的完成时间,延长里程碑。

(2)大数据和分析。云计算可以实现的优势之一,就是可以使用大量结构化和非结构化数据,利用获取业务价值的优势。零售商和供应商现在可以提取来自消费者购买模式的信息,进而将他们的广告和市场竞销活动定位到特定的群体。社交网络平台现在能够为与组织用来获取有用信息的行为模式有关的分析提供基础。

(3)文件存储。使用云,银行可以存储文件,并且通过任意支持 Web 的接口访问、存储和检索文件。用户可以随时随地获得高可用性、高速、高可扩展性和高安全性的环境。

在这个场景中,组织只需要为他们实际使用的存储量付费,而且在此过程中,无须监督存储基础结构的日常维护。此外,还可以将数据存储在内部部署或外部部署上,具体取决于法规合规性要求。根据客户规范要求,可以将数据存储在由第三方托管的虚拟存储池中。

(4)灾难恢复与备份。云计算技术常被应用在银行业灾备系统中。这是根据灾难恢复(DR)解决方案的成本效益使用云产生的另一个好处:以更低的成本更快地从众多不同的物理位置中恢复,相比之下,传统的 DR 站点拥有固定资产、严格的程序,并且成本较高。备份数据一直是一项复杂且耗时的操作。这包括维护一系列磁带或驱动器,手动收集这些磁带或驱动器并将它们分派到备份设备中,而且原始站点和备份站点之间可能会发生所有固有问题。这种确保备份执行的方法无法避免用尽备份介质等问题,而且加载备份设备执行恢复操作也需要时间,还容易出现设备故障和人为错误。基于云的备份虽然不是灵丹妙药,但肯定比以往的备份方式要好得多。

云计算应用在为客户提供的各种服务之中。从客户方面来说,云计算可以帮助银行为其提供个性化客户服务。银行使用云计算,可以实现资源的高效聚合、分享与多方协同,整合产业链各方参与者的服务资源,为客户提供更加全面、实时的银行服务。具体应用场景有产品销售、网点服务、账户信息、个人委托贷款、供应链金融、采购到支付管理等。

(1)产品销售。云计算可用于一站式产品营销,客户可通过统一的界面,在不同渠道(网银、App 等)查询到所有银行及其他金融机构发布的所有可购买的金融产品,并用任何一张持有的银行卡购买所需的任何产品。客户还可以建立圈子,加强同类间的理财交流,可向银行提交产品创新建议,由银行收集同类创意后针对这群客户专门设计产品并定向销售。

(2)网点服务。通过云实现不同银行之间的网点服务资源共享。客户可根据所要办理的业务品种,通过个人电脑、手机等联网设备实时查询距离最近、预计排队时间最少的网点,并实时了解网点业务资源,可以通过联网设备进入网点排队系统,并进行某些业务的预填单。

(3)账户信息。客户可通过一个界面获得其名下所有银行/基金/保险的账户实时信息,包括整合的资产、交易明细(商家名称、金额等)等。客户还可以获得基于对其本身以及同类的消费与理财行为智能分析得出的针对性的消费建议、理财建议,甚至相应的产品推荐。

(4)个人委托贷款。为客户建立贷款自主服务平台,借款方与出借方基于金额、期限、利率、贷款用途、风险等级等条件进行撮合,并提供贷款审批、发放、归还、催收全流程自主服务。利用云的多方协同特点,与征信系统等进行实时协同,协助客户自主完成服务。而银行收入模式可以从原有的贷款利息收入转变为提供贷款服务平台的中间业务收入。

(5)供应链金融。在供应链核心企业及其上下游企业之间,通过云来实现上下游企业在采购、销售、物流等环节的流程协同,实现整个交易链条的信息实时传输与共享,实现高效的端到端供应链协同。银行根据云提供的端到端供应链信息,为上下游企业在采购到付款的各环节提供各种融资服务,以及支付结算、现金管理、保险代理、税务管理等解决方案。基于云对实时信息的聚合与智能分析,银行不再静态关注事后的企业财务报表,也不再单独评估单个企业的状况,而能够动态掌握企业状况,实时关注其交易对象和合作伙伴,分析其所处的产业链是否稳固以及企业所在的市场地位和供应链管理水平。

(6)采购到支付管理。随着云计算技术的发展,大型数据中心部署云计算服务已非常成熟。银行可以通过与传统财务和 ERP 厂商合作,吸收成功的云平台建设经验,建设基于公有云的财务和 ERP 的 IT 系统,利用云为企业提供标准化的采购到支付(Order-to-Pay)服务,买卖双方通过云完成订单与发票收发、对方流程状态查询、审核、支付等活动,银行可在这一过程中基于掌握的业务信息提供融资服务。此外,银行通过与税务机关的合作,在云中为客户提供电子发票服务,同时,税务机关可获取企业开票、收票信息,与征税系统联网。

## 7.4 银行业云计算应用的主要问题与发展对策

### 7.4.1 银行业云计算应用的主要问题

虽然云计算效率高、成本低,有难以替代的应用价值,也已成为银行业发展的助推器,但银行业云计算应用仍然存在一些问题,主要有如下方面。

**1. 存在数据安全风险**

由于银行业面向客户提供服务,银行业的数据涉及大量客户的敏感信息,银行业需要对信息安全及隐私保护非常重视,目前大部分的银行数据都保存在自己的系统之中。而将业务数据迁移至云上,意味着云服务商需要对数据的安全性负责。

从主观来看,由于云服务提供者具有访问用户数据的特权,当它是独立于银行机构的第三方时,存在利用特权收集、使用业务数据的风险;从客观来看,作为信息科技公司的云提供者存在倒闭的可能性,一旦"云"公司倒闭,使用其服务的金融机构直接面临业务中断和数据丢失的风险。

因为银行的很多数据是商业机密与客户隐私,保存在云端的数据一旦遭到泄露或损毁,会造成比较严重的后果,会影响银行的声誉与发展。所以 IT 系统的安全性和可靠性对银行业而言至关重要。要想更好地应用云计算,必须解决好云计算数据安全与隐私问题。

**2. 迁移成本巨大**

银行业是较早应用 IT 技术服务于自身业务、管理、决策的行业,现有的设备一般都是大型机,目前运行平稳,除设备以外,相应的软硬件的投资成本也非常可观。如果将这些能继续平稳使用的资源全部迁到"云"上,成本巨大。

**3. 对人员安排、组织结构有影响**

首先,云计算系统中的数据都是保存在"云"端的,这使银行业在一定程度上减少了关于 IT 基础设施建设的成本开销。减少了有关 IT 的基础建设,那么相关人员及组织也会相应减少一定数量;其次,云计算提供存储和数据处理能力,在一定程度上会减少处理数据的相关人员,这就可能会影响银行的人员安排与组织结构,若处理不善,会造成银行员工有一定的抵触情绪。所以,银行在应用云计算时应该考虑好相关人员与组织结构安排,以保证云计算应用在银行业发挥其积极作用。

**4. 云计算相关政策和标准不完善**

银行业监管机构出台了相关政策支持银行机构 IT 系统使用云计算技术,但具体落地实施的监管合规要求仍不够明确,传统的银行业 IT 系统也无法适应现有云计算架构。

同时,云计算服务经常会涉及的一个法律问题是一个国家的数据安全存储方面的问题,也就是说某一方提供的数据是否跨国界进行存储和传输的,因为数据提供者完全可以找一个成本低的地方作为存储中心然后向全世界所有国家提供存储服务,但是每个国家对于数据的安全流入和流出是有不同规定的,国家不可能让关乎国家利益的关键数据流出国界,也不能随便让什么数据都能流入国界,这就造成了云计算法律界定的问题。

**5. 网络运行的稳定性**

网络运行的稳定性是云计算运行效率的重要保证。云计算系统中的数据都是保存在"云"端的,客户需要通过网络设备进行访问,在浏览器中处理云端数据,这就要求网络的稳定性一定要好。如果出现网络连接不好的情况时,就会降低云计算的性能。除此之外,客户端和云端如果不能稳定连接,也容易导致网络及云端故障。银行在应用云计算时必须考虑如何应对网络故障及如何快速修复故障,以保障云计算的应用效果。

### 7.4.2 银行业云计算应用的发展对策

**1. 完善立法,清晰权责**

由于法律的缺失导致许多安全问题无法解决,既会给银行造成损失,也会给相关客户群体造成损失,极大阻碍了银行的正常发展,同时也影响了云计算在银行系统的推广和使用。因此,必须要完善立法,制定相关制度和标准,只有完善相关的标准,才能清楚划分权责,一旦出现数据安全问题能够及时进行追责和处理,尤其是在信息网络这一方面,如果没有相应的法律法规,很难处理信息安全问题。只有完善立法、清晰权责,才能保障银行、客户等相关群体的利益。

**2. 选择可靠的云计算服务商**

随着云计算的不断发展,云计算服务提供商也日益增多,但由于技术水平、资金情况的差异,不同服务商之间的水平也参差不齐。银行业应该考虑实力、技术水平、信用等多方面因素之后再选取可靠的云计算服务商合作,这样可以较好地保证信息的安全。

**3. 保障数据安全储存**

数据储存作为数据安全管理的核心,如何做好数据的安全储存、避免数据缺损,是保障数据安全的关键。尤其对于银行来说,数据资料是一个银行发展的关键,也是广大客户最关心的问题,如果一个银行无法保证数据资料的安全,那么,客户必然不敢与其进行业务往来,因此,为了银行的发展必须要采取相关措施来保护数据。当前,虚拟化海量存储是保障数据安全储存的一个重要技术,该技术无须多余设备,能够用虚拟盘来提高访问性能,极大提高了数据的安全性。

#### 4. 确保数据的保密性和完整性

随着网络技术的不断进步,很多违法手段也日新月异,信息在传输的过程中丢失或者被窃取、被篡改,都是很常见的现象。在信息的传输中,数据很容易受到外力影响,造成数据的丢失,或者是被恶意窃取,一旦数据被用于非法活动,那么会极大影响客户的资金安全和银行信誉。银行作为一个特殊行业,其重要的客户资源和信息很容易被不法分子觊觎,因此,银行必须要尽最大的努力确保数据的保密性和完整性,建设与应用核心内容公钥基础设施(PKI),PKI 的应用能够极大提高数据传输的安全性,能够加密相关数据,保障数据的安全。

#### 5. 将云计算技术与数据挖掘技术结合

银行业作为传统的金融业,具有大量的业务数据,结合数据挖掘与云计算技术,有效地组织和检索信息,能够快速处理银行业务数据,对海量的数据进行分析和处理。这样可以在短时间内为银行业务发展提供科学的决策、预测分析和技术支持。这将成为银行业的又一大竞争优势。

#### 6. 注重基础技术研究和人才积累

云计算技术尚未完全成熟,银行业应该持续跟进云计算体系架构、数据安全与隐私保护、跨链互操作等技术领域的研究和进展。通过持续投入资源,深耕云计算基础技术的研究与应用创新,培养兼具底层技术与应用创新的复合型云计算技术人才,形成结构合理的人才梯队,为云计算技术在银行业的发展与创新提供新动能。

## 7.5 数字银行云计算应用案例

### 7.5.1 澳大利亚西太银行云计算应用

2011 年 5 月 16 日西太银行与富士通澳大利亚公司(FUJITSU Australia)达成合作协议,以服务外包的方式,利用云计算整合、改善西太银行的内部管理系统。此次西太银行云应用项目,是针对其内部邮件和协同系统进行整合,利用富士通澳大利亚公司提供的云计算 SaaS(Software As A Service),在专属网络基础设施和专属服务器及存储设施基础上,为西太银行及各下属金融机构的 40000 名用户提供统一电子邮件和协同服务,电子邮件服务规模达 52000 个电子信箱,资费按照实际使用量计算。

项目实施从 2011 年 5 月合约签署日起,逐步完成设计和建设管理即服务(Management As A Service,MaaS)、通信即服务(Communication As A Service,CaaS)、统一通信即服务(Unified Communication As A Service,UCaaS)等服务项目,进行系统切换并进行协调、相关性测试和应用,最终实现电子邮件和协同系统的整合化管理。

此次西太银行运用云计算的方式合并内部邮件和协同系统,以较低的成本、较高的效率为解决困扰业务多年的邮件和协同系统兼容性问题提供了一劳永逸的方案,同时提升了内部管理水平。西太银行充分利用云计算的实时扩展性和快速部署特点，既达到减少 IT 成本投入、减低 IT 系统能耗、提升资源利用率的目的，又能实现在业务上进可攻、退可守，随经济周期和市场变化灵活配置资源的战略发展意图。

可以看出，第一，推广云计算不能因为有安全问题就裹足不前。目前，广为关注的云计算信息安全和隐私保护问题，实际上完全可以通过现在的安全技术，加上安全规章和法律途径进行约束、管理和控制。第二，服务外包已逐渐成为金融行业通用的解决方案。多年前商业银行的呼叫中心（Call Center）服务模块就已开始采用外包服务；如今云计算各环节服务商提供的 PaaS 和 SaaS 等服务，能够实现云外包更高层次、更自动化的外包。

### 7.5.2 澳大利亚联邦银行云计算应用

澳大利亚联邦银行（简称 CBA）是澳大利亚银行业中的翘楚，20 世纪初，其借云计算促 IT 转型，其开创了云计算外包先河。当时外部 IT 环境在发生变化，以苹果、谷歌、亚马逊、Facebook（现为 Meta）和 Salesforce.com 为代表的新型互联网公司在 IT 行业掀起了云计算的热潮，并迅速向其他行业扩散，极大地改变了整个 IT 行业的格局。在此背景下，联邦银行管理层与时俱进，迅速调整 IT 战略，开始准备从传统的 IT 外包向更高层次的云计算外包转型。

针对澳大利亚地区银行业的激烈竞争，本地市场趋于饱和，联邦银行管理层在业务战略上制定了主要靠外延式增长的策略，他们先后购入西澳银行、新西兰ASB银行，并参股中国的齐鲁银行、杭州银行，在河南开设村镇银行，并准备在亚太地区购买更多的地区性银行。联邦银行首席信息官由此提出了一个全新的"支持多机构银行服务平台"的策略，即购买来的银行对外仍然保持独立的品牌和运营风格，但企业内部则使用同一套 IT 系统（包括核心、渠道、卡、信贷等系统），为不同风格的银行实体提供服务。

为建设这个服务平台，银行的 IT 管理层大胆采用最新出现的云计算技术，在企业内部构建云计算平台，目标是既能安全地将公云上的服务提供到联邦银行内部，又能将联邦银行内部的私云服务提供给旗下的各银行实体，甚至提出将来可以利用云计算平台为其他银行或企业提供创新的云计算服务。2011 年，联邦银行内部已有十几个部门使用公云服务，同时打造基于面向服务（SOA）的云计算整合平台，在底层构建私云，并计划利用公云的基础设施服务降低银行对数据中心的需求。而对邮件、办公软件等非核心系统，计划使用国外提供的公云服务。联邦银行在云计算上的发展步伐，已远远走在澳大利亚银行业监管部门有关云计算政策制定的前面，使监管部门不得不发出政策指引，要求各银行先放慢云计算的推广步伐，做好风险防范。

之后，澳大利亚联邦银行一直不断推进云计算应用。在部署云的过程中，不仅积累了技术方面的经验，还在商业模式上进行了新的探索。银行还加速建立标准。CBA 由一个灵活并且快速组成的小组来创建标准。CBA 发布的第一个标准是关于虚拟机能力的——由 X86 做中档服务器，在 Linux 平台上运行，承担企业内部的计算能力。使用同样的技术，私有云或者公共云就建立起来了，并且可以将那些外部公有云上的应用导入到内部私有云上。另外，银行与 Savvis 和亚马逊这样的公司合作，以便可以自己在内部运行应用开发和测试，或者公开地在企业外部做这些事情。除此，2017年，澳大利亚联邦银行还在其公共云环境中采用开源云（OpenStack）。

### 7.5.3 建设银行云计算应用

2012年开始，建行率先进行了尝试，成为国内第一家在生产数据中心大规模应用私有云的商业银行。当年，建行成立了云平台规划组，对云计算技术进行研究。2013年8月建行私有云平台项目成功上线，有效地支持了新一代核心系统长达六年的建设和投产历程。该项目也荣获了2013年度银监会"银行业信息科技风险管理课题研究"一等奖、"2013年中国金融信息化年度十件大事"以及"IDC2014年度中国金融行业最佳（唯一）创新大奖"。

建设银行云管理平台参考了开源项目OpenStack的架构设计，并根据商业银行数据中心运维的特点进行了适当的扩展，主要增加了和运维有关的日常检查、软件分发、配置管理和服务启停等功能模块。在技术架构方面，主要由用户门户、服务管理、流程引擎、消息总线和资源适配五部分组成。实践过程中，建行对大量产品进行了抽象化和标准化的工作。

建设银行私有云架构包括云服务、云管理、资源池等部分，同时还与配置管理、监控管理、流程管理、容量管理等相结合，共同实现云管理的相关功能。其中，基础设施资源层面管理计算型服务器（包括X86服务器和小型机）、存储资源及网络资源；在资源之上，构建了弹性计算资源池、网络资源池、存储资源池，并通过云管理平台对各个资源池进行统一管理、统一调配，将各类资源整合为各种云服务，为应用提供快速的资源供给。

建设银行私有云平台具有如下几个特点。

第一，云服务定义与管理。云服务以服务目录的形式提供给用户，通过识别服务、限定服务对象和内容、确定服务级别和规范来建立服务目录；通过云服务的业务定义设计、结构模型开发、操作模型开发、集成测试、服务发布几个过程完成云服务的开发；并通过将服务对应目录发布到用户自服务门户中，实现服务目录到云服务的映射。云服务管理将云服务开发的结果注册到云管理平台中，云管理平台根据注册的云服务信息，并结合自动化工具实现云服务的自动部署，形成服务实例以提供云服务能力。

第二，资源的全生命周期管理。基础设施资源管理方面，建设银行通过虚拟化、资源池化的方式统一管理和分配资源，实现IT资源从规划、纳管、申请、分配、运维到回收的全生命周期管理。同时，建设银行将云计算理念与企业实际需求相结合，规划设计了适应建设银行架构的基础设施云服务，实现了以云服务方式按需交付IT资源，以自动化方式响应用户需求，实现了资源供给时间从"周"到"分钟"的转变，大大提高了服务交付效率，初步达到"标准化、敏捷化、自动化"的目标。

第三，资源的动态分配与共享。建设银行云平台将云服务基础信息、服务套餐信息、服务操作模型、云服务参数有机结合，同时，对资源池进行有效的结构分层，通过将资源进行整合和池化，并利用高度自动化的管理工具实现资源的动态分配和共享，在规模化的基础上实现了对底层资源的充分利用，降低了单位IT资源的投入成本。例如，面对电商"秒杀"等业务突增需要短时间扩容需求时，数据中心发挥统一的资源池和云管理平台"削峰填谷"的作用，使资源能够在不同类型业务系统之间进行资源重新配置，快速完成回收和扩容，一方面避免了应对业务量突发所造成的系统疲软；另一方面又避免大量资源闲置而产生的成本浪费，最终将进一步向资源智能化动态弹性伸缩方向发展。

第四，流程编排与工具自动化。建设银行通过云管理平台将数据中心运行管理中的配置、变更、发布等流程和运行管理相关制度规范配置成标准的云服务，通过流程编排，设计端到端 IT 运维管理流程，满足完整全面的运维目标。同时，实现流程与工具相结合，在运维操作流程中通过自动化的实施和验证手段，确保所有操作准确可靠，在提高流程效率的同时，避免了手工操作带来的风险。此外，一体化的运维流程还有效支持了建设银行"两地三中心"的运维管理工作。

第五，一键式应用发布与变更。建设银行的云管理平台实现了与 IT 服务管理平台的深度融合，重新设计投产变更操作流程，依托工作流技术，建立应用版本发布和变更操作的可视化和自动化流程，实现了一键式敏捷发布与变更，由于采用标准化、脚本化操作，降低了操作风险，提高了变更效率，从而保障了业务功能安全、快速发布。

第六，智能化事件监控及处置。云环境下的监控体系为云服务正常高效运行、云平台优质服务提供保障，支撑容量规划和弹性伸缩。云环境监控较传统架构监控更为复杂，但是操作则更加便捷实用、安全可靠。建设银行私有云平台通过有效的监控智能处置体系，建立了数据采集层、专业领域监控工具处理层、统一事件管理层、数据分析层、事件处置层、展现与运用层。从资源、应用、交易多维度实时监控系统运行情况，建立常见故障场景与处置模板，做到常见故障自动化处理，提高了应急响应及处置效率，确保云环境的运行安全。

第七，系统的运行健康度分析。建设银行采用分布式架构搭建了运行数据分析平台，通过实时采集系统、硬件、存储、应用、交易等各类日志及系统性能、事件、巡检等数据，分析系统运行的健康度，为日常运维工作提供决策依据。建设银行通过分析及可视化技术在数据与运维人员之间建立起桥梁，通过各类分析图表，尤其是非传统类型的图表，分析数据之间的关系，为性能管理、容量管理等提供数据支撑。

随着建行对"金融科技"战略的推进，基于私有云的成功运行经验，对外科技输出的范围不断加大。2018 年下半年，建行开始对同业提供建行云服务，产品丰富多样，涉及计算、存储、网络、数据库等基础服务，还包括行业应用、银行业务等多种解决方案。

### 7.5.4 工商银行云计算应用

云计算实施一般会经历从数据大集中到资源虚拟化再到云计算的路径。工行 1999 年完成了数据大集中，2008 年开始部署服务器虚拟化。在云计算还在发展初期的 2012 年，工商银行便开始基于服务器虚拟化软件，自主研发和推广第一代基础设施云，并在此后一直紧跟云计算技术的发展：2014 年启动容器技术的预研工作；2015 年在业内首次基于开源的 Docker 容器技术、微服务等，建成应用平台云，运用到生产环境；2016 年完成互联网金融高并发场景的试点，顺利支撑快捷支付"双十一"大促等活动。

2017 年，工商银行组建了"七大创新实验室"，其中在杭州设立云计算实验室，主要负责云计算、分布式、基础软件等领域的前瞻性研究、平台建设和重难点技术课题攻关工作。同年，工商银行建成了基于 Kubernetes 的企业级应用平台云——PaaS 2.0，并顺利完成融 e 联、融 e 行以及 II/III 类电子账户等应用首次上云。到了 2019 年，工商银行已建成同业规模最大的云计算平台，集基础设施云（IaaS）、应用平台云（PaaS）和金融生态云（SaaS）三位一体，有效支撑全行高并发、大容量业务的开展。2020 年，行内全量核心应用均已上云。2022 年，全行应用节点入云率已经超过 91%。

现在，工商银行内部有"五朵云"：研发云、测试云、生产云、分行云和金融生态云，这些云都建立在行内的基础设施之上。研发云、测试云、生产云主要基于总行的业务应用设立，承载了软件从研发、测试到生产三个阶段。分行云主要用于输出总行云计算建设成果，实现技术组件、服务、解决方案等多层次复用，使分行更加聚焦业务研发。金融生态云则用于为合作方等提供服务。

这"五朵云"均组建了对应的专业运维团队，并通过云平台灵活、自动化的运维流程，建立了工商银行特色的 DevOps 流程，提供面向开发、测试、生产不同阶段的全流程快速交付能力，并通过行内企业级日志中心、云医平台、全息监控平台等平台，逐步形成自动化、精细化、智能化的云运维体系，实现云上应用运行趋势分析、故障秒级预警及实时诊断。

工商银行的"上云"历程可以说是金融科技行业的重要变革，象征以云计算、分布式等为代表的一系列技术创新也给金融行业带来了新的机遇，推动着银行业的数字化转型。在这一过程中，"构建自主可控技术、支撑全行架构转型"成为了每个银行技术人的坚定信念。

工行基础设施云 IaaS 是基于开放的 OpenStack、SDN 之上，自主研发云管平台，实现了计算、存储、网络资源的供应，与应用平台云 PaaS、流程管理等系统的联动以及资源的可视化管理。应用平台云 PaaS 则采用轻量级容器技术，引入业界主流的容器集群编排及调度技术 Kubernetes。

应用上云方面，最初的上云试点主要是从低风险、非敏感的互联网秒杀大促等场景开始，然后逐步扩大到有敏捷迭代需求的互联网属性业务。经过充分的实践验证，应用上云工作逐步推广到全行，主要覆盖的场景包括：以支付类为代表的、具有互联网并发属性的应用，如个人网银、手机银行、快捷支付等；主机下平台应用，如个人结算账户、个人电子银行业务等；其他对行内提供决策支持或者管理类、办公类应用，如集团信息库、财务管理等。

# 本 章 小 结

云计算虽然有许多不同的定义，但其内涵基本一致，其核心是可以将很多的计算机资源协调在一起，因此使用户通过网络就可以获取到无限的资源，同时获取的资源不受时间和空间的限制。云计算的关键技术有编程模型、分布式计算、虚拟化技术、数据存储技术等。银行继续推动上云，利用云计算提高银行竞争力。在银行应用云计算的过程中要注意数据安全与隐私问题。国内外许多银行均已应用云计算来推动数字化转型，经验值得借鉴。

## 简答题

1. 云计算主要有哪些特点？
2. 云计算按照服务类型可以分为哪几类？
3. 云计算的部署方式主要有哪些？各有什么不同？
4. 云计算的技术主要有哪几种？
5. 银行业云计算应用主要存在哪些问题？应该如何解决？

# 第 8 章

# 区 块 链

【本章学习目标】

通过本章学习，学员应该能够：
1. 了解什么是区块链技术；
2. 理解区块链的特征；
3. 掌握区块链在银行业的适用场景；
4. 了解区块链带来的机遇与挑战；
5. 了解区块链在数字银行中的应用。

## 8.1 区块链概述

### 8.1.1 区块链的定义

2008 年，名为中本聪（Satoshi Nakamoto）的学者发表了一篇奠基性论文"比特币：一种点对点的电子现金系统"，区块链技术起源于此。区块链是一种基于密码学技术生成的分布式共享数据库，其本质是通过去中心化的方式共同维护一个可信数据库的技术方案。

狭义来讲，区块链是一种按照时间顺序将数据区块以顺序相连的方式组合成的一种链式数据结构，并以密码学方式保证的不可篡改和不可伪造的分布式账本。广义来讲，区块链技术是利用块链式数据结构来验证与存储数据、利用分布式节点共识算法来生成和更新数据、利用密码学的方式保证数据传输和访问的安全、利用由自动化脚本代码组成的智能合约来编程和操作数据的一种全新的分布式基础架构与计算范式。

区块链中的"区块"指的是信息块，每一个信息块中包含了一段时间内全网交易的信息，并内含有一个特殊的时间戳信息，用于验证其信息的有效性（防伪）和生成下一个区块。这些含有时间戳的信息块彼此互连，形成的信息块链条被称为"区块链"。

区块链系统中的每个参与节点都能通过竞争记账，将一段时间内系统产生的业务数据，通过密码学算法计算和记录到数据块上，同时通过数字签名确保信息的有效性，并链接到下一个数据块，从而形成一条主链。当交易发生时，链上的所有参与方都会在自己的账本上收到交易的信息，这些交易记录是完全公开，且经过加密、不可篡改的。基于此，可以将区块链技术理解为一种去中心化的分布式总账技术，即区块链的实质是由多方参与共同维护一个持续增长的分布式账本，其核心在于通过分布式网络、时序不可篡改的密码学账本及分布式共识机制建立彼此之间的信任关系（图 8-1）。

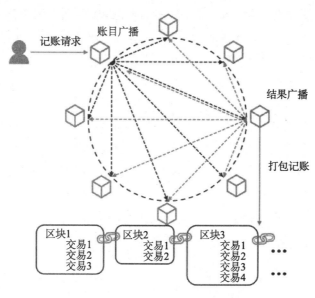

图 8-1　区块链技术原理
资料来源：零壹智库

## 8.1.2　区块链的特征

**1. 去中心化**

区块链系统由多个节点共同组成一个端到端的网络，不存在中心化的设备或管理机构，任何人或节点都可以参与区块链网络，任一节点的权利和义务都是均等的，每个节点都可以获得一份完整的数据库拷贝。系统中的数据块由整个系统中所有具有维护功能的节点通过竞争记账共同维护，且任一节点的损坏或者失效都不会影响整个系统的运作。

**2. 自治性**

区块链上的智能合约一旦被部署，透明可信的程序和代码将自动执行，并强制履约，节点之间的数据交换通过数字签名技术进行验证，无须相互信任，因此，区块链技术通过技术背书建立共识信任机制，这使得对人的信任转为对机器的信任，任何人为干预都无法产生效力。

**3. 信息不可篡改**

区块链采用带有时间戳的链式区块结构存储数据，具有极强的可验证性和可追溯性。分布式数据库的形式使得系统中的每个参与节点都拥有最新且完整的数据库拷贝，一旦信息经过验证添加到区块链上，就会永久储存。每一笔交易都可以通过密码学算法与相邻两个区块串联，实现交易的可追溯性。除非能同时控制整个系统中超过 51% 的节点，否则，单个节点对数据库的修改是无效的，因此区块链数据的可靠性很高，且参与系统中的节点越多，计算能力越强，该系统中的数据安全性也越高。

**4. 开放性**

区块链系统是开放的,除了交易各方的私有信息被加密外,区块链的数据对所有人公开,任何人都可以通过公开的接口查询区块链数据、开发相关应用,因此整个系统的信息高度透明。

**5. 匿名性**

区块链的运行规则是公开透明的,数据信息也是公开的,节点间无须互相信任,因此节点间无须公开身份,系统中的每个参与节点都是匿名的。参与交易的双方通过地址传递信息,即便获取了全部的区块信息也无法知道参与交易的双方到底是谁,只有掌握了私钥的人才能开启自己的"钱包"。

**6. 跨平台**

区块链网络上的节点是基于共同的算法和数据结构独立运行的,主要消耗的是计算资源,与平台无关,可以在任意平台部署计算节点。

### 8.1.3 区块链的分类

区块链目前分为以下三类:公有链(Public Blockchain)、联盟链(Consortium Blockchain)、私有链(Private Blockchain)。三者的主要区别在于:公有链对所有人开放,任何人都可以参与;联盟链只对特定的组织团体开放;私有链仅对单独的个人或实体开放。

**1. 公有区块链**

公有链无官方的组织及管理机构,世界上的任何个体或者团体都可以随时进入系统读取数据、发送可确认交易以及竞争记账。公有链通常被认为是完全去中心化的,因为理论上没有任何个人或者机构能够控制或者篡改链上的数据读写。公有链一般会通过代币(Token)机制鼓励参与者竞争记账、完成能够量化和产生价值的工作任务,来确保数据安全性和网络活跃度。公有区块链是最早的区块链,也是目前应用最广泛的区块链。

**2. 联盟区块链**

联盟链只针对某个特定群体的成员和有限第三方共同参与和管理。一般情况下,联盟链内部会指定多个预选节点作为记账人,每个区块的生成由所有预选节点共同决定。其他接入节点可以参与交易,但不参与记账过程,其他第三方可以通过该区块链开放的API(应用程序接口)进行限定查询。这类区块链兼具部分去中心化的特征,例如由各大银行、金融机构建立的R3区块链联盟就是其中一种。

**3. 私有区块链**

私有链是指链上数据的写入权限是由某个机构控制的区块链,参与节点的资格会被严格限制。由于参与节点有限和可控,相较于公有链,私有链往往可以实现更快的交易速度、更好的隐私保护和更低的交易成本,不容易被恶意攻击,并且能做到身份认证等监管部门的要求。与中心化数据库相比,私有链可以防止机构内单节点(如财会人员)故意隐瞒或者篡改数据,即使发生错误,也能够迅速溯源,同时也能尊重私有链持有机构的隐私。

### 8.1.4 区块链的发展历程

梅拉妮·斯旺（Melanie Swan）是美国知名的大数据、区块链专家，她所著的《区块链：新经济蓝图》(*Blockchain: Blue-print for a New Economy*)一书根据区块链的发展脉络将区块链的发展阶段大致分为区块链 1.0、区块链 2.0 和区块链 3.0 三个阶段。

**1. 区块链 1.0**

比特币的诞生是区块链 1.0 时代到来的标志。这个时期的主要创新是创建了一套去中心化的、公开透明的交易记录总账——其数据库由所有的网络节点共享，由"矿工"更新、全民维护，没有人可以控制这个总账。从某种意义上讲，区块链技术找到了一个解决货币和支付去中心化的方案，这种技术对金融行业的影响不亚于复式记账法的发明。在这个时期，区块链技术的发展与数字货币密切相关，应用普遍集中在货币转移、兑换和支付等方面。货币和支付构成了区块链 1.0 时代最显著的应用，出现了以比特币为代表的一系列虚拟货币。

**2. 区块链 2.0**

如果说区块链 1.0 解决的是货币和支付去中心化的问题，那么区块链 2.0 解决的问题则是市场的去中心化，这个时期的关键词是"合约"。以太坊的出现是区块链 2.0 时代到来的标志。以太坊可以被界定为一个开源的区块底层系统，在这个系统中，可以运行所有的区块链和协议。其中，智能合约是以太坊显著的特点之一，是可编程货币和可编程金融的基础技术。由此，区块链技术承载的应用场景从加密货币延伸到了加密资产，在股票、债券、期货、贷款、按揭、产权、智能资产等经济金融领域得到了全方位的应用。

**3. 区块链 3.0**

当区块链技术被应用于社会治理时，我们也就迈进了区块链 3.0 时代。区块链 3.0 时代也是区块链全面应用的时代，由此构建出一个大规模协作社会。伴随着可扩展性和效率的提高，此时的区块链在社会生活中的应用更为广泛，其应用范围将超越金融范畴，覆盖人类社会生活的方方面面。比如，利用区块链技术实现信息在司法、医疗、物流等各个领域的共享，此外，区块链技术将拓展到身份认证、公证、审计、域名、能源、签证等应用领域，进而成为未来社会的一种最底层的协议。

## 8.2 区块链的技术原理

区块链是分布式数据存储、点对点传输、共识机制、加密算法等信息技术有机结合而成的新型应用模式，其技术涉及的关键点主要包括：分布式结构、非对称加密、智能合约、共识机制等。区块链的本质是一种互联网协议，用以解决互联网时代的核心问题——信任。

### 8.2.1 分布式结构

区块链根据系统确定的开源的、去中心化的协议，构建了一个分布式的结构体系，让价值交换数据通过分布式传播发送给整个网络,通过分布式记账确定数据内容,盖上时间戳后生成区块数据,再通过分布式传播发送给各个节点,最终实现分布式存储。这三大分布式技术能够使系统内的数据存储、交易验证和信息传输过程实现去中心化。

**1. 分布式传播**

区块链中每一条新交易数据的传播都采用分布式的方式,根据 P2P(Peer to Peer)网络模式(如图 8-2 所示),消息由单个节点直接发送给网络中的其他所有节点,每个节点公平对等、互联互通,共同组成整个网络系统,并且不存在特殊的中心节点。

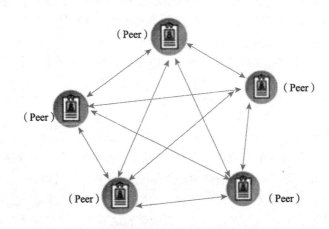

图 8-2　P2P 网络模式

**2. 分布式记账**

从硬件角度而言,区块链背后是由大量的数据记录存储器(如计算机等)组成的网络,此网络记录发生在其中的所有价值交换活动。分布式记账指的是交易记账由整个网络的所有参与者共同完成,而且每一个节点记录的是完整的账目,因此,它们都可以监督交易的合法性,同时也可以共同为其作证,分布式记账是实现会计责任分散化的重要手段。

**3. 分布式存储**

区块链技术让数据库中的全部数据均存储于网络中的所有计算机节点中,并实时更新。去中心化的结构设置使得数据能够被实时记录,并对每一个存储数据的节点进行更新,从而极大地提高了数据库的安全性。

## 8.2.2　非对称加密算法

加密技术一般分为对称加密以及非对称加密两类。对称式加密的主要特点是加密和解密使用同一个密钥。而非对称加密则需要在加密和解密的过程中使用不同的密钥,这两个密钥被称为"公钥"和"私钥",要想正常完成加密和解密过程,就必须配对使用。

在区块链系统内,所有权验证机制的基础是非对称加密算法。常见的非对称加密算法包括 RSA 算法、ELGamal 算法、Diffie-Hellman 算法、椭圆曲线加密(ECC)算法等。非对称"密钥对"中的两个密钥满足以下两个条件：①信息用其中一个密钥加密后，只有用另一个密钥才能解开；②其中一个密钥公开后，其他人根据公开的密钥无法算出另一个密钥。此处公开的密钥称为公钥，不公开的密钥称为私钥，它们分别保证了信息的真实性和安全性。

在区块链系统的交易中，非对称密钥的使用场景一般有两种（图8-3）：①用公钥对交易数据进行加密，用私钥对交易数据进行解密。私钥持有人解密交易数据后，可以使用收到的数据；②用私钥对信息进行签名，用公钥验证签名，通过公钥签名验证的信息可以确认是由私钥持有人发出的。

由此可见，区块链技术的背后，实质上是算法在为人们创造信用、达成共识背书。

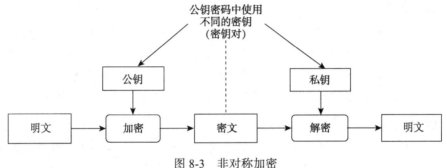

图 8-3　非对称加密

### 8.2.3　智能合约

智能合约是一种以信息化方式传播、验证或执行合同的计算机协议，允许在没有第三方参与的情况下进行可追溯但不可篡改的互联网可信交易。智能合约负责将区块链系统的业务逻辑、商业逻辑以自动化脚本代码的形式实现编译和部署，完成数据操作、既定规则条件的触发和自动执行，以最大限度地减少人工干预。

智能合约的目的是提供优于传统合约的线上签约、履约的安全方法，减少与合约相关的交易成本。智能合约的优点在于其具有可编程性：①在价值交换活动中，它可以灵活地改变使用留存价值的条件。例如，智能合约系统可能会同时要求两个私钥，或多个私钥，或无须任何私钥等；②它可以在发送价值时灵活地附加一些价值再转移的条件。例如，智能合约系统可以约定发送出去的价值以后只能用于支付中信证券的手续费，或者支付给政府等。

### 8.2.4　共识机制

区块链的自信任主要体现于分布在区块链中的用户无须信任交易的另一方，也无须信任一个中心化的机构，只需要信任区块链协议下的软件系统即可实现交易。这种自信任的前提是区块链的共识机制，即在一个互不信任的市场中，要想使各节点达成一致的充分必要条件是每个节点出于对自身利益最大化的考虑，都会自发、诚实地遵守协议中预先设定的规则，判断每一笔记录的真实性，最终将判断为真的记录记入区块链之中。区块链采用某种算法来证明区块的正确性和拥有权，以使各节点达成共识。以下介绍三类主要的区块链共识机制。

### 1. 工作量证明机制

工作量证明机制（PoW）是比特币的证明机制，即通过挖矿来证明。在基于工作量证明机制构建的区块链网络中，节点通过计算随机哈希散列的数值解争夺记账权，求得正确的数值解以生成区块的能力是节点算力的具体表现；然后该节点发出本轮需要记录的数据，网络中的其他节点验证并存储数据。这种机制的优点是完全去中心化，节点自由进出，但是它的缺点也很明显：一是目前比特币已经吸引了全球计算机的很大一部分算力，其他使用 PoW 共识机制的区块链应用很难再获得相同的算力来保障自身的安全；二是挖矿造成大量的资源浪费；三是达成共识需要的周期较长，不适合商业应用。

### 2. 权益证明机制

权益证明机制（Proof of Stake，PoS）与要求证明人执行一定量的计算工作不同，它仅要求证明人提供一定数量加密货币的所有权。权益证明机制根据网络中每个节点拥有代币的比例和时间，依据算法等比例地降低挖矿难度，加快寻找随机数的速度，从而在一定程度上缩短了达成共识所需的时间。但其本质上依然需要进行挖矿运算，同样不适合商业应用。

### 3. 股份授权证明机制

股份授权证明机制（Delegated Proof of Stake，DPoS）类似于董事会投票，即全体节点投票选出一定数量的代表性节点，由他们来代理进行验证和记账，但全体节点仍然保有随时罢免和任命代表的权力。这种机制的优点是大幅缩小参与验证和记账节点的数量，进而达到秒级的共识验证，但整个共识机制依旧依赖于代币，而在很多商业应用中并不需要代币存在。

## 8.3 区块链在银行业的适用场景

尽管区块链最初专为交易比特币而创建，但区块链技术的潜力远远超出了加密货币的范畴，将区块链技术应用在金融行业中，能够省去第三方中介环节，实现点对点的直接对接，从而在大大降低成本的同时，快速完成交易支付。区块链技术应用到不同金融场景时，主要会在公开透明性、安全性和效率上产生变革性影响（如图 8-4 所示）。

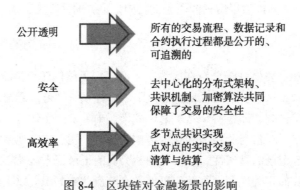

图 8-4 区块链对金融场景的影响

资料来源：百度金融研究院、埃森哲

当下，全球银行业对区块链发展和应用的关注持续升温。从国际视野来看，各国银行陆续在银行清结算、供应链金融、跨境金融、金融风控等业务领域开展了区块链技术的生产应用，以期提升传统商业银行业务的工作效率、降低业务处理风险，多国央行也已对法定数字货币技术展开一系列研究和落地试验。

从国内来看，政策利好与行业推动双管齐下，各大国有银行、股份制银行和部分城商行对区块链技术的关注和投入呈现出爆发式增长的态势。2020年，由中国人民银行数字货币研究所牵头，中国人民银行科技司、工行、农行、中行、建行、国家开发银行等单位共同起草的《金融分布式账本技术安全规范》正式发布，标志着银行业正引导着区块链技术的发展和应用走向规范。银行业区块链应用主要集中在数字货币、支付清算、供应链金融、银行征信和跨境贸易等场景。

### 8.3.1 数字货币

区块链技术最广泛、最成功的运用是数字货币。近年来数字货币发展迅速，去中心化信用和频繁交易的特点，使得其具有较高的交易流通价值，并且能够通过开发对冲性金融衍生品作为准超主权货币，保持相对稳定的价格。数字货币建立了主权货币背书下的数字货币交易信用，交易量越大，交易越频繁，数字货币交易信用基础越牢固。一旦在全球范围内实现区块链信用体系，数字货币自然会成为类黄金的全球通用支付信用。

目前，我国也借助数字货币发展的机遇，搭上了数字货币发展的快车，以期更快速地实现人民币的国际化。此前，中国人民银行采用渐进式的推广方式，已在"10＋1"地区展开了试点工作。2020年4月，数字人民币在深圳、苏州、成都、雄安新区以及冬奥场景进行了封闭试点测试，探索线下消费、智慧校园、养老补贴等应用场景。后来又新增上海、海南、长沙、西安、青岛、大连等六个试点，将应用场景延伸到民生缴费、航运物流、旅游消费等领域，形成"10＋1"的场景布局。2022年7月，我国将数字人民币试点从原来的"10＋1"个试点地区拓展到15个省市的23个地区，取消了深圳、苏州、雄安新区、成都4地的白名单限制，并且吸收兴业银行作为新的指定运营机构。

### 8.3.2 支付清算

现阶段商业贸易的交易支付、清算都要借助于银行，这种传统的通过中介进行交易的方式要经过开户行、对手行、央行、境外银行（代理行或本行境外分支机构）等多个机构。在此过程中，每一个机构都有自己的账务系统，彼此之间需要建立代理关系，需要有授信额度；每笔交易需要在本银行记录，还要与交易对手进行清算和对账等，导致交易速度慢、成本高。而跨境支付更是存在流程烦琐、手续费高、结算周期长、占用资金多等问题，并且由于信息不对称，通常需要耗费人力、物力完成跨多个机构对账，容易出现对账不一致的情况，影响结算的准确性和效率。

与传统支付体系相比，基于区块链技术构建的一套通用分布式银行间金融交易协议，可以为用户提供跨境、多币种实时支付清算服务，交易双方直接交易、记账以及共享交易数据流，从而简化对账处理流程，使跨境支付变得便捷且成本低廉。利用区块链平台的安全性和信任机制来管理和记录境外汇款人向境内收汇人汇款的所有关键信息，使得汇入、转接、收汇机构可以查询到交易流转等信息，在不改变银行核心系统的情况下，实现信息的实时同步，将汇款信息查询效率缩短到秒级。区块链技术在支付清算上的应用并非遥不可及，SWIFT作为一个链接了数万家银行的通信平台，已经被新兴崛起的区块链技术所威胁，一些区块链初创企业和合作机构开始提出一些全新的结算标准，如R3区块链联盟已经制定了可交互结算的标准。

### 8.3.3 数字票据

票据作为一种便捷的支付结算、融资和货币政策工具，可以满足企业和银行短期资金的需求，并以其利率市场化先行的角色，深受金融机构和监管机构的重视。目前，票据业务主要存在三方面问题：一是票据的真实性问题，目前市场中依然存在假票、克隆票、变造票等伪造票据；二是票据违规交易问题，即票据交易主体或者中介机构存在一票多卖、清单交易、过桥销规模、出租账户等违规行为；三是票据信用风险问题，存在商业汇票到期但承兑人不能及时兑付等现象。随着数字技术的发展，传统的纸质票据逐渐发展为数字票据市场。数字票据是结合区块链技术和现有的票据属性、法规环境和市场实际，所开发出的一种全新的票据形式，与现有的电子票据体系的技术架构不同，数字票据既具备电子票据所有的功能和优点，又融合了区块链技术的优势和特性。它通过智能合约编程的方式提高票据交易的效率，能够消除票据市场的中介乱象，降低监管成本，是一种更安全、更智能、更便捷、更具前景的票据形态。

区块链技术能够有效解决传统票据交易市场存在的诸多问题，为优化票据市场提供了更好的选择。数字票据的核心优势主要表现在以下三个方面。

一是区块链能够重塑票据价值传递模式，提升运作效率。采用区块链的分布式结构后，系统搭建和数据存储不需要中心服务器，从而改变了现有的系统存储和传输结构，使多方节点间建立全新的连续背书机制，真实反映了票据权利的转移过程，直接提高整个票据市场的运作效率。并且去中心化省去了中心应用和接入系统的开发成本，同时也降低了设备投入、数据备份、应急管理等系统维护和优化成本，减少了系统中心化带来的各种风险。

二是区块链能够规避违规操作，降低监管成本。在区块链中，数据一旦经过多方共识达成使其上链后，区块链中的全部节点都会共同维护同一个账本，所有节点都可以作为备份节点，使得单点违规操作无法进行，并且在共识机制中存在对不良节点的惩罚措施。通过智能合约能够进一步控制节点操作和票据流转过程，有助于建立更好的市场秩序。

三是区块链能够确保数字票据真实有效，赋予数字票据信任属性以实现信任传递。区块链利用多方共识机制，实现了数字票据经过多方交叉验证后才生成上链，而加密机制的引入实现了对节点的身份验证，数字签名、时间戳等多种加密算法实现了区块链中数据真实有效且不被篡改，进而完成了多方信任传递。在数字票据的流通过程中，区块链中数据的不可篡改和可追溯性使得数字票据可以被灵活便捷地拆分和重组，从而满足现在的金融、物流、贸易等商业场景的需求。

### 8.3.4 银行征信

目前，商业银行传统信贷业务的开展，无论是针对企业还是个人，最基础的考量是借款主体本身所具备的金融信用。各家银行将每个借款主体的还款情况上传至央行的征信中心，需要查询时，在客户授权的前提下，再从央行征信中心下载参考。这其中存在信息不完整、数据不准确、使用效率低、使用成本高等问题。

在这一领域，区块链的优势在于依靠程序算法自动记录海量信息，并借助分布式记账的模式存储在区块链网络的每一台计算机上，保证数据对所有参与方都可见并一致，实现数据多方共享，降低了信息不对称程度，使得信息透明、篡改难度高、使用成本低。各商业银行以加密的形式存储并共享客户在本机构的信用状况，客户申请贷款时不必再到央行申请查询征信，即去中心化。银行等贷款机构通过调取区块链自身节点的相应信息数据，安全可信地共享客户 KYC 信息，在保证数据不被篡改和泄露的情况下，便可完成全部征信工作。

### 8.3.5 供应链金融

传统供应链金融由于信息不对称、信息透明度低以及可信赖性差，存在融资难、融资慢、融资贵等问题。借助区块链技术对传统供应链底层真实贸易数据进行改造，利用区块链的开放性、多方确认、账户透明、真实验证，以及数据一致存储、不可篡改、可溯源的技术特性，可以实现物流、资金流、信息流、商流"四流"上链，确保数据高度可信，进而实现关键企业信誉的层层穿透，帮助产业链上中小企业节约融资成本、降低金融风控难度。

在供应链溯源方面，区块链可以实现从原材料生产、采购，到商品的加工、包装、运输、销售全流程真实信息分布式记录、删改可查、包装数据源真实有效，并且可追踪查验。在供应链金融数字化方面，区块链能大幅减少人工的介入，将目前通过纸质作业的程序数字化、透明化，极大地提高效率，减少人工交易可能造成的失误。同时，利用区块链的分布式账本技术，及时共享供应链中的各类型数据并设置相应权限，也能有效地实现隐私保护。

### 8.3.6 跨境贸易

传统业务模式的国际信用证、保函和福费廷业务处理中通常涉及多家金融机构，交易链条较长，面向企业的授信标准严格，对企业而言，贸易融资的财务成本和时间成本都比较高。从银行的角度而言，在处理贸易融资业务的过程中，时常出现单据造假、信息核验成本较高的问题，风控管理能力有待提升。

区块链在贸易金融场景中的大范围应用，将有望提升现阶段商业银行贸易金融业务处理的清算和结算效率。当贸易金融业务相关的企业、银行、海关、仓储、税务机构等各参与方基于区块链平台共享业务信息时，借助区块链不可篡改的技术特性，可提升业务信息的可信程度；借助区块链公开透明的特性，可打破银行业跨部门和跨机构的信息壁垒，从而在整体上提升风控水平、减少各方的沟通成本；更高效的业务处理能力也会进一步将贸易金融业务的价值放大，最终惠及企业。

## 8.4 区块链应用的局限性与发展策略

### 8.4.1 区块链应用的局限性

虽然区块链技术去中心化的信任机制能够较好地解决全球范围内的价值交换问题，但作为新兴技术，与区块链应用相关的开发、测试、运维支持体系和技术生态还较为单薄。目前，区块链技术依然在快速地演进和迭代，新思想、新技术和新产品层出不穷，不同产品和应用场景的落地形态也千差万别，在一定程度上限制了区块链技术的大规模应用，区块链技术在金融体系的实际应用中仍然存在较大的局限性。

**1. 安全问题**

首先，区块链网络的安全性是建立在大量可信计算节点的基础上的，在发展大量可信节点之前，需要从安全技术上确保其不被攻击。其次是合作方的信任问题，如果将区块链技术应用于一个新的领域，如小额跨行转账，即使几家银行合作建立私有区块链，也存在合作组织之间的信任问题，目前 R3 区块链联盟接连有金融机构退出就是此问题的一个缩影。此外，在建立区块链的过程中，必须确保一定数量的节点参与计算，否则将面临 51% 的节点容易被攻克的问题。

除了网络安全，用户端的安全问题也不容忽视。以比特币为例，尽管比特币网络从未被破坏，但比特币钱包和比特币交易所被攻击的情况却非常普遍，原因是比特币钱包的私钥是存储在计算机中的，极易被黑客攻击窃取。即便将密钥存储于类似 USBKey 的硬件中，在本地也存在生成和传输的环节，如何保障用户的密钥安全是区块链技术需要攻克的一个技术难题。

**2. 监管问题**

由于监管部门对区块链技术缺乏充分的认识和预期，法律和制度的建立可能会滞后，从而导致与区块链相关的经济活动缺乏必要的制度规范和法律保护，无形中增大了市场主体的风险。因为隐蔽性强、不易被追踪的特点，基于区块链的数字货币往往和外汇转移、恐怖组织融资、逃税有紧密联系，一些国家已经意识到区块链技术可能会带来洗钱风险。

对此，监管层也在不断提升监管能力、增加前瞻性和技术性监管。例如，相较于 P2P 等业务，监管层对 ICO（首次发行代币）融资的问题反应迅速，在一定程度上弥补了监管空白，避免重蹈 P2P 暴雷覆辙。

**3. 容量和时效性问题**

比特币网络是目前最大的区块链网络，日均交易笔数约 27 万笔，总账容量约 420GB，在此较小的规模下，已经出现交易确认速度越发缓慢的情况，大量未确认交易堆积导致一笔交易可能需要 10 个小时以上才能确认。

此外，使用比特币钱包前需要先下载总账，使用普通计算机下载需要几天时间。如果将比特币模式应用于金融领域或者其他大交易量的领域，系统压力和带宽占用将会耗费极大的资源，对资源的需求甚至难以估计。

### 8.4.2 区块链技术的发展策略

目前，国内外的银行巨头都在积极地探索区块链技术与应用创新的新模式，并大力推动重构传统银行业务模式，以满足用户和公众对金融创新的迫切需求，不断提升银行业务的质效。然而，新科技的发展和成熟不是一蹴而就的，技术的发展过程也必然伴随着技术生态的壮大和成熟以及应用落地时所面临的困难和挑战。对此，需要充分了解和研究区块链技术，对区块链技术进行适应性改造，制定新的处理规则和标准，提前做好技术储备。

区块链技术的发展策略主要有以下几个。

**1. 围绕重大战略部署，加快推出区块链技术标准**

要集中优势资源突破大数据核心技术，在前沿技术研发、数据开放共享、隐私安全保护等方面做好前瞻性布局。应推进国家标准体系建设，在区块链技术的知识产权领域循序渐进地参与、制定、引领相应技术标准，更好地推动人工智能技术等新一代技术与区块链的深度融合。

**2. 加快底层技术攻关步伐，打造优质区块链技术联盟**

一是大力发展区块链底层技术，加快推进区块链底层核心关键技术研发，如共识机制、跨链技术等，开展产品研发和测试。政府部门可以从科研立项、研发费用补贴等方面支持区块链底层技术的研究，加强国内公司合作，模拟建立应用场景，进行完善的技术储备。二是培育良好的技术生态。调动政府、科研院所、领军企业等的资源，共同为区块链发展培育良好的科研环境。三是打造优质区块链技术联盟，充分整合分散资源，支持开源开放，构建软硬件协同的生态系统。推动新一代基础设施建设，以保护公民现实世界的数字镜像和数字资源的产权为目标，研发区块链基础设施，如区块链操作系统等。

**3. 制定相关政策细则，回应基本法律问题**

为回应和引导区块链技术应用的规范化发展，应明确规定区块链技术应用数据的法律效力，进一步制定规则、指引等指导性意见，比如在司法领域，可明确区块链技术的适用性，出台相关指导意见，将区块链技术发展的关键环节与法律法规等相关要素整合，引导区块链技术在产业和行业中的合理、合法应用。

**4. 加强国际国内同业交流，培育区块链技术人才**

区块链技术的推广需要监管部门、金融机构和互联网企业的通力协作，需要根据区块链技术的发展与创新动向及时调整发展战略和应用标准。应当积极参与国际区块链联盟组织的研究交流和标准讨论，加强国际国内的同业交流与合作，力争加入国际区块链系列产品的研究和开发。国内可成立专门的实验室，推进区块链技术的研发以及与不同行业的融合应用。应尽早建立培养、招募和储备区块链人才的制度，设立专门的人才培养制度，引进专业师资和专家团队，联合培养人才，为区块链技术开发、应用以及推广提供人才储备和智力支持。

**5. 提升对区块链技术认知能力，改善行业治理**

一是监管部门应加强对区块链的全面认知，建立区块链类型管理制度，将公有链、联盟链、私有链进行明确界定，实施分类管理制度。二是积极引导社会公众，一方面加强对区块链技术的宣传引导，使人们认识到区块链技术的特点和优势，建立对技术本身的信心，认识其应用的重要意义；另一方面要充分认识区块链技术的发展现状，不盲目夸大技术的颠覆作用，谨防 NFT、DeFi 等新晋区块链应用形成的泡沫。注意防范区块链对传统机构管理、商业运营模式的冲击，以及操作陷阱、技术垄断等潜在风险。应积极营造健康有序的行业氛围，为区块链技术的应用营造良好的传播环境，鼓励不同行业机构联合开展区块链技术合作研究。

## 8.5　数字银行区块链应用案例

### 8.5.1　农业银行：区块链技术解决征信单点故障

目前的征信系统通常存在单点故障问题，即征信系统一旦出现服务异常、数据损失、丢失等故障，将直接影响整个征信系统的正常运行。对此，农业银行发明了一项基于区块链技术的征信系统，可通过联盟链避免中心化征信系统造成的单点故障问题，并有效降低银行风险管理成本。该系统由七个模块组成，分别是数据接入模块、信用报告生成模块、征信查询模块、权限管理模块、异议处理模块、数据归档管理模块和异常监测模块（如图 8-5 所示）。

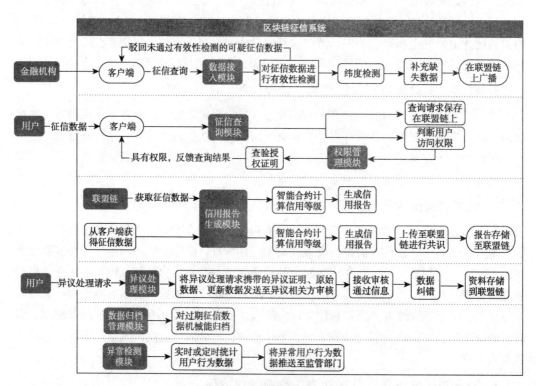

图 8-5　农业银行区块链征信系统模型

资料来源：零壹智库，专利申请书

其中，数据接入模块负责对上传的征信数据进行有效性检测和共识，对通过检测的征信数据进行预处理，补充缺失数据并存储到联盟链中；信用报告生成模块通过智能合约计算信用等级，生成信用报告，并将达成共识后的报告存储到联盟链中；征信查询模块能够接收用户征信查询请求并将请求记录存储在联盟链上；异议处理模块主要接收用户发送的异议处理请求并进行数据纠错；数据归档管理模块主要对过期的征信数据进行归档；异常监测模块可以实时或定时统计用户行为数据，并将异常用户行为数据推送至监管部门。

此外，该系统还可以支持支付机构作为节点加入联盟链，由支付机构将其业务数据上传至区块链征信系统，丰富银行征信数据，提高征信数据的可靠性。

## 8.5.2 中国银行：利用区块链技术解决网络交易欺诈问题

目前，网络电信诈骗越来越多，使用户财产遭受严重损失。由于银行和支付机构的反欺诈系统都是独立的，当遇到跨支付机构的网络交易欺诈问题，银行很难进行有效的识别，也无法及时对用户进行风险预警。对此，中国银行利用区块链技术组建联盟链，通过联盟链对问题账号进行排查（图8-6）。其具体步骤如下。

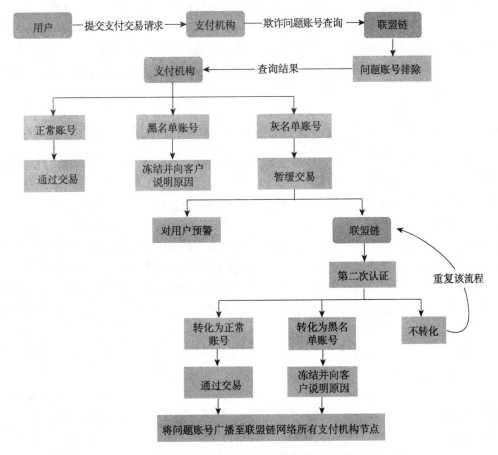

图8-6 中国银行网络交易欺诈解决方案
资料来源：零壹智库，专利申请书

（1）由公安机关、行业监管部门和支付机构筛选出问题账号，并制定问题账号判定标准。问题账号分为黑名单和灰名单账号两种；黑名单账号即曾经进行过欺诈交易的账号，灰名单账号为陌生账号和高危险账号。

（2）将这些问题账号打包成区块，并广播至联盟链网络中所有的支付机构节点。

（3）当用户请求跨支付机构进行交易时，银行利用联盟链对交易双方账号进行排查。如果账号为正常账号，则直接通过交易；如果账号为黑名单账号，则暂时冻结黑名单银行账号并向用户说明原因；如果账号为灰名单账号，则以短信或提示语的形式向用户进行预警，同时对用户进行第二次风险确认和身份认证。

（4）在第二次认证结束后，联盟链会对账号进行第二次判断，将灰名单账号转化为正常账号和黑名单账号。如果判断结果为正常账号，则通过交易，并将账号转化为正常账号；如果判断结果为黑名单账号，则冻结账号，将灰名单账号转化为黑名单账号，并向用户说明原因；如果判断结果仍为灰名单账号，则重复上述灰名单处理步骤。

（5）一旦有灰名单账号转化为正常账号和黑名单账号，会将该信息广播至区块链联盟网络中的所有支付节点。

该方案通过建立联盟链对问题账号进行排查，以提高银行反欺诈识别能力和风险管理能力。其作用主要有以下几点：通过规则合约识别问题账户，提高欺诈事件识别效率，降低人为因素导致的操作风险；将问题账户打包成区块并广播至联盟链网络中，促进数据和信息的共享，解决支付机构之间的数据孤岛问题；对用户进行实时风险预警，提高用户的风险防范意识。

### 8.5.3 中国银行：基于区块链支付系统的跨境支付方法

目前的跨境支付业务是基于 SWIFT 代理模式进行交易，但存在以下缺陷：跨境支付业务需要经过多个代理行，支付路径过长，效率较低；由于各银行之间存在时差或处于节假日，导致跨境支付时间长；跨境支付需要向代理行支付费用，成本增高；销账率较低；无法实时查询交易情况。对此，中国银行基于区块链技术研发了一套区块链跨境支付系统。该系统由区块链网络、区块链支付网关和区块链网络管理系统组成。其中区块链网络中包含多个区块链节点；区块链支付网关负责连接区块链节点、区块链网络管理系统和参加行支付系统，接收并存取普通行支付系统提交的支付数据；区块链网络管理系统负责接收审核参加行开户请求，授权参加行为普通行或账户管理行，开设区块链托管账户与区块链账户（图 8-7）。

具体支付方法分为三个流程，分别为注册交易流程、转账交易流程和取现交易流程（图 8-8）。

（1）注册交易流程：普通行向账户管理行发送注资请求，账户管理行将注资行的实体账户向实体托管账户注入注资金额，并更新到区块链网络中；区块链网络根据注资结果，从区块链托管账户向注资行区块链账户注入注资金额。

（2）转账交易流程：汇款行根据汇款客户发起的转账请求对客户账户及汇款行区块链账户进行记账，并将转账请求发送到区块链网络；区块链网络各节点通过共识算法对转账

第 8 章 区 块 链 133

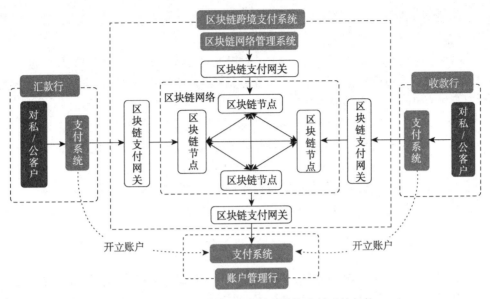

图 8-7 中国银行区块链专利之跨境支付系统架构
资料来源：零壹智库，专利申请书

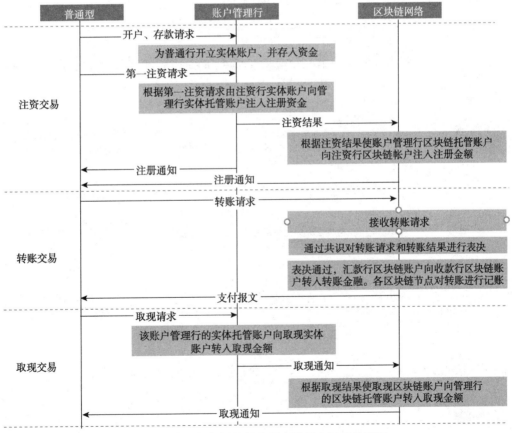

图 8-8 中国银行区块链专利之跨境支付交易流程
资料来源：零壹智库，专利申请书

请求和转账结果进行表决，若表决通过，则从区块链账户向收款行区块链账户转入金额，并将支付报文发给收款行。

（3）取现交易流程：账户管理行接收普通行发送的取现请求，将账户管理行的实体托管账户向取现行实体账户转入取现金额，并更新到区块链网络中；区块链网络向账户管理行的区块链托管账户转入取现金额。

相较 SWIFT 代理模式的跨境支付，区块链跨境支付系统具有以下优点：汇款行与收款行之间点对点进行交易，省去了代理银行造成的时间成本和资金成本，提高了银行间跨境支付效率；支持 7×24 时间交易，不受时差与节假日影响；可通过区块链分布式账本实时销账；支持实时查询交易转账状态；可保障数据存储安全，防止数据泄露风险；可通过区块链网络促进数据共享，提高工作效率。

### 8.5.4 微众银行：基于区块链技术的债务催收

在我国，通过法院仲裁进行债务催收成为银行催收的主要方式之一。目前的仲裁流程主要包括提交仲裁、仲裁庭受理、收集证据、案前调解、出庭举证、组庭裁决等一系列常规步骤，耗时长、效率低。对此，微众银行研发了一种债务催收系统，基于区块链技术将债务催收自动化、线上化。该系统基于区块链智能合约、共识算法等技术自动触发仲裁流程，减少人工干预，简化催收流程，提高催收效率（图 8-9）。

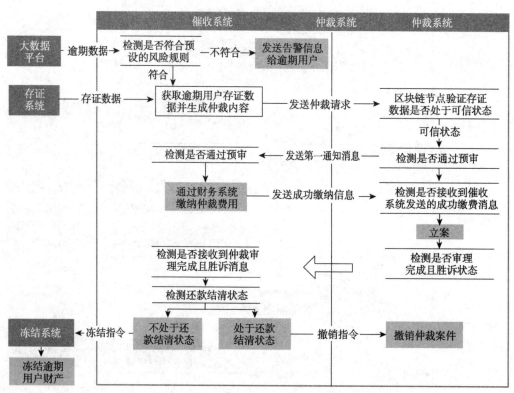

图 8-9　微众银行区块链技术之仲裁催收流程
资料来源：零壹智库，专利申请书

仲裁催收的主要内容包括：当系统发现用户贷款逾期之后，可以根据规则自动判断是否仲裁；根据逾期数据和区块链节点存证数据自动生成仲裁内容并发送至仲裁系统；自动缴纳仲裁费用；获得仲裁胜诉消息之后，触发并执行债务催收请求，实现仲裁案件的自动化。

该系统还连接了催收系统、仲裁系统、存证系统、冻结系统和大数据平台，可实现仲裁催收的全流程管理。其中，大数据平台会定时对贷款系统中逾期用户的逾期利息进行计算，并将逾期利息和逾期信息发送给催收系统。催收系统负责检测逾期用户是否是黑名单用户。存证系统负责存储贷款合同文档、还款计划表、贷款时刷脸认证数据、贷款承诺书、电话录音。仲裁系统负责对仲裁进度进行实时提醒，也可以成立网上仲裁庭，通过仲裁系统进行双方对峙。冻结系统负责资产冻结。具体流程如下。

（1）催收系统接收大数据平台发放的逾期数据，并检测逾期数据是否符合预设的风险规则；若逾期数据符合风险规则，则从存证系统的区块链节点中获取逾期数据对应的存证数据，并根据存证数据和逾期数据生成仲裁内容；如果不符合风险规则，则发送告警信息给逾期用户。

（2）催收系统将仲裁内容发送给仲裁系统，并对仲裁审理进度进行检测。

（3）仲裁系统在收到仲裁请求之后，会通过区块链节点验证存证数据是否处于可信状态，是否满足立案条件；若存证数据处于可信状态则通过预审，并发送信息给催收系统，以及检测催收系统是否成功缴纳仲裁费。

（4）催收系统收到预审通过信息之后，通过财务系统缴纳仲裁费用；若规定时间内未收到信息，催收系统则确定为仲裁案件不符合立案条件，此时需要修改仲裁内容，重新生成仲裁请求。

（5）仲裁系统接收到缴费信息，对仲裁案件进行立案，并检测案件是否审理完成并处于胜诉状态。

（6）若催收系统接收到仲裁胜诉之后，检测还款结清状态；如果处于还款结清状态，则触发撤销指令，撤销仲裁案件；如果不处于结清状态，则触发冻结指令，将冻结指令发送给冻结系统将逾期用户的财产冻结。

### 8.5.5 福建农信：基于区块链技术简化扶贫贷款流程

目前，我国扶贫贷款存在流程复杂、信息不对称、数据可信度低、监管难等缺陷。相比普通贷款，扶贫贷款通常涉及各级政府部门，因此需要对不同部门的流程进行整合；并且还需要对用户借款需求、还款能力、还款意愿、是否是贫困户等方面进行评估和判断；除此之外，还需要通过银行贷款系统、财务系统、扶贫贷款管理系统等系统进行关联，确认贷款审批进度和贷款资金发放进度。对此，福建农信基于区块链技术，发明了一套扶贫贷款管理系统，在精准扶贫、贷款流程、以及监管监督等方面都具有明显的提升（如图8-10所示）。

首先，该系统打通了与各政府系统、银行系统之间的数据壁垒，将各系统数据保存在区块链网络中。银行可通过区块链网络直接获取分散在各个部门之间的客户数据，促进了金融机构与政府部门之间的数据共享。并且，基于区块链不可篡改、可溯源等特性，可保障数据的真实性、安全性、及时性和全面性，有效降低银行扶贫贷款业务的难度，提高扶贫贷款用户识别的准确率。

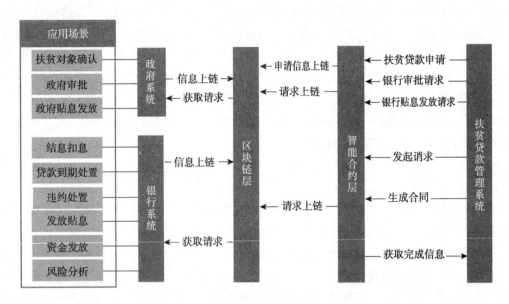

图 8-10　福建农信区块链之扶贫贷款解决方案
资料来源：零壹智库，专利申请书

其次，该系统利用智能合约，简化了扶贫贷款审核流程和发放环节，提高了贷款审批速度和资金发放速度，将贷款业务线上化、自动化。福建农信基于智能合约，在扶贫贷款管理系统中加入了贷款审批流程合约、贷款管理合约和扶贫贷款贴息申请合约，用户可在申请时触发智能合约，由系统自动从区块链网络中收集、整理、分析用户数据。

此外，该系统还为政府部门提供了数据获取接口。政府部门可通过区块链网络监控扶贫代理过程中的信息流、资金流、审批流。政府部门可通过该系统了解贷款进度，并且对贷款过程中的违法违规行为进行监督和管理。

# 本 章 小 结

区块链是分布式数据存储、点对点传输、共识机制、加密算法等信息技术有机结合而成的新型信息技术。其核心思想是建立一个基于网络的公共账本，该公共账本由多个前后相连的区块组成，每一个区块都包含了一定数量的交易信息，整个区块链账本体系由网络中所有的用户共同负责维护。由于区块链上所有的数据都是公开透明的，并且可以验证信息的准确性，因此不需要中心化的服务器体系作为信任中介的支撑，就可以在技术上保证区块链上信息的真实性和不可篡改。区块链技术在数字货币、跨境支付与结算、票据与供应链金融以及客户征信与反欺诈等金融场景都有着巨大的潜在应用价值。现阶段区块链技术创新高速演进，在数字银行乃至金融行业的应用前景广阔，应用生态体系也正在逐步形成。但是需要意识到，区块链仍面临合规性、技术成熟度、运营模式等方面的风险与挑战，需加强同业合作,加速技术和应用标准的制定,建立并完善行业监管制度体系。

## 简答题

1. 什么是区块链?它具备哪些特征?
2. 区块链采用的技术有哪些?
3. 区块链技术应用的局限性有哪些?
4. 区块链在数字银行中有哪些应用场景?会带来什么影响?
5. 根据区块链技术的基本特征,畅想并描述区块链在金融领域的各种应用可能性。

# 第 9 章

# 主要国家和地区数字银行发展战略

【本章学习目标】

通过本章学习,学员应该能够:
1. 了解欧洲数字银行发展战略;
2. 了解美国数字银行发展战略;
3. 了解新加坡数字银行发展战略;
4. 了解澳大利亚数字银行发展战略;
5. 熟悉中国数字银行发展战略。

## 9.1 欧洲数字银行发展战略

2013 年以来,欧洲数字银行在欧洲央行及各国的积极政策引导下,逐步发展并形成了竞争优势,开始向美国等市场扩张。数字银行具备政策敏感性强、数字化程度高、运营成本低、市场定位清晰、企业架构简单等优势,可为客户带来不同于传统银行的使用体验。在新一轮金融科技浪潮中,在欧盟及欧央行等的积极引导下,欧洲银行业涌现出一批高质量的数字银行(Digital-Only Banks),在改善用户体验,提升行业效率的同时,也悄然改变着竞争格局。

### 9.1.1 战略布局:依托数字化转型

欧洲银行业普遍把数字化转型作为最重要的战略,将适应金融科技发展与商业银行自身定位、发展目标、经营环境相结合,从顶层设计上制定转型战略规划。例如,汇丰银行明确数字化战略目标为"从根本上将业务模式和企业组织数字化,全面推进以客户为中心、以数字化为驱动的客户旅程再造",并把打造以手机为中心的未来智能银行作为重要任务。荷兰 ING 银行提出"Think Forward"战略,对标领先科技公司,着力打造敏捷组织转型、开放式创新平台、金融科技三大引擎,立志转型成为一家从事金融服务的科技公司。西班牙对外银行(BBVA)以"成为全球数字银行的领军者"为发展愿景,通过整体布局、分步推进转型,欲成为数字化转型的急先锋。

由于仅仅依靠原有的部门设置无法兼顾常规业务的运营和数字化转型战略的推进,相当一部分欧洲商业银行在数字化转型过程中,对组织架构进行了调整,设置首席转型官

（CTO）或首席数字官（CDO），专门负责转型中的部门协调、预算管理以及人员组织等工作。有的银行还组建了数字化战略推进委员会或办公室，将数字化转型的战略目标层层分解到具体的项目和模块，密切追踪、监控进展，确保数字化转型举措切实可行。

劳埃德银行在组织架构调整方面走在了前列。该行于 2013 年就对组织架构进行了调整，增设数字化部门，调动 18000 人专职从事转型相关工作，占全行总人数的 1/4。同时还从组织架构上，将原有四大业务线条中与数字化相关的职能全部抽取出来，设置专门的数字化部门，负责包括产品创新、线上渠道搭建等职能在内的数字化业务。西班牙对外银行则由董事长和 CEO 直接领导全行数字化创新业务，在总部设立全球数字化委员会，全程负责跟进转型，在各地成立转型执行委员会，确保各项战略举措有效落地，建立了强有力的数字化转型战略执行机制。

### 9.1.2 构建开放银行、打造金融形态

随着欧洲支付服务指令 2（PSD2）和英国开放银行法规的实施，大型银行开始加速开放银行的建设，抢占新模式下的发展先机。目前，英国的九家大型商业银行均已对外开放银行产品、网点 ATM 等标准化数据，第三方可以通过银行与客户两方的授权，实现银行客户资料的自由调取，苏格兰皇家银行、巴克莱银行、爱尔兰联合银行和英国国家银行还实现了应用于 App 的开放银行建设目标。现阶段，欧洲越来越多的人将银行视为储存身份、声誉、信任和关系的地方，成为开放银行提供服务和获取收益的重要方向，如欧盟、英国都开放了银行账户信息、产品信息和发起交易的访问权限。基于此，西班牙对外银行实施了数字身份战略，在获取授权后，代表客户去管理所有的身份授权和认证，不仅作为信用中介参与客户交易，还在其他方面为客户提供服务。

开放银行建设为创新金融生态提供了有利条件。数字化转型中，大型银行借助资本和客户优势，把科技视为机遇，通过与初创企业合作、购买金融科技公司服务、投资或并购具有领先技术和创新理念的金融科技公司，推动科技能力的提升，构建数字金融生态。例如，巴克莱银行创建了"巴克莱孵化器"，支持区块链相关的初创公司 Safello、Atlas Card 和 Blocktrace；桑坦德银行购买了美国金融科技平台 Kabbage 的服务，提升其在中小企业贷款方面的竞争力；苏格兰皇家银行收购了自由职业者财务管理软件公司。调查显示，超过一半的欧洲银行已经与金融科技公司建立了合作关系，约有 1/3 的银行采用风投或私募的形式布局金融科技。

### 9.1.3 重塑客户旅程、改善客户体验

客户选择银行的主要依据是便捷性，因而欧洲传统银行转型和"挑战者银行"建设的过程中，都是以满足客户需求为首要任务。英国大型商业银行的客户旅程再造重点包括开户体验和风险合规管理效率。汇丰银行针对整个零售业务中最为关键的 20～30 个旅程开展了端到端的客户旅程再造；劳埃德银行从客户和财务效益视角出发，选择了十大核心旅程进行数字化改造。

客户旅程的每一部分都是不可分割、相互关联的。因此，在客户旅程重塑中，需要市场营销、销售、客户开拓和服务等不同职能相互配合。基于此，劳埃德银行把 IT 部门和商业变革部门进行了整合，并引入敏捷的工作方式，构建敏捷团队，进行创新设计和运营推广。汇丰银行重组了开发架构，整合 70000 个应用和遍布全球的 40000 名 IT 人员，基于改造项目将开发团队分解为众多小型团队，加强任务分解和团队协同。通过客户旅程再造，劳埃德银行将开户时间从一周缩短至一天，信用卡在线申请不超过 90 秒，客户经理在对公单个案例上的投入时间从 7~14 小时缩减为约 1 小时，同时节省了 1.5 万个员工岗位，节约了 20 亿英镑左右的成本支出。汇丰银行的数字化渠道销售额增加了 75%，活跃的数字化用户比例达到了 40%~50%，客户体验大幅提升。

### 9.1.4 打造数字公民身份

在走向数字化未来的路上，欧洲仅靠建设数字基础设施、提高数字能力、在企业和公共服务部门普及数字化还远远不够，还需要提高欧洲公民的整体数字能力，使其能充分利用数字化机遇和数字技术。

在数字空间里，我们要把公众线下行使的权利转移到线上。加强公众的数字能力，首当其冲的是要为人们提供负担得起的、安全优质的上网服务，只有这样他们才能有效参与经济与社会活动。同时，在数字身份证得到普及的前提下确保人们能获取数字公共服务和卫生服务，确保其在各方面都有所受益（包括不受歧视的线上服务、安全可靠的数字空间、工作生活两不误的远程工作环境、未成年人保护、符合伦理标准的人工智能决策等）。

在此过程中，面向公众的数字技术和数字服务必须合乎法律规范，必须尊重欧洲的权利和价值观。以人为本、安全而公开透明的数字环境不仅要合法，而且要有助于人们的维权（包括隐私权、数据保护权、言论自由权、儿童权益与消费者权利等）。

数字原则应以欧盟基本法为基础，具体包括《欧盟条约》《欧盟运作条约》《基本权利宪章》及欧盟法院和次级立法机构颁布的判例法等。

欧洲版数字社会要支持开放的民主倡议，具体做法是推动制定包容性政策、鼓励人民广泛参与、举办草根行动、推出本土倡议等，通过上述手段来提升社会认可度，争取公众对民主决策的支持。构建欧洲版数字社会应以尊重欧盟的基本权利为基础，具体包括：言论自由；线上创业和经商的自由；对个人数据和隐私的保护，个人删除信息的权利；加强网络空间个人知识产权保护力度。

### 9.1.5 政策保障体系

**1. 积极监管**

近年来，欧洲的监管机构相继出台数字银行监管政策，以促进竞争、改善客户权益为目标，允许金融科技公司通过标准结构获取银行服务数据及客户数据，以便其为消费者提供全新服务，加速金融创新。同时，欧洲经济区内银行牌照的相互认同，也方便了金融科技企业在一国申请牌照后，快速拓展其在整个欧洲区内的业务。主要政策列示如下。

一是经营牌照可选择，行业准入门槛降低。欧洲数字银行需要根据经营业务申请对应的监管牌照。一般而言，数字银行所提供的主要服务，包括零售银行、支付及金融市场服务等，均属欧盟"单一牌照机制"（Licensing and Passporting）管辖。此项监管体系规定，数字银行可凭借其获得的所在国的完全银行牌照（Full Banking License），在欧洲经济区（EEA）范围内为所有国家提供银行服务。目前，对数字银行的申报、审批及监管流程与传统商业银行的要求一致。此项政策有利于数字银行快速在欧盟区拓展业务、吸引客户。此外，若数字银行创立者希望尽快获得经营牌照以抢占市场先机，还可选择注册仅受所在国监管的认证牌照。例如，法国为金融科技领域专设了金融投顾、银行及支付中介、众筹业务中介等执照。本土监管执照虽然无法开展其他国家的业务，但办理流程简单、便捷、门槛更低。据此，数字银行可采用先本土、再海外的发展路径，先申请本土牌照，待发展程度提升后再申请欧盟认证。

二是支付领域新政策，利好数字银行发展。欧洲议会和欧盟理事会于2007年提出支付服务指令（PSD），并于2015年推出修订版本（PSD2）。PSD2的核心变化是纳入了第三方支付服务提供商，并规定银行有义务在得到客户授权的前提下向第三方提供商披露任何相关数据。PSD2自2016年1月12日起正式生效，要求欧洲经济区内各国（包括28个欧盟成员国以及3个欧洲自由贸易联盟成员国）必须在2018年1月13日前将PSD2转化为相关法律。此外，欧盟另一独立法案《一般数据保护条例》（GDPR）要求欧盟各银行或与欧盟个人有业务往来的第三国银行机构，收集整理每位客户的相关数据，以配合PSD2政策的实行。PSD2的要求使得数字银行具备了获取客户活期账户的可能，有助于其通过数据的接入为消费者提供新服务、新体验。

三是各国陆续推出支持金融科技创新的相关政策。2016年3月，英国财政部开放银行工作组（OBWG）对外发布《开放银行标准框架》，内容包括数据标准、应用程序编程接口（API）标准与安全标准等。2016年8月，英国竞争和市场管理局（CMA）提出了开放银行服务数据等系列改革措施，要求大不列颠和北爱尔兰市场份额最大的九家银行（CMA9，包括Lloyds、巴克莱、汇丰、桑坦德和RBS等），建立并采用统一的开放银行服务数据和客户资格指标、银行服务质量指标与个人或企业账户交易数据。此外，英国、荷兰、瑞士等国，还先后推出监管沙箱机制，以便监管者在测试环境中考察金融产品及商业模式的可行性，同时为产品提供临时豁免权。例如，英国提出从事金融创新的机构可执行特定简化的审批程序，且在一定范围内获得法律豁免权等。此外，欧洲各国针对金融科技企业还提供了融资、税收、技术创新咨询、监管咨询等服务，对数字银行的发展也起到重要的推动作用。

**2. 风险防范**

为防范互联网金融犯罪，建立和谐的互联网支付环境，欧央行于2011年发起成立欧洲零售支付安全论坛（the European Forum on the Security of Retail Payments），27个欧盟国家监管当局先后加入。欧央行于2014年先后发布《互联网支付安全建议》《支付账户访问服务安全最终建议》《移动支付安全建议（草案）》，提出了欧盟金融交易安全要求底线，强调欧盟各成员国监管机构和互联网支付服务提供商应采用更强的技术手段保障金融交易安全。此外，美欧银行业积极探索采用标记化（Tokenization，也称"令牌化"）技术消除敏感数据，降低因金融信息泄露带来的风险。

## 9.2 美国数字银行发展战略

美国数字银行业最早起源于互联网泡沫时期的网上直销银行。在金融危机之后，随着金融科技技术的日趋成熟，数字银行业飞速发展。美国货币监理署也出台了相关向金融科技公司发放特殊目的国民银行（Special Purpose National Bank，SPNB）牌照的法案，但由于监管层面的政策冲突和业务范围定位不明确，导致 SPNB 牌照至今尚未能成功推行。随着美国消费者线上服务需求日益增加，全面的数字化发展将成为未来银行业的发展趋势，数字银行也将多元化和规范化其功能和产品，为消费者在线提供快捷、有效的金融解决方案。为了有效促进数字银行的健康快速发展，美国出台了一系列重要举措。

### 9.2.1 加快发展自助服务渠道、增加客户黏性

从银行网点到宽带网络、移动网络、社交网络，美国消费者选择银行服务的渠道发生了很大变化。自 1995 年美国诞生世界第一家网络直销银行——安全第一网络银行（SFNB）以来，网络渠道凭借其低成本、高效益、方便、快捷、标准化、规范化等诸多优点，成为美国商业银行拓宽服务领域、实现业务增长、调整经营战略的重要手段。美国相关咨询机构研究报告显示，宽带网络渠道已经成为客户日常办理银行业务的首选渠道，银行实体网点呈现持续减少趋势。随着全球移动互联时代的到来，移动网络渠道发展成为大势所趋，据美联储《消费者与移动金融服务报告 2014》，美国消费者对手机银行的使用逐年增加，2013 年美国有 33% 的手机用户和 51% 的智能手机用户使用手机银行，且移动渠道打破了原来支付和传统的银行业务功能分离的局面，重新构建了银行功能，使客户和资金之间的联系更加密切。此外，许多银行尝试利用社交网络平台向客户提供服务，客户可通过社交网络向银行提出需求或反馈意见，银行专业顾问将在线为客户提供帮助。这些数字化渠道创新不仅给客户带来了便利，同时带来了海量的客户行为数据，有助于进一步识别客户，从而进行市场细分，研发个性化金融服务产品，显著提高营销效果。

### 9.2.2 客户服务个性化、差异化

数字银行的核心是"以客户为中心"，通过运用信息技术帮助银行从根本上重新思考和设计现有的业务流程。根据客户类别，将分散在各业务部门的工作按照最有利于提升客户体验的运营流程进行整合优化，通过服务客户使银行能够更加有效适应市场要求，在客户体验和业务反应速度等方面有所突破，进而在财务绩效指标与业绩成长方面有优异的表现。银行专注于改善客户的整体体验，把更多的控制权放在客户手中，改变由银行各业务部门决定客户服务如何展现、如何处理以及如何反馈的传统思路。通过使用可定制工具和部件，客户可自行设计交互界面，可以更快、更容易地访问所选择的信息，提升个人体验；

银行也可及时获知客户需求以及使用产品的情况，以便提供针对性产品，持续改进客户服务；信息交互方式不再是静态的简单查询操作，银行将提供更多的交互操作工具，进而改善客户体验。

### 9.2.3 服务创新常态化

面对网络时代消费者行为模式的转变，银行业变革动力日益增强，数字化银行通过轻资产型的敏捷业务模式，一方面加强数字化渠道建设，适应客户行为变化；另一方面加强数据分析，主动捕捉客户需求开展创新，受到消费者普遍欢迎。欧美银行业加快大数据等新技术体系的应用，不断加强数字化渠道与客户的连接和互动，多方面获取各种客户行为信息，通过大数据分析提升客户价值。美国银行改造网上银行，以获取客户登录网络银行后操作行为的细节数据，并根据数据分析结果及时创新金融产品和营销，在开展交叉销售、防止客户流失、提升营销投资回报率方面表现突出。大数据技术应用不仅有助于银行更好地评估风险，开辟新的收入来源，还能推动新服务的问世，为中小型企业提供客户行为和销售趋势的相关资讯。

### 9.2.4 政策及牌照

由于各大监管机构的意见没有达成一致，近年来美国一直没有为本土创立的数字银行颁发银行牌照。如今大部分美国的数字银行本质上都是运营着银行业务的科技企业，它们通过与持有银行牌照的传统银行合作来开展业务，这种模式被称为"Banking as a Service, BaaS"。这种运营模式是指传统银行帮助数字银行管理其客户账户，而数字银行则负责为传统银行提供技术支持。目前，美国市面上大部分数字银行都在以"金融科技企业＋合作银行"的模式运营。

在金融科技快速发展的大背景下，2016年12月，美国货币监理署（OCC）发布了《探讨向金融科技公司发放特殊目的国民银行牌照》（*Exploring Special Purpose National Bank Charters For Fintech Companies*）一文，明确了向金融科技公司发放 SPNB 牌照的权限、条件及监管要求（见图 9-1）。

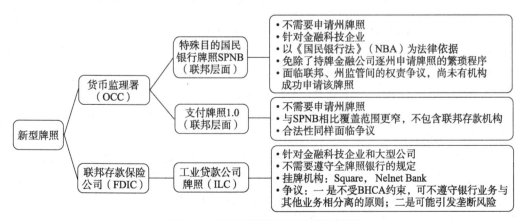

图 9-1 美国金融科技领域新型牌照

**1. SPNB 牌照的申请要求**

从事信托活动或任何涉及接受存款、支付支票及贷款业务的金融科技公司和非全服务银行，如州立银行，均可申请 SPNB 牌照。前提是，此类业务属于国民银行的业务范畴，且将以美国《国民银行法》为法律依据。

由于没有对"特殊目的"设定具体的范围，除要求业务类型符合规定 OCC 将从商业模式和风险状况两大方面对申牌主体进行评估：一是申牌主体是否有清晰的路径和时间规划来实现盈利、是否有充足的资本和流动性支持；二是管理人员是否具备足够的管理经验。

**2. SPNB 牌照的优势**

与传统的全服务银行牌照相比，SPNB 牌照的持牌主体主要为金融科技公司及仅开展部分业务的银行，其涉及的业务范围较为有限。但因此也节约了申请传统银行牌照所需的成本，减少了可能面临的监管压力。另一方面，与 MSB 和 MTL 牌照不同，SPNB 免除了申请主体需逐州申请牌照的烦琐程序，为申请主体提供了联邦层面的认可，且非存款机构也无须再接受 FDIC 的存款保险和监管。

**3. SPNB 的持牌情况及面临的争议**

SPNB 牌照申请启动后立即遭到了各州监管机构的强烈反对，原因在于 SPNB 为联邦层面牌照，帮助金融科技公司绕开了州层面的监管，极大地削弱了州监管机构的权力。

目前，SPNB 牌照未能被成功推行：一是由于联邦和州层面存在的监管权责冲突；二是因为 SPNB 牌照对持牌主体业务范围的定位并未完全满足金融科技企业的展业需求。

## 9.3 新加坡数字银行发展战略

新加坡已是全球第五大金融中心，目前正通过发放数字银行牌照、制定发展规划、实施数字支付法规等方式丰富本国的数字金融生态，努力在即将到来的数字经济时代成为全球数字金融中心。新加坡出台多项举措保障数字银行健康快速发展。

### 9.3.1 审慎安排数字银行牌照发放，营造公平竞争的市场环境

计划批准数字银行牌照的举措反映了新加坡希望建成一个成熟的数字金融服务体系。这一过程将间接地增强申请方的能力，把银行业的竞争推向新的高度。此外，新加坡金融监管局（Monetary Authority of Singapore，MAS）还可以通过授予那些资金不足的参与者牌照来帮助金融业实现更高的包容性。数字银行监管先行的策略是为了最终确立新加坡作为亚太金融科技枢纽的地位。按照惯例，新加坡的政策实践很可能成为东南亚国家培育数字银行业发展的范式。

新加坡还通过鼓励外资银行扩展经营模式来推动数字银行发展。MAS 不断加强"显著扎根的外资银行"（SRFB，指在国际经营中高度聚焦新加坡市场的重要外资银行）计划，考虑向达到 SRFB 基准的银行授予全面牌照，使它们能够建立包括合资公司形式在内的子公司，来尝试纯数字银行的运营模式。

## 9.3.2 打击洗钱和恐怖主义融资

数字银行的隐蔽性、高效性和跨国性给反洗钱和恐怖融资工作带来挑战。2012 年 10 月，新加坡提高了反洗钱和恐怖主义的融资标准。2017 年 4 月，由 MAS、警务处和银行业共同建立反洗钱和恐怖主义融资行业合作伙伴关系（ACIP），合作识别、评估和缓解主要的及新生的洗钱和恐怖主义融资风险。由警务处商业事务部和 MAS 担任联合主席，由银行协会（ABS）和八家银行组成指导小组。指导小组成立了专家工作组，以同外部专家一道开展研究。

## 9.3.3 应用区块链技术

区块链将成为未来数字银行的核心技术。首先，Ubin 项目包含探索使用分布式记账技术来建立更低成本、更透明和更具弹性的银行间清算系统，很可能作为未来包括数字银行在内整个银行业的基础设施。其次，项目中与 MIT 合作的子项目将支持区块链技术在人工智能和数据分析领域的应用。再次，新加坡建立了金融科技创新中心 80RR，以支持区块链技术试验。最后，新加坡银行协会（ABS）正在与 MAS 合作加强区块链网络安全措施，可能最终形成法律。

## 9.3.4 开展区域银行业合作

《东盟银行业一体化框架》（ABIF）于 2020 年正式实施，旨在于东盟建立一个更加一体化的银行市场，支持合格的东盟银行（QAB）在合作伙伴国家获得市场准入并以与在国内相同的条件开展业务。但同时要求银行必须位于东盟成员国内且为其国民所有。这一框架将对把新加坡作为区域总部的数字银行起到极大助推作用。

## 9.3.5 强化数字银行安全运营

鉴于针对银行客户的短信网络钓鱼诈骗接踵而至，MAS 和 ABS 正在推出一系列措施来加强数字银行的安全性，进一步保护客户免受数字银行诈骗。

删除发送给零售客户的电子邮件或短信中的可点击链接；向客户发送资金转账交易通知的阈值默认设置为 100 美元或更低；每当有更改客户手机号码或电子邮件地址的请求时，通知在银行注册的现有手机号码或电子邮件；额外的保障措施，例如在实施关键账户更改请求之前的冷静期，例如客户的关键联系方式；专门且资源充足的客户协助团队，优先处理有关潜在欺诈案件的反馈；更频繁的诈骗教育警报。

经与 MAS 和新加坡警察部队（SPF）协商，银行正在逐步实施以下附加措施，这些措施将于 2022 年 10 月 31 日全面生效：需要额外的客户确认来处理客户账户的重大变化和通过欺诈监控识别的其他高风险交易；将在线资金转账的默认交易限额设置为 5000 新元或更低；提供紧急自助服务"终止开关"，让客户在怀疑其银行账户被盗时迅速暂停其账户；通过在 SPF 反诈骗中心同地安排银行工作人员，促进快速账户冻结和资金追回操作；强化欺诈监控系统建设，以考虑更广泛的诈骗场景。

为了最大限度地降低导航到欺诈网站的风险，强烈建议银行客户使用移动银行应用程序，而不是网络浏览器。银行将继续增强其银行应用程序的功能，并协助客户过渡到更多地使用这些应用程序。

为确保对行业反诈骗举措的持续投资，由七家国内系统重要性银行组成的 ABS 反欺诈常务委员会将推进 2020 年成立的反诈骗工作组的工作。委员会将直接向 ABS 理事会报告并将推动行业的反诈骗工作，实施强有力的措施来保护客户，并增强公众对数字银行安全的信心。在委员会的领导下，行业正在进行的反诈骗工作将被正式划分为五个关键工作流，具体包括：客户教育；验证；欺诈监控；客户处理和恢复及公平的损失分担。随着诈骗形势的发展，委员会将与成员银行合作，不断审查和加强反诈骗措施的有效性和相关性。

客户在打击诈骗方面发挥着至关重要的作用，随着诈骗策略的发展，客户需要及时了解 SPF、国家犯罪预防委员会、MAS 和银行发布的诈骗咨询和警报；参考官方来源，例如 MAS 金融机构目录和银行发行的卡（例如 ATM 或信用卡），以获取热线电话号码和网站地址以与银行沟通；更多地使用银行应用程序来满足银行业务需求并通过在其设备上打开应用程序内通知来接收通知；绝不向任何人泄露网上银行凭证或密码。虽然银行加强的反诈骗措施可能会延长客户完成某些网上银行交易所需的时间，但这对于实现更高水平的资金安全和保护是必要的。

持续打击诈骗需要生态系统方法，所有利益相关者都在保持警惕和防范诈骗方面发挥作用。旨在实现消费者和金融机构之间公平分担损失的框架草案正在最后敲定，并将作为修订后的电子支付用户保护指南的一部分提交公众咨询。磋商还将涵盖生态系统中其他关键方的责任。

新加坡银行公会主席 Wee Ee Cheong 先生说："作为一个行业，我们不断审查并采取明智和安全的措施，以保护我们的客户免受诈骗，同时让他们能够轻松地办理银行业务。打击诈骗，无论是数字诈骗还是其他诈骗，都需要每个人的努力和合作——银行、生态系统参与者以及客户。公众意识和保持警惕是关键。我们致力于与所有利益相关者共同努力，维护数字银行的信任和信心。"

MAS 副董事总经理（金融监管）Ho Hern Shin 女士说："打击诈骗需要整个生态系统保持警惕。这套进一步的措施将增强客户保护自己免受数字银行诈骗的能力。MAS 将继续与其他政府机构和金融机构合作，以加强我们的金融体系抵御诈骗的能力。"

## 9.4　澳大利亚数字银行发展战略

澳大利亚是以资源类产业和服务业立足的国家。金融服务业是澳大利亚国民经济中很大的一块，每年为 GDP 贡献 1400 亿澳元的经济产值。但是以现有的四大行为主的传统银行无法覆盖到商业行为的每一个角落，尤其是在中小企业领域。基于这样的商业环境，澳大利亚孕育出了许多数字银行品牌，澳大利亚市场称之为 "Neobank"。而这些数字银行也通过使用新的技术，为 FinTech 开辟了一条新的路径，同时也给澳大利亚金融行业带来了一场新的革命。

根据新思界行业研究中心发布的《2021—2025 年澳大利亚数字银行市场投资环境及投

资前景评估报告》显示，澳大利亚数字银行相对成熟，行业可挖掘潜力较大。一方面，作为全球第十二大经济体，澳大利亚国内经济高度发达，基础通信设施完善，智能手机、平板电脑等产品普及率较高，为数字银行发展提供了良好基础条件；另一方面，澳大利亚政府正在积极推动社会数字化转型，先后实施了《国家数字经济战略》《澳大利亚数字经济：未来方向》及《澳大利亚数字化转型策略》（Digital Transition Policy）等多项政策，给数字银行发展营造了有利政策环境。

### 9.4.1 "双速 IT"数字化开发模式

澳大利亚联邦银行（CBA）等国际银行积极采用敏捷开发方式，打造了"双速 IT"的金融科技开发模式。根据麦肯锡公司估计，"双速 IT"模式可以将银行产品创新上市时间缩短 40%~60%，开发错误率减少 60%。该战略可使传统银行在未来 5~10 年将净资产收益率提升 2%~5%。

构建新一代 IT 应用架构支持前、中、后台的数字化转型；开展 IT 基础架构创新，搭建私有云与公有云相结合的底层技术平台；借鉴互联网企业建立"以产品经理为中心、迭代开发"的 IT 治理模式。

### 9.4.2 以客户为中心的现有业务数字化转型

银行正在从"产品驱动"转向"客户驱动"：从客户视角出发，重新梳理和定义核心客户旅程，并持续推动敏捷、快速、端到端的数字化流程再造。数据研究表明，银行只要聚焦 20~30 个核心客户旅程改造，就可以大幅降低运营成本（覆盖 40%~50%成本），并显著提升客户体验（覆盖 80%~90%的客户活动）。

互联网公司的产品开发具有独特的"场景化创新""快速上线""小步迭代"等特点，从产品创意到上线的周期极短。领先银行正积极适应、追赶这种短平快的数字化产品开发模式，从客户需求角度出发，借鉴互联网产品开发思路，快速上线产品原型，并基于客户反馈持续优化迭代。以 CBA 为例，在数字化产品开发上，运用创新车库模式加速产品创意的孵化，邀请客户参与设计过程，产品从创意到原型上线只需十几周时间。同时，越来越多的银行借力金融科技技术快速实现数字化产品创新。

银行与客户的接触渠道日益多样化，客户线上线下海量信息零散割裂在各个渠道，信息和体验不一致成为一大痛点。打通数据和信息在各个渠道的无缝交互，不仅能为客户创造完美的服务体验，同时利用高级数据分析进行深度数据挖掘，还能帮助银行显著增加交叉销售的机会，做大客户的钱包份额，提升跨渠道的协同效应。

### 9.4.3 建设生态圈银行，全方位打造场景金融

打造或嵌入生态圈对银行具有战略价值。银行的服务正在"隐形化"，通过提供"金融"+"非金融"服务提高客户黏性，提升客户体验，提高钱包份额。CBA 在房地产领域成功打造生态圈，整合房产交易过程和金融服务，打通产业链。其通过自建的网上银行和 App，提供分步购房的专业服务，包括价格比较和交易的地区分布信息等，促成交易达成。

这些创新的举措整合大量房源客户信息，撼动了原有买房价值链。

生态圈战略能为银行带来海量的用户数据，帮助银行触及更多客户和完成更精准的用户数据分析，从而更好地经营风险。生态圈战略的成功制定以及全面实施有望帮助银行在未来的五到十年间提升净资产收益率（ROE）2~5个点。此外，由于互联网企业在资本市场估值普遍较高、银行业估值普遍较低，银行向生态圈战略进军也有助于提振资本市场对它们的估值。

### 9.4.4　科学选择具有自身特色的新服务模式

目前，国际银行最受重视的新型渠道包括：银行服务网络与第三方构建的账单支付和管理平台、由银行客户自主发起和控制的跨行和跨地域支付体系、以区块链技术支持的银行间信息网络、互联网交易平台、人机整合联动的交易与咨询联动资管、财富管理系统与平台等等。随着第五代通信技术、元宇宙技术开发和广泛应用，人工智能将更多地赋能商业银行网点，比如智能穿戴设备、数字化和虚拟化信用卡、智能化"超级柜台"等将更加广泛地应用到网点经营和金融服务领域，网点空间和网络布局将不断向智能化扩展，全球银行业将大量出现虚拟分支行。

### 9.4.5　建设大数据和高级分析能力

大数据能力是未来十年银行的核心竞争力，国际领先银行均将打造大数据能力列为核心战略，并在营销、风险、运营管理等领域积极投资大数据能力。研究预计大数据可推动交叉销售业务增长10%~30%，信贷成本下降10%~15%，后台运营成本降低20%~25%。然而，银行在大数据的运用领域仍然挑战重重。从以下四个维度入手培养大数据能力。

建立"数据湖"，是改善数据基础设施是转型的必备条件。银行内部大多数据处于碎片状态，信息使用十分不便。往往每个项目都会配备一个单独的数据集，导致数据集多如牛毛，而合并数据库又成本高昂。鉴于以上原因，一些领先公司已转向使用全行通用的"数据湖"总分析层，从分散各处的数据源中提取数据，将所有数据均以非结构化的形式存储在"数据湖"中。

从数据用例出发，紧密结合业务应用，推动数据分析和治理改造，提升使用价值。数据湖技术的早期案例表明，成功企业在数据湖设计阶段应当主要从业务问题（而非技术要素）的角度进行思考。它们首先会找出业务单元在哪些情境下可从数据湖获得最大效益，并在设计存储方案和推广决策时将这些情境纳入考量。随后根据实际需求，向数据湖中逐步填充具体集群或案例的数据。理想状况下，银行应当根据业务用例的优先级从高到低分批进行数据湖填充。

创建高级分析"卓越中心"，理顺数据组织模式和治理架构。为了充分发掘大数据价值，实现规模化应用，一些银行建立了集中的高级分析卓越中心（CoE）。CoE的组建方式多样，但其中最有效的方法还是由中央数据团队统筹指导、业务事业部内嵌数据团队实施执行的"枢纽中心辐射模式"。借此可以集中稀缺的高级分析人才，同时打通与业务的合作。

构建大数据相关的人才梯队（包括内部培训及引进外部人才）。人才对于大数据能力的培养至关重要。许多银行的分析部门引入了数据科学家和数据工程师。业务部门与数据专家之间还需要一个联络人，但却不那么好找。这一岗位也可以理解为"翻译"，他们要帮助数据专家理解待解决的业务问题，并支持数据专家开发新变量和行动洞见，以简单易懂的方式把模型洞见反馈给业务部门。"翻译"在项目后期愈发重要，他们既要确保业务部门研究相关模式、积极行动，还要跟踪业务部门行动的成效，进行意见反馈，持续改善模型和流程。

## 9.4.6 政策及牌照

**1. 政策环境**

银行是受到严格监管的金融机构，与传统银行一样，数字银行也受到澳大利亚审慎监管局（APRA）和澳大利亚证券与投资委员会（ASIC）的监管。

澳大利亚数字银行产业起步较晚，与监管机构设立了严苛的准入条件、不允许新的竞争者进入银行业有关，没有监管的许可其业务开展将寸步难行。直到2018年APRA放松了银行业准入，推出了限制性授权存款机构（RADI）这一阶段性牌照，新进入者在获得完全许可前可在有限的范围内开展业务。这在限制新进入者经营范围的同时，也降低了市场的准入门槛，让更多小型的金融机构可以提前测试自身的存款吸纳能力和运营模式。

2019年8月澳大利亚政府通过了《消费者数据权利（CDR）法案》，把银行业作为实施消费者数据权的首个部门，为开放银行（Open Banking）的监管奠定了法律基础。该法案规定了诸多隐私和信息安全条款，以保证消费者数据安全，同时使得消费者在与第三方金融科技平台或数字银行分享个人数据方面拥有更多自由。这一法案的推出将加速银行业的数字化进程，推动开放银行和子行业数据开发成为金融科技领域前沿。

在2020年末Xinja倒闭以及2021年初澳大利亚国民银行（NAB）收购86400后，APRA认为有必要针对授权存款机构（ADI）牌照申请设立更加严格的要求，并于2021年3月18日发布了相关意见征询文件，强调应更加关注申请机构的长期可持续性，而不是获得许可的短期决心。该修订后的文件将有助于确保新进入者能够在一个资本密集型且由部分资源最丰富的公司主导的行业中立足并取得成功。

货币应用程序和金融科技公司面临的监管略有不同，它们需要拥有由ASIC颁发的澳大利亚金融服务许可证（ASFL）或与拥有该许可证的人合作才能提供预付借记卡等产品。AFSL允许企业做任何事情，从提供投资建议到发布特定类型的产品，但为此申请机构必须向ASIC证明他们拥有从事该特定金融服务领域的工作能力和经验。

为了促进澳大利亚的金融创新，2020年9月澳大利亚政府还引入了增强型监管沙箱（ERS）取代了之前由ASIC管理的监管沙箱（2016年12月）。该沙箱允许符合条件的金融科技公司无须AFSL或信用许可，可在更长的时间内测试更广泛的金融服务和信贷活动。

**2. 牌照申请**

希望开展银行业务的新进入者可向澳大利亚审慎监管局（APRA）申请授权，目前有

"直接"和"受限"两种申请途径,获得 APRA 许可的实体称为授权存款机构(ADI)。直接途径允许申请人从牌照发放开始经营其预期的银行业务,但须推出至少一款创收型资产产品,较为适合那些拥有可以立即设立 ADI 的资源和能力,并且从一开始就追求更加复杂、更大规模、非传统或高风险商业模式的公司。受限途径则为那些想要进入银行业,但目前不满足相应资源和能力审慎要求,需要一定时间发展的金融科技公司提供了便利。该途径可以帮助申请人在完全满足审慎监管框架之前,开展有限、低风险或传统的银行业务,期间须推出至少一款创收型资产产品和一款存款产品,以测试其商业模式,为其获取完整许可并满足全面审慎监管要求做准备。该过渡期最长为 2 年,最终以获得完整许可或彻底退出告终,在某些情况下 APRA 可能会考虑延长该期限。

鉴于个体的独特性和创新性,APRA 将逐案确定申请限制性 ADI 的资质,申请人须提供一份可在两年内满足完整 ADI 牌照要求的可操作性计划和一份或许会用到的可信和全面的退出计划。整个申请流程可分为三个阶段(见图 9-2)。

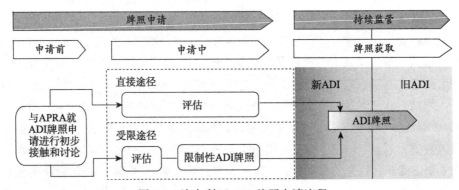

图 9-2 澳大利亚 ADI 牌照申请流程

初步咨询。APRA 与潜在申请人就其在澳大利亚开展银行业务的计划进行初步讨论,选取最为适合的申请途径。

申请与审查。申请人向 APRA 提交申请和商业企划书,APRA 受理并对申请进行高级别审查。根据申请人的准备情况和业务的复杂程度,整个过程可能需要 9~18 个月不等。

牌照获取。APRA 根据审查结果和申请途径决定是否授权,授权后申请人将作为新 ADI 接受持续监管。

## 9.5　中国数字银行发展战略

中国的数字银行发展路径较为独特,是由支付领域逐步扩展到消费信贷和其他金融产品领域。各国之间数字银行发展的巨大差异一方面显示出创新水平的不同,另一方面也是传统银行遗留的市场机会各异所致的结果。

2021 年第二季度,金融科技的八个分支领域均得到了充裕的资金支持,分别是支付、数字银行、数字信贷、财富管理、保险、金融基础设施建设、中小企业服务和房地产。其中,数字银行业风头正盛。

后疫情时代，中国银行业的数字化浪潮来势汹汹。一方面是传统商业银行的数字化转型升级提速。这一点从银行网点的变化便可见一斑。除了连续多年线下网点的数量持续收缩外，越来越多的网点进行了数字化的改造，基础业务更加倚重智能化终端，网点员工则更关注客户服务和体验。另一方面以数字银行为代表的新型银行业机构也越发活跃。中国各地均针对纯线上的互联网银行、虚拟银行、数字银行发放了相应的牌照，试图探索新的银行类型。数字银行转型的核心目的是帮助银行改善业务体系、整合业务数据，从而提供更好的用户服务。为了实现这个核心目的，银行需要从多个维度进行数字化升级，并开展对应的业务系统升级、数据管理转型、政策保障等工作。

### 9.5.1 战略规划与组织流程建设

科学制定数字化转型战略。银行机构董事会要加强顶层设计和统筹规划，围绕服务实体经济目标和国家重大战略部署，科学制定和实施数字化转型战略，将其纳入机构整体战略规划，明确分阶段实施目标，长期投入、持续推进。

统筹推进数字化转型工作。高级管理层统筹负责数字化转型工作，建立数字化战略委员会或领导小组，明确专职或牵头部门，开展整体架构和机制设计，建立健全数字化转型管理评估和考核体系，培育良好的数字文化，确保各业务条线协同推进转型工作。

改善组织架构和机制流程。鼓励组织架构创新，以价值创造为导向，加强跨领域、跨部门、跨职能横向协作和扁平化管理。组建不同业务条线、业务与技术条线相融合的共创团队，优化业务流程，增强快速响应市场和产品服务开发能力。完善利益共享、责任共担考核机制。建立创新孵化机制，加强新产品、新业务、新模式研发，完善创新激励机制。

大力引进和培养数字化人才。鼓励选聘具有科技背景的专业人才进入董事会或高级管理层。注重引进和培养金融、科技、数据复合型人才，重点关注数据治理、架构设计、模型算法、大数据、人工智能、网络安全等专业领域。积极引入数字化运营人才，提高金融生态经营能力，强化对领军人才和核心专家的激励措施。

### 9.5.2 业务经营管理数字化

积极发展产业数字金融。积极支持国家重大区域战略、战略性新兴产业、先进制造业和新型基础设施建设，打造数字化的产业金融服务平台，围绕重大项目、重点企业和重要产业链，加强场景聚合、生态对接，实现"一站式"金融服务。推进企业客户业务线上化，加强开放银行接口和统一数字门户建设，提供投资融资、支付结算、现金管理、财务管理、国际业务等综合化金融服务。推进函证业务数字化和集中化，鼓励银行保险机构利用大数据，增强普惠金融、绿色金融、农村金融服务能力。

大力推进个人金融服务数字化转型。充分利用科技手段开展个人金融产品营销和服务，拓展线上渠道，丰富服务场景，加强线上线下业务协同。构建面向互联网客群的经营管理体系，强化客户体验管理，增强线上客户需求洞察能力，推动营销、交易、服务、风控线上化智能化。对老年、残障等客户群体，加强大字版、语音版、简洁版等应用软件功能建设，增强对无网点地区及无法到达网点客群的服务覆盖，提高金融产品和服务可获得性，推动解决"数字鸿沟"问题。

提升金融市场交易业务数字化水平。加强线上交易平台建设，建立前、中、后台协同的数字化交易管理体系，有效提升投资交易效率和风险管理水平。建立统一的投资交易数据平台，提升投资组合分析及风险测算能力，优化投资规划、组合管理、风险控制。

建设数字化运营服务体系。建立线上运营管理机制，以提升客户价值为核心，加大数据分析、互联网运营等专业化资源配置，提升服务内容运营、市场活动运营和产品运营水平。促进场景开发、客户服务与业务流程适配融合，加强业务流程标准化建设，持续提高数字化经营服务能力。统筹线上、线下服务渠道，推动场景运营与前端开发有机融合。

构建安全高效、合作共赢的金融服务生态。针对客户需求，与相关市场主体依法依规开展合作，创新服务场景，丰富金融服务产品与渠道。强化系统集成，加强内外部资源整合，统筹规划与第三方企业合作提供金融产品服务的内容和流程，建立面向开放平台的技术架构体系和敏捷安全的平台管理机制，对金融服务价值链中的关键活动进行有效管理和协调。

着力加强数字化风控能力建设。加快建设与数字化转型相匹配的风险控制体系。建立企业级的风险管理平台，实现规则策略、模型算法的集中统一管理，对模型开发、验证、部署、评价、退出进行全流程管理。利用大数据、人工智能等技术优化各类风险管理系统，将数字化风控工具嵌入业务流程，提升风险监测预警智能化水平。

### 9.5.3　数据能力建设

健全数据治理体系。制定大数据发展战略，确立企业级的数据管理部门，发挥数据治理体系建设组织推动和管理协调作用。完善数据治理制度，运用科技手段推动数据治理系统化、自动化和智能化。完善考核评价机制，强化数据治理检查、监督与问责。加强业务条线数据团队建设。

增强数据管理能力。构建覆盖全生命周期的数据资产管理体系，优化数据架构，加强数据资产积累。建立企业级大数据平台，全面整合内外部数据，实现全域数据的统一管理、集中开发和融合共享。加强数据权限管控，完善数据权限审核规则和机制。

加强数据质量控制。加强数据源头管理，形成以数据认责为基础的数据质量管控机制。建立企业级数据标准体系，充分发挥数据标准对提升数据质量、打通数据孤岛、释放数据价值的作用。强化共用数据和基础性数据管理。

提高数据应用能力。全面深化数据在业务经营、风险管理、内部控制中的应用，提高数据加总能力，激活数据要素潜能。加强数据可视化、数据服务能力建设，降低数据应用门槛。挖掘业务场景，通过数据驱动催生新产品、新业务、新模式。提高大数据分析对实时业务应用、风险监测、管理决策的支持能力。加强对数据应用全流程的效果评价。

### 9.5.4　科技能力建设

加大数据中心基础设施弹性供给。优化数据中心布局，构建多中心、多架构，提高基础设施资源弹性和持续供给能力。加快构建面向大规模设备和网络的自动化运维体系，建立"前端敏态、后端稳态"的运行模式,推进基础设施虚拟化、云化管理。建立对信息科技资源全方位覆盖的统一监控平台。提高运维侧研发能力,积极运用大数据加强态势感知、故障预警和故障自愈,不断提高运维智能化水平。

提高科技架构支撑能力。推进传统架构向分布式架构转型,主要业务系统实现平台化、模块化、服务化,逐步形成对分布式架构的自主开发设计和独立升级能力。加快推动企业级业务平台建设,加强企业架构设计,实现共性业务功能的标准化、模块化。加快数据库、中间件等通用软件技术服务能力建设,支持大规模企业级技术应用。加强创新技术的前台应用,丰富智能金融场景,强化移动端金融服务系统建设。加强对开放金融服务接口的统一管理,实现安全可控运行。

推动科技管理敏捷转型。建立能够快速响应需求的敏捷研发运维体系,积极引入研发运维一体化工具,建设企业级一站式研发协同平台。建立适应"敏态"与"稳态"的全周期线上交付管理流程,完善数字化交付管理体系。通过精益生产管理方法,提高对大规模科技队伍和复杂技术工程的管理能力。

提高新技术应用和自主可控能力。密切持续关注金融领域新技术发展和应用情况,提升快速安全应用新技术的能力。鼓励有条件的银行保险机构组织专门力量,开展前沿技术研究,探索技术成果转化路径,培育金融数字技术生态。坚持关键技术自主可控原则,对业务经营发展有重大影响的关键平台、关键组件及关键信息基础设施要形成自主研发能力,降低外部依赖、避免单一依赖。加强自主研发技术知识产权保护。加强技术供应链安全管理。鼓励科技领先的银行保险机构向金融同业输出金融科技产品与服务。

### 9.5.5 风险防范

加强战略风险管理。加强数字化转型中的战略风险管理,确保数字化转型战略和实施进程与机构自身经营发展需要、技术实力、风险控制能力相匹配。明确数字化转型战略与银行保险机构风险偏好的关系,将数字化转型相关风险纳入全面风险管理体系,在推进数字化转型过程中牢牢守住风险底线。

加强创新业务的合规性管理。建立稳健的业务审批流程,对新产品、新业务及新模式的合规性进行审查,评估范围应覆盖消费者保护、数据安全、合规销售、产品及服务定价、声誉风险、反洗钱及反恐怖融资等方面。建立有效的业务变更管理流程,对新产品、新业务、新模式带来的技术和业务逻辑变化、服务提供关系变化进行评估,针对相应风险制定管理策略。

加强数字化环境下的流动性风险管理。深入分析数字化经营环境下客户群体的行为特征,加强与新产品、新业务、新模式相关的资金流动监测,有效识别流动性风险新特征。完善流动性风险管理体系,加强资金头寸管理和需求预测,强化流动性风险限额控制,提高流动性风险精细化管理水平。加强流动性风险数据积累,建立有效的流动性风险计量模型,对缺乏历史数据的新产品、新业务,加强前瞻性风险研判,审慎评估流动性风险。定期开展流动性压力测试,制定切实有效的应急预案,并保持充足的流动性缓冲水平。

加强操作风险及外包风险管理。建立符合数字化环境中开放式价值链风险特征的操作风险评估与管控框架,增强运营韧性。有效管控价值链中与第三方合作企业相关的集中度风险和供应链风险,做好业务连续性规划和应急管理,保障关键外部合作方的可替代性。坚持管理责任、核心能力不外包原则,强化对外部合作方的准入管理,加强风险评估、监测、预警和退出管理。

防范模型和算法风险。建立对模型和算法风险的全面管理框架,制定管理制度,对模型数据的准确性和充足性进行交叉验证和定期评估。审慎设置客户筛选和风险评估等模型的参数,并使用压力情景下的参数进行模拟校验。定期评估模型预测能力及在不同场景下的局限性,确保模型的可解释性和可审计性。模型管理核心环节要自主掌控。加强消费者权益保护,防止算法歧视。

强化网络安全防护。构建云环境、分布式架构下的技术安全防护体系,加强互联网资产管理,完善纵深防御体系,做好网络安全边界延展的安全控制。加强金融生态安全防护,强化与外部合作的网络安全风险监测与隔离。建立开放平台安全管理规范,提高业务逻辑安全管理能力。建立新技术引入安全风险评估机制,强化技术风险管理,实施开源软件全生命周期安全管理。建设安全运营中心,充分利用态势感知、威胁情报、大数据等手段,持续提高网络安全风险监测、预警和应急处置能力,加强行业内外部协同联动。

加强数据安全和隐私保护。完善数据安全管理体系,建立数据分级分类管理制度,明确保护策略,落实技术和管理措施。强化对数据的安全访问控制,建立数据全生命周期的安全闭环管理机制。加强第三方数据合作安全评估,交由第三方处理数据的,应依据"最小、必要"原则进行脱敏处理(国家法律法规及行业主管、监管部门另有规定的除外)。关注外部数据源合规风险,明确数据权属关系,加强数据安全技术保护。

### 9.5.6 组织保障和监督管理

加强组织保障。各银行保险机构要高度重视数字化转型工作,提高思想认识,加强组织领导,明确任务分工,落实工作责任,保障人力和财务资源投入,贯彻落实数字化转型工作目标要求。

强化监督管理。银保监会及各级派出机构要加强对辖内银行保险机构数字化转型工作的指导和监督。将数字化转型情况纳入银行保险机构信息科技监管评级评分。推动银行机构切实落实战略规划、组织流程、能力建设和风险防范等方面的要求,确保各项工作有序开展、取得实效。银行业协会要主动作为,开展银行机构数字化转型培训和经验交流。

## 本 章 小 结

本章主要介绍了国际组织与主要国家数字银行发展战略。第一节从战略布局、打造金融形态、改善客户体验、打造数字公民身份及政策保障五方面介绍了欧盟数字银行发展战略;第二节从自助服务发展、客户服务、服务创新及政策环境四个方面介绍了美国数字银行发展战略;第三节分别从数字银行牌照、反洗钱、区块链应用、区域合作及数字银行安全保障五方面介绍了新加坡数字银行发展战略;第四节从开发模式、数字化转型、场景金融、服务模式创新、数据分析能力建设及政策保障六个方面介绍了澳大利亚数字银行发展战略；本章末节分别从以下六个方面介绍了中国数字银行发展战略：战略规划与组织流程建设、业务经营管理数字化、数据能力建设、科技能力建设、风险防范、组织保障和监督管理。

## 简答题

1. 为何世界各国都普遍重视并大力推动数字银行的发展？
2. 为何不同国家的数字银行发展水平存在巨大差异？
3. 欧洲数字银行数量为何占据世界数字银行"半壁江山"？
4. 各个国家数字银行发展战略中，有哪些共同点？
5. 我国促进数字银行发展的重要举措有哪些？

即测即练　　　　扩展阅读

# 第 10 章

# 数字银行发展存在的问题及治理

【本章学习目标】

通过本章学习,学员应该能够:
1. 了解目前数字银行在发展过程中面临得主要问题与风险;
2. 了解银行层面及监管层面可以采取何种措施应对相关问题及风险。

## 10.1 数字银行发展面临的问题

### 10.1.1 传统经营模式受到冲击

数字赋能所带来的经营模式挑战主要有文件数字化及产品数字化两方面。一方面,银行数字化将不可避免地带来管理的电子化与数据化。传统银行业务中存在着诸如存单、承兑汇票等各类单据与凭证。在数字银行模式中,这类单据及其他工作文件将转变为数字文件的形式。海量的数字文件将显著提升管理的技术要求,这需要银行改变原有的以实体、线下为主的经营模式以适应数字化办公及业务开展,否则银行将难以充分发挥数字化所带来的效率提升,无法真正完成数字化转型。另一方面,金融产品的数字化将带来营销推广及客户维护的挑战。银行原有的以网点为主的地推模式已难以满足金融产品推广的效率需求,银行若不能充分运用大数据及人工智能技术实现精准推送、潜在客户挖掘、现有客户维护等新型推广运营模式,将难以在激烈的市场竞争中胜出。

目前,传统商业银行也在为数字化转型发展进行积极调整,不断改变原有的经营模式及战略方向以适应信息化时代所带来的机遇与挑战,但受制于应用经验欠缺、技术储备不足、自身体系庞大、跨领域门槛较高等因素,将在一定程度上局限于原本的思维模式,商业银行的经营模式在短期内难以产生革命性变化,因此该问题的解决仍需一定的时间与投入。

### 10.1.2 处于发展早期,竞争能力不足

在我国应用金融科技的公司主要有三大类:第一类是银行、券商、保险、基金等传统金融机构,该类机构是我国金融市场的核心组成部分,但在金融科技应用方面起步较晚;第二类是网络社交媒体、门户网站、搜索引擎等互联网公司;第三类是包括第三方支付公司、投顾智能公司、征信公司在内的涉及金融科技应用的公司。由于我国第二类与第三类

公司,即非金融机构,在金融科技领域起步较早,积累了大量技术人才及应用经验,在科技领域已经处于非常明显的优势地位。例如腾讯、京东、阿里巴巴、百度等互联网企业,依托其在信息技术领域长年开拓带来的竞争优势跨域进入金融领域,设立了理财通、京东金融、支付宝、度小满等一系列金融科技平台,占有相当大的市场份额,推动了金融科技的蓬勃发展,具有强大的市场竞争能力。

相比之下,金融科技在银行的应用方兴未艾,无论是数字化能力、对金融科技应用的成熟程度、还是数字银行的市场认知,在现阶段都远远不及非金融机构。虽然我国已有许多商业银行的业务涉及金融科技,但大多数业务的信息技术覆盖率低且缺乏创新,产品与服务同质化现象严重。同时由于商业银行信息技术基础较为薄弱,因此,在数字化平台建设与维护、应用的迭代与改良方面进度迟缓,远远不及非金融机构。

此外,这一现象导致许多商业银行在发展数字金融时,由于自身金融科技实力不足,不得不寻求外部机构来满足自身的发展需求,进一步降低了银行发展自身金融科技的动力。并且外部机构涉足所带来的沟通协调、需求实现的偏差可能导致其无法完全符合银行数字化发展的战略,对其业务开展、产品迭代、客户挖掘带来效率及精度上的阻碍。如何快速提升商业银行对金融科技的应用程度是实现数字银行长远发展的必经之路。

### 10.1.3 组织架构及人才管理体系亟须变革

目前,我国商业银行主要采取总行、分行和支行垂直管理体系。从传统银行的角度来看,这种组织架构较为成熟,能够明确各单位人员的职责,有利于上级统一调度与指挥,在以人力为主的线下推广环境中具有良好的应用效果。但另一方面,不同支线部门之间的沟通会受到一定的阻碍,整体协调性较差,难以适应当前智能化、信息化为主的市场环境。科技升级对商业银行整体经营模式及发展理念的变革,无疑是对银行的巨大挑战。数字银行的发展带来了信息的实时更新与传递,日新月异的场景与需求使商业银行面临更为频繁的产品研发与客户定位,同时要对信息的变化进行快速地吸收与分析,不断地尝试与突破。如果仍然采取原有的垂直管理组织架构,各部门难以做到充分协同,例如技术部门与产品部门在需求对接中会面临时间成本,也有可能出现传达意思出现差错进而错过短暂的盈利机会,难以在市场中占据先机。

与此同时,商业银行的数字化转型意味着其需要引进大量的金融科技相关的专业人才,同时业务的数字化、信息化势必会减少对当前以人力为主的岗位的需求。例如,商业银行需要更多大数据、人工智能相关的人才,以提升银行自身的数字化水平,而目前众多的前台销售岗位可能随着业务的信息化而不断撤销。因此,如何合理地解决职工岗位的结构性变化是商业银行发展数字金融需要解决的难题之一。一方面,由于商业银行长期采取人力推广的经营模式,信息技术人才,特别是金融科技人才严重欠缺。商业银行不仅需要与其他金融机构、互联网企业争取这类优秀的人才,还需要面临如何管理、激励、运用该类特殊的人才。另一方面,岗位布局的转移及银行数字化的成熟将减少部分基础、传统的业务及营销人员的数量。相较于传统的银行员工,人工智能具备工作效率高、工作持续时间长、学习能力强、管理容易、长期成本较低等众多优势,在金融、政府部门、互联网等诸多行业具有良好的应用，并逐渐显现对传统员工的替代效应。例如高盛通过人工智能技术替代人力实现股票交易的自动化，最终使交易员的数量大幅减少，从600名削减为2名；纽约银行则利用智能机器人技术来处理原本需要上千人才能解决的重复、烦琐的工作。在银行数字化发展的大背景下，虽然各国、地区政府部门对商业银行金融科技的监管力度不尽相同，且商业银行发展战略、金融科技实力以及对金融科技使用的力度也不同，但商业银行的员工总量将呈现长期下降的态势。因此如何合理地安排溢出的劳动力、在保障员工自身权益的前提下提升商业银行的整体运行效率，是对商业银行管理者的一项考验。

### 10.1.4　数据质量管理面临挑战

大数据时代下，数据是数字银行立足与发展的基石，而数据质量的高低与否，与数字银行决策的精准性、及时性、有效性等息息相关，因此数据质量管理是商业银行数字化发展的重点之一。数据质量管理一般是指对数据从形成、取得、保存、共享、维护、使用、消除的数据生命周期中可能发生的数据质量问题进行辨别、检测、监视等管理行为，同时通过不断改进并提高数据管理能力来提升所得数据的质量，使企业能够拥有更多实时、真实、细致的数据以进行深入分析与价值挖掘，最终形成企业的经济价值。

商业银行所面临的数据质量提升的挑战主要来源于两方面。

一方面，虽然传统商业银行在多年的经营中积累了大量的客户数据，但大数据背景下的数据管理与传统数据管理大相径庭。大数据相较于传统数据具有以下几个特点。第一，大数据的规模巨大，因此对数据的搜集、传送、储存等方面具有更高的要求；第二，大数据类型众多，变化迅速，关系复杂，在对大数据进行处理时比较容易发生错误或冲突；第三，大数据需要满足较高的处理速度，高速的信息挖掘、计算、传输等过程对系统的处理效率及处理精度提出了更高的要求，传统、老旧的数据处理程序容易产生数据错误，难以满足大数据的计算要求。第四，大数据价值密度较低。大数据来源极为广泛且数量庞大，很多数据之间关联性较低，缺乏实际运用价值。如何短时间内从海量的数据中提取出对银行业务开展有用的信息，对数字银行的发展至关重要。

另一方面，相较于信息技术较为成熟的互联网科技企业，商业银行的数据管理能力有待提升。大部分商业银行的组织架构设置导致数据管理较为分散，不同的部门对数据有着不同的需求以及管理偏好，因此数据管理效率较低且标准不统一，进而出现数据割裂、数据孤岛等现象，使数据无法被充分利用。同时，不同业务部门的利益目标可能不一致，这同样会影响到数据的充分共享。如果不能及时调整数据管理架构、建立统一的数据管理标准、加强对数据的共享与整合，将可能降低数字银行的效率。除此之外，虽然在长期的业务开展中，商业银行已经积累了数量庞大的数据，但主要集中于客户的基本信息及业务信息等，这类信息主要由客户提供，难以保证其完全真实可靠，同时数据类型十分有限，不能充分刻画客户形象并分析其需求状况，因此仅仅利用商业银行的内部信息是难以支撑商业银行的数字化发展。虽然个人所得税、住房公积金、保险数据等数据在多个渠道已有公开，但公开的范围比较狭窄且不全面，此外大部分数据被分散在零散的互联网服务公司手中，因此，导致商业银行对这类数据的获取难度较大，且存在一定的合法合规问题。数据质量管理是一个长期、动态的过程，涉及商业银行的方方面面，是一个不可忽视的问题。

## 10.2 银行层面的对策建议

### 10.2.1 明确数字化目标，推进组织架构改革

在数字化的大背景下，传统商业银行的组织架构、经营理念已难以满足数字化的发展趋势。在金融科技规模化应用以前，商业银行主要通过线下推广、人力营销等方式吸收存款、开拓业务，并依据客户、监管机构的反馈来满足其需求。商业银行的经营模式较为保守，风险容忍度低，而金融科技的应用能改变这种陈旧的机制。商业银行若要充分实现金融科技赋能实体业务，则需要对现有的组织结构与经营思路进行改革。

首先，商业银行组织架构扁平化改革是其数字化转型的重要环节，数字银行以数字网络作为核心，银行组织结构向着扁平化发展。相较于垂直化、条块化的组织架构，扁平化的组织架构在当前的时代背景下具备诸多优势：第一，扁平化的组织架构有利于数据信息的高效传递与共享。在信息规模相对较小且变化平稳的环境下，条块状的组织架构能够实现信息快速传递的功能。然而大数据时代下，信息的规模呈指数爆炸式上涨，同时变化也越来越频繁，条块化的组织架构已略显臃肿，信息的层层传递使其精准性与及时性受到一定影响，从而不利于管理层的决策。而在扁平化的组织结构中，管理层级大幅减少，精简化的结构减少了信息在传递与共享中的偏差与损失，同时提升了传递的速度，各部门管理人员能够获得更加优质的信息，以便更好地应对风云变幻的市场。第二，扁平化的结构有利于商业银行降低成本。相较于传统银行模式，数字银行模式所需收集、处理的数据信息范围及数量大幅提升，而精简的组织架构能有效降低信息传递的成本。同时扁平化的架构能在一定程度上解决人员冗余问题，"数字员工"的出现能高效精确地承担更多的基础业务，有助于商业银行进行人力资本优化，提高管理效率。

其次，商业银行需要确定数字化、智能化在其核心竞争力中的重要地位，不能仅仅将其作为简单的信息技术支持部门对待。对于金融科技，商业银行应当为其提供足够的资源倾斜，在银行发展战略层面给予足够的重视与支持，围绕数字化发展制定经营策略与工作规划，将银行的日常业务与金融科技紧密相连，充分利用数字化进行银行外部与内部的信息传递及价值挖掘。以数字为纽带在商业银行、客户以及其他互联网及金融机构之间建立起高效、完整的金融生态，打造真正的数字化品牌，而不是仅仅局限于表面，简单地利用金融科技这一热点对产品及服务进行包装，将金融科技作为一种获取客户的宣发手段与噱头。

### 10.2.2 加强金融科技人才培养及引入

数字银行的建设与发展离不开金融科技的运用与创新。商业银行应当大力支持金融科技相关领域人才的引入与培养，为商业银行在金融科技上形成核心竞争力奠定基础。在商业银行数字化转型的背景下，银行要持续优化金融科技人才的培养以及引入机制，不断提

高商业银行数字化运营的水平，只有这样才能充分发挥数字银行的职能，不断开拓并创新业务及产品，顺利完成数字化转型与发展。

相较于其他金融机构与非金融机构，商业银行在具有资金及人员规模庞大、组织架构完整、业务辐射范围广、工作稳定等优势，使得其对金融科技人才的留存具有一定优势。因此，商业银行需要充分利用其优势进行金融科技人才的储备。首先，商业银行可以自身内部进行人才的获取及培养。商业银行拥有规模庞大的人才队伍，其中不乏信息化技术掌握能力较高的专业人员。商业银行管理人员可以对员工的金融科技相关能力进行调查、检测与评估，不断发掘各个部门的科技创新人才并进行职业培训与职责划分，组建一支高水平的信息化团队。其次，商业银行可以积极从外部引入金融科技人才。目前，金融科技人才大多集中于互联网公司等，商业银行可以通过积极引进获取具备工作经验，尤其是具有研发成果与社会影响力的金融科技人才；也可以通过校企合作，与数字技术相关学科较强的院校进行联合培养，提前获取潜在的金融科技人才。目前包括商业银行在内的众多金融机构为推进数字化转型，不断加大对金融科技人才的引入与科技队伍的建设。因此，只有打好人才争夺战，才能为数字银行的发展提供强劲的动力。

除了人才获取之外，人才的留存、管理等环节的优化也十分有必要。商业银行应当建立健全金融科技人才培养体系，对筛选、培训、考察、评估等流程进行科技化赋能，根据人才的自身特点进行定向培养及职能配置，向各个数字金融岗位持续输送高质量的新鲜血液。同时，为提高金融科技人才的工作积极性，商业银行可以适当调整稀缺人才的激励机制，为其提供更有竞争力的薪资福利以及良好的晋升通道与竞争环境，鼓励不同的部门、团队、个人形成良性的竞争氛围。此外，商业银行应当营造良好的企业文化，提升金融科技人才的归属感与忠诚度。

### 10.2.3　商业银行应加强数据管理水平

2022年银保监会（今国家金融监督管理总局）发布的《关于银行业保险业数字化转型的指导意见》的第四部分科技能力建设中，明确指出商业银行要从健全数据治理体系、增强数据管理能力、加强数据质量控制、提高数据应用能力四个方面着手提升商业银行的金融科技实力。如今，数据俨然成为各家商业银行战略资产的重要组成部分，是其开展经营与发展的基石。因此，利用好数据为商业银行创造源源不断的价值，也是银行数字化发展、在大数据时代下形成核心竞争力的重要环节。

一方面，商业银行可以从内部加强数据的积累。商业银行在开展业务时，可以适当增加所需提供信息的种类与数量，针对高净值客户的不同特点进行个性化的数据收集，并定期进行回访以对信息进行更新。另一方面，商业银行可以积极获取外部数据。目前政府机构、部分行业协会、互联网企业等机构储存着大量高价值、高实时性的优质数据。政府机构数据库中保存着种类众多的数据，覆盖了教育、科技、医疗、工商、征信等领域，对银行的宏观研判大有裨益；互联网公司则有着丰富的数据管理经验，保有着海量个性化信息，如社交信息、交易信息、投资信息、出行信息等，与居民的日常生活息息相关。商业银行可以通过与这些机构进行合作并引入部分对数字银行业务重要性较高的关键数据。例如，招商银行青岛分行与青岛市大数据发展管理局展开合作，两者政务服务和金融服务实现数据连通，政府政务数据在银行的贷款审批等环节得到良好应用，极大地提高了银行业务开展的效率。除此之外，商业银行可以利用数据挖掘等技术获取大量数据信息。数据挖掘是一种新兴的信息处理技术，这种技术通过对数据进行抽取、转换、分析和模型化处理，从海量的数据中提取出有助于管理层进行战略规划与经营决策的核心数据。数据挖掘在商业银行多个领域中具有良好的应用。例如，在客户营销方面，数据挖掘能通过获取客户的各种行为数据，银行帮助营销部门构建精准的用户画像；在客户留存方面，数据挖掘可以通过对流失客户的特点进行分析，总结其共同的特征信息，有助于银行改变服务策略，减低客户流失率。总而言之，商业银行只有通过内部或外部的方式获取足够多的高质量、高精度、高时效性的数据，才能为后续的数据管理与分析奠定基础。

数据储存是数据管理的关键环节之一。数据仓库是数据储存中的重要概念，是一个面向主题的、集成的、相对稳定的、反映历史变化的数据集合，用于支持管理者的决策。数据仓库用于储存商业银行多年经营所积攒的数据信息，是商业银行的核心资产之一。数据仓库能帮助商业银行快速地实现客户定位，以便开展精准营销，同时也能高效完成银行内的数据共享，在一定程度上缓解数据孤岛现象，加强银行运作的统一性。例如，恒丰银行基于大数据的平台数据仓库使其数据应用的硬件成本降低80%～90%，同时原本四个多小时的大数据处理耗时压缩为数十分钟，显著提升了银行的运营效率。但是，随着时代的不断发展，数据信息的规模、形式、种类都在不断发生变化，一个数据的错误可能会对银行的业务产生不利影响，同时商业银行业务的变化与升级也对数据仓库的适配性提出了更新的要求。因此，商业银行需要对数据仓库进行持续的维护、优化、更新，同时对安全性进行检测与保障，才能使数据仓库在运行过程中维持稳定。

数据安全管理也是数据管理的重要一环。数字银行模式下，银行对数据的依赖程度大幅提升，在经营的过程中会积累海量的用户数据。但是，数据的广泛使用也带来了安全的隐患。近年部分不法分子通过某些技术对商业银行的数据库进行盗窃与破坏，造成了数据的损失与泄露。由于商业银行所使用的数据与客户的个人信息密切相关，因此，一旦发生数据泄露，则可能对客户的隐私、财产、甚至人身安全造成一定的损害。而且，数据安全事故还可能导致商业银行违反《中华人民共和国个人信息保护法》等相关法律法规的要求，将面临来自政府等监管部门的惩罚，例如，同时也可能导致将导致客户对银行的信任程度降低，未来相关业务进展受挫等严重后果。因此，数据的安全是数字银行持续平稳发展的重要保障。

首先，商业银行需要建立健全数据安全制度，明确数据管理部门的权责。商业银行需要针对运营的实际情况，对数据安全管理上的优势与不足进行全面分析，建立符合银行自身发展战略以及现行业务的数据安全管理机制与危机应对措施，赋予数据安全管理部门相应的权限，使其能够在一定程度上接触商业银行的核心数据以进行维护与监控，同时各个部门应当全力支持数据安全工作，接受相应的调度与检查，确保数据安全管理措施落实到位。

其次，商业银行需要不断加强数据脱敏和数据加密能力。数据脱敏和数据加密是当前数据安全治理框架中最为关键的技术手段。数据脱敏是指利用脱敏规则对私密数据进行改变重组,从而保护数据的安全性。在数据脱敏技术方面,商业银行可以向高性能、智能化的方向发展。一方面,数据规模以及使用者对数据及时性的要求与日俱增,数据脱敏能力需要不断完善与发展,以达到更高的运行效率,完成大规模、高速率的数据脱敏;另一方面,智能化、自动化的脱敏技术能够自动检索数据、甄别关键数据、根据数据的特征采用更优的算法进行脱敏,并能够减少人工的介入,实现程序化的运行,从而大大减少人力的投入与人工操作风险。数据加密是一种主动性防卫的数据安全保护技术,原理为将数据通过独特的密钥转印成密文,从使数据在传输及储存环节中得到保护。传统加密技术存在效率上的制约,而作为加密技术的延伸,自动化的透明加密能够有效解决这一问题。在这种技术下,所有数据在读取编辑时会自动解除加密,对用户透明,而离开现有的运营环境中则无法解密,能够有效防止数据外泄的情况。

最后,商业银行可以采取数据分级的方式对数据安全进行差异化处理。中国人民银行于 2020 年发布的《金融数据安全数据安全分级指南》提出了 5 级安全类别的分级方式,1 级为公开数据,5 级为国家安全数据,对每个等级的数据进行不同的监控与管理,为商业银行数据分级制度的建立指明方向。这种差异化的管理模式提升了数据保护的精细程度与效率,针对具有较大影响的关键数据进行保护,降低了监控的成本。

## 10.2.4 不断提升金融科技应用能力

数据是数字银行的基石,而商业银行如何更好地分析、使用其所挖掘的数据为业务与管理赋能并创造实际价值,是商业银行真正实现数字化转型的关键。部分银行仅仅是将数字银行作为一种宣传手段,将业务与产品进行简单的包装以吸引客户,而实际运作过程中数字化水平较低,本质还是传统的业务与产品,没有将其与大数据、云计算、物联网等技术进行有机结合。因此,商业银行需要真正地理解、掌握和运用数字技术,将数字技术放在商业银行发展战略中的重要地位,才能切实推动数字银行的发展。

首先,商业银行要密切关注数字银行客户的使用体验。手机作为目前最为流行的移动终端之一,已成为了人们生活中必不可少的一部分,同时也是数字银行业务开展的重要门户。目前许多银行都拥有手机银行 App,但大部分银行的 App 同质化严重,只提供存款、贷款、转账、理财等基础服务,在界面 UI、流畅度等影响用户体验的方面也不尽人意。《2017 银行用户体验大调研报告》数据显示,用户对手机银行的平均满意度仅为 71.8%,用户流失高达四成。虽然转账、存贷等基础业务仍然是商业银行经营的核心,也是用户最大的关注点,但是数字化程度较低,没有突出数字银行的独特优势,难以挖掘客户的个性化需求并提供相应的优质体验。因此,商业银行需要对手机银行进行深度数字赋能。一方面需要继续打造移动金融生态,完善场景金融。商业银行可以与移动通信公司、互联网公司、保险公司等机构合作,不断拓展手机银行业务,将银行与其他和客户生活息息相关的应用场景相结合,提供一站式的便利服务,并根据用户的特征对客户进行分类,例如年龄、消费习惯、所在地、收入水平等,进行精准推送,实现自动化、高效化的需求满足。另一方面可通过 AI 机器人与用户进行智能交互及功能导航,根据客户的投资理财需求进行服务项目的针对性推荐，用户只需要说出需求便能快速地进行答复，商业银行也要并不断通过机器学习完善 AI 算法，充分实现自动化、智能化的移动金融，在满足基础推荐的同时赋予 AI 机器人更多的功能，例如聊天、互动等，加强服务的人性化，为客户提供独特的使用体验。同时手机银行可以充分利用人脸识别技术对不同额度的转账、支付进行安全化与便捷化的有机结合，在保证财产安全的同时提升客户使用的流畅度与舒适感。

其次，需要提升财富管理的数字化水平。根据国家统计局数据，2021 年我国居民可支配收入达 35 128 元，相较于 2015 年的 21 966.2 元增长了 59.92%。居民财富的增长随之而来的是理财需求的增加。数字化背景下，更多前沿的信息科技技术为商业银行产品的多元化、安全性、专业性的提升带来更大的空间。目前，随着社会经济的不断发展，居民拥有的可支配收入越来越多。与此同时，进入理财领域的客户数量的提升以及金融工具种类增加为商业银行资产管理业务带来了更大的挑战。而数字银行则为管理者解决这些问题提供了良好的工具与思路。金融科技为商业银行带来了更多资产管理的手段。首先，大数据、云计算、区块链等金融科技的普及，为商业银行的智能投顾、量化投资等技术的发展提供了核心驱动力。商业银行理财产品不仅仅局限于存款、股票、债券等常规投资品，不断地向非标资产、大宗商品等方向进行覆盖。同时，商业银行财富管理数字化能够根据客户的需求以及画像，智能化、自动化对客户的资金进行高效配置，延伸出分红理财产品、外币理财产品等，极大地提高了资产管理的丰富性。商业银行需要充分利用金融科技，拓展产品种类，扩大投资范围，提供更多元化的投资选择，满足不同客户的个性化投资需求。其次，金融科技为商业银行财富管理的风险控制能力带来了更多提升空间。随着商业银行资产管理的规模不断增加，风险的积累也随之提升，一旦没有识别潜在的风险并采取相应的控制措施，可能会对商业银行自身以及其客户带来重大的经济损失，中国银行"原油宝"事件则是一个典型的案例。而商业银行可以利用金融科技进行风险控制的转型升级，建立以及大数据为基础的风险控制制度，对潜在的风险进行系统性、自动化的检测与识别，极大地保障财富管理业务全流程的安全性。具体操作上，商业银行可以通过风险控制数据中心，构建多个细分风控系统，例如，市场风险系统、信用评价系统等，通过各个风控模块的有机整合，利用各个系统中的风险评价及预警模型对财富管理全流程继续实时全面的风险检测。同时，商业银行可以充分利用大数据及人工智能风控技术，对系统性风险进行控制。针对资产管理产品所涉及的关键行业、企业的实时情况，包括进展数据、社会舆论等进行模型的建设与调整，对可能影响到产品净值的重大事件进行识别与预警，自动化地实现产品策略的调整，从而有效地防范系统性风险，保护客户财产的安全。最后，商业银行应当充分利用金融科技提升投资研究能力，为客户提供专业化更高的的产品与服务。基于金融科技的投研系统能够实现针对产品运营者的需求，智能化地挖掘整理各类舆情数据、社交数据、宏观经济数据、公司经营数据等重要信息，并对海量的信息进行拆分与精细化分析，并通过机器学习不断优化、丰富算法，对行业、公司未来的发展变化进行合理的预测。智能化的投资研究平台能够大幅地提升研究人员的工作效率，并能为研究人员的决策与观点提供参考依据，协助其更有效地进行资产配置与多元化组合的管理。

## 10.3 数字银行发展可能的风险

### 10.3.1 信息技术外包所引发的风险

由于商业银行金融科技的应用起步较晚,因此在其进行数字化转型的过程中,需要不断积累数据规模以及信息技术,在发展的早期与中期需要与互联网企业等外部数据提供商进行对接与合作。与专业网络信息机构的合作能在一定程度上加快商业银行转型的脚步,在短期内可以有效提升商业银行数字金融的应用程度,但是商业银行应当保持对业务关键环节的控制。事实证明,近年来与第三方机构合作所带来的信息技术外包风险成为当前商业银行数字化转型中的重要风险。

首先,如果商业银行将业务的全流程交由合作方,仅仅对业务进行简单的审查,则可能带来数据质量不可控的风险。一方面,尽管部分互联网机构具有开展数字金融的经验,但在我国现行的金融体系下,商业银行无论是规模还是社会影响力都远远大于互联网企业,因此业务开展、产品创新会更加审慎,而互联网机构则相对更为激进,故而两者对数据质量的要求会有所区别。如果商业银行完全将数字业务交由该类机构,可能导致数据的质量不符合商业银行的监管要求,长此以往则容易造成风险的累积,不利于商业银行的生存与发展。

其次,第三方合作机构作为盈利主体,其经营目标与发展战略往往与商业银行存在较大的区别。如果商业银行缺少与第三方信息技术机构的合作经验,或者在合作过程中的协同、跟踪及监督不到位,则可能造成第三方机构为了自己的目的采取与商业银行利益相悖的行为,对业务进度造成一定的阻碍,甚至可能使商业银行的利益受损。

再次,如果商业银行过度依赖第三方信息技术机构,仅仅作为出资方将数字金融核心技术及业务产品长期交由第三方合作机构进行打理,可能使商业银行降低自主研发的动力,不利于商业银行积累自身的信息技术实力。一方面,尽管外部的信息技术与数据能够在一定程度上弥补商业银行自身金融科技实力的缺陷,但难以完全与商业银行的系统、体制、业务相融合;另一方面,如果商业银行不具备自主研发能力或者自主研发能力较低,一旦外部服务供应商终止合作,商业银行需要耗费资源寻找新的对口供应商,并重新使业务与产品进行对接,若短时间内无法找到合适的第三方机构,则可能使商业银行数字化业务面临停摆的风险。

最后,商业银行与第三方合作机构之间可能存在一定的信息不对称问题。如果商业银行在与第三方信息技术机构进行合作时,如果对合作方的业务资质、技术水平、经营情况等方面没有进行全面翔实的调查与评价,则有可能会与部分数据质量较差或业务水平较低的机构合作,从而不利于商业银行的科技创新与业务开拓。与此同时,合作机构如果在业务开展过程中没有严格遵守商业银行的要求,在数据的挖掘与使用存在不当甚至触碰法律的行为,则可能导致商业银行受到一定的牵连,可能面临客户流失、信誉受损、监管惩罚等问题。

## 10.3.2 银行数字资产安全性风险

首先，随着大数据、人工智能、区块链等技术在商业银行业务中的不断应用，以及数据资产的持续积累，商业银行在开拓新领域的同时也面临着数字资产安全性下降的风险。由于数字银行业务需要借助网络与信息技术，且数据资产的价值含量高，因此容易成为网络黑客、电脑病毒等的攻击目标。根据《2017 年政府和企事业单位信息泄漏分析报告》，金融行业可能泄露信息数量 22.1 亿条，在众多行业中处于高位。这些网络入侵者善于利用商业银行数据资产风险监控系统的漏洞对银行的数据仓库、数据传输渠道等关键环节进行电子攻击，从而导致客户个人身份财产信息的泄露，存取款、转账、理财等资金行为的暴露、已被删除且涉及客户及商业银行核心机密的关键信息的非法恢复等情况，严重威胁到了客户及银行的隐私与财产安全。当前数字银行处于早期阶段，虽然已有部分商业银行建立了覆盖电子终端、网络、服务器、数据传输渠道、数据仓库及服务平台等方面的风险监控与防御体系，但总体而言商业银行的信息安全人才较为紧缺且风控手段相对传统，大多采用静态的风险控制系统，缺乏灵活性，难以应对现今流动性强、变化频繁、数量增长迅速的大数据风险管理。一旦遭受新型网络技术或者网络病毒的攻击，则可能难以进行防御，将面临数据的泄露、篡改或损失的危险。

其次，商业银行对数字系统的操作不当也可能引发数字资产的安全性风险。操作风险是长期伴随商业银行的重点风险之一，即使商业银行具有严格且全面的安全监管措施，也存在操作不当的可能性。即使在数字银行模式下，操作风险也依然存在，而且在数据资产数量庞大、社会影响面广的情况下，操作风险所引发的负面效应会通过网络进行快速传导与扩散，进而引发远超于传统银行模式的风险与损失。操作风险主要分为两方面。一方面是内部员工的操作风险。在数字银行模式下，核心员工掌握着海量的客户数据，一旦因为操作失误，则可能带来巨大的安全问题。富国银行曾经发生过因为一名员工操作不当误发一封邮件泄露了近 5 万名客户的资料的安全事件。另一方面，数字银行的"数字员工"也可能出现操作风险。虽然数字员工能够完全执行商业银行规章制度与操作规范，精准处理大量基础性工作，在很大程度上避免了普通员工可能引发的操作风险，但如果没有对现有程序与运行状况进行维护与监测，则可能因为外部环境或者系统的改变导致数字员工发生程序错误，进而引发操作风险。

## 10.3.3 数字银行业务及产品引发的风险

首先，由于数字银行需要对大数据进行挖掘及分析以对银行业务开展提供支持，涉及比传统银行模式更多的信息数据，同时技术手段也比以往更复杂多变，因此，业务设计以及开展的手段更为灵活，而这也带来了一定的安全隐患。在数字银行模式下，银行业务及产品逐渐向个性化、精准化转变，根据每个客户的投资理财、消费生活的需求进行画像构建，以此为基础提供针对性的产品与服务，而这需要大量的客户数据作为支撑，可能涉及部分重要的敏感信息。部分商业银行在进行数据收集的时候，可能为了满足数据的质量及数量要求，而忽略了客户的隐私保护，通过信息技术手段在没有得到客户授权时擅自搜集数据，或者通过对客户进行诱导、欺骗等手段得到其非真实的允许以进行数据收集。例如，用户可能在使用刷脸支付时，其面部特征数据被私自记录。这种过度搜集的行为违背了《中华人民共和国个人信息保护法》的要求，对客户的隐私造成了侵害，一旦这些重要数据被商业银行用于不正当的用途或者被泄露，则可能对社会稳定造成巨大的负面影响。

其次，商业银行在进行产品创新时可能存在风险。在多种先进的信息科技支持下，商业银行的产品得以实现升级换代，不再仅限于传统的存贷及理财子公司相对简单的理财产品。通过金融科技，商业银行能实现理财产品从设计、销售到运营全流程的智能化与自动化，根据算法模型进行量化交易与多元化资产配置。但另一方面，手段的多样化可能会使部分银行采取更激进的产品模式，例如期货、期权等，以争取更高的回报。倘若外界环境发生巨大的变化，商业银行的模型算法无法在短期内进行及时的调整，这将会影响产品的运营，如果商业银行缺乏完善的风险控制机制与补救措施，则可能对商业银行与客户带来沉重的经济损失。与此同时，商业银行可能在这类产品的推荐时可能没有及时、充分地进行风险提示，甚至有意夸大产品的安全性，导致客户与商业银行之间产生信息不对称，进而加剧了风险的积累。

最后，在商业银行业务开展的前期，尤其是信贷业务，需要对客户进行风险、信用的调查与评价。而在商业银行数字化转型阶段，银行越来越依靠算法模型对客户进行征信调查与筛选，这种行为确实能够提高客户获取的效率，但也带来了安全隐患。部分资质欠缺的客户或者别有用心者可能会利用亲朋好友的信息甚至通过不正当途径获取的他人信息进行线上审批，甚至利用商业银行信息系统的漏洞获取贷款资金，如果未能充分甄别该类客户，则可能对商业银行的资金安全带来隐患。

### 10.3.4　金融风险扩散加剧

相较于传统的商业银行模式，数字银行大幅提高了智能化、电子化的业务流程与支付模式的应用，在运营效率上实现了质的飞跃。然而，效率的提升伴随的是风险蔓延与扩散的加剧。首先，在商业银行数字化转型的背景下，许多商业银行不断探索、提升对智能投顾、大数据分析、量化交易等技术的使用以寻求降本增效，因此，在转型的早期商业银行会与信息技术机构开展合作。另外，由于信息技术机构的监管远没有商业银行严格，因此在此期间创新的业务与产品内核与技术更为复杂与灵活，部分风险可能隐藏在机制与条款之中，因此加大的风险的累积。商业银行作为我国目前规模最大的金融机构，几乎涉及了社会的方方面面，而且电子化的业务极大地提升了资金流动的速度与交易的频率，一旦这些产品的风险被暴露，有可能引发市场的恐慌情绪，从而出现大量的资金赎回或支取，为银行带来流动性危机，甚至将恐慌情绪蔓延至其他金融机构，引发一系列的连锁反应。与此同时，商业银行投资理财业务不断发展，依靠理财子公司提供更多的"T+0""T+1"型的净值型理财产品，虽然这些理财产品符合市场监管的要求，但其涨跌波动远远大于存款且没有存款保险作为保障，在极端的市场环境且商业银行没有进行充分的风控措施下，也可能引发羊群效应，导致上述的风险扩散情况。

金融科技赋能下的商业银行，具备了将业务及产品实现跨地域、跨领域联通的能力。但是，商业银行在不同领域、市场甚至国家开展多元化金融业务使得金融风险更难以被发现，同时跨界的产品会导致金融风险的交叉传染，可能在传播的过程中逐级放大，最终引发系统性风险。在智能移动终端的普及下，商业银行，尤其是区域性商业银行，能够快速便捷地实现异地开户、异地管理、异地销售，将本行的服务对象从当地的储户向全国各地拓展，极大地丰富了商业银行的客户资源。与此同时，现今的数字银行能够为客户提供许多存款贷款、投资理财以外的生活服务，例如电信缴费、门票购买、医疗支付等，加强了商业银行资金与社会各方各面的联系，也无形中吸收了部分不以传统业务为目的的客户。如果商业银行一旦出现流动性风险的征兆，储备资金紧张，引起储户的挤兑，则可能通过商业银行的异地服务及生活服务网络传导至其他地区与领域，进一步加剧市场恐慌的蔓延。

## 10.4 监管层面的对策建议

### 10.4.1 构建并完善数字银行监管法律体系

为了保证数字银行体系的安全与社会经济的稳定，监管部门需要不断完善数字银行相关的法律法规，对风险进行严格的监控。一方面，需要针对银行业的特点以及商业银行数字化转型的现状，制定、完善相关法律文件。由于商业银行具有社会影响力高、影响范围广、杠杆率较高的特点，一旦银行资金链出现问题或有明显的迹象表明其未来存在资金困难时，很容易发生大规模的挤兑，进而在羊群效应的催化下导致恐慌情绪蔓延至其他金融机构甚至行业领域。与此同时，金融科技的应用与普及使商业银行面临着种类更多、后果更严重的风险，也会加剧金融风险的传播与蔓延。因此，监管部门既要对商业银行的传统业务进行严格的监管，对流动性缺口、不良资产率、客户风险暴露集中度等指标进行评价与监测，也要对商业银行的数字化的能力与具体应用等方面进行监控。中国人民银行于2021年12月发布的《金融科技发展规划（2022—2025年）》（以下简称《发展规划》）以及银保监会于2022年1月发布的《关于银行业保险业数字化转型的指导意见》（以下简称《指导意见》），成为我国商业银行数字化转型的重要指导方针，为我国数字银行的发展提供了整体思路与框架。监管部门需要紧紧围绕《发展规划》与《指导意见》对相关规章制度进行持续的设计与改进，对数字银行法律体系进行完善与扩充，尽全力做到规章制度的齐全与互补，对每一个漏洞与不足进行及时的填补与改良，支持数字银行的高质量发展。与此同时，可以考虑将非银行的数字金融机构纳入数字银行监管体系。受权限的限制，某些地区的银行业监管机构对非银行企业，甚至是从事银行类业务的企业难以进行监管。这些企业虽然整体影响力不及商业银行，但在数字化转型的背景下与商业银行存在千丝万缕的联系，同时也蕴含着未知的风险。因此，监管机构可以适当地将这类特殊的企业放入监管框架中，确保商业银行在与金融科技企业的竞争与合作中的管理步调一致，促进两者的协同发展。

### 10.4.2 加强数字科技在监管中的应用

信息技术的发展为监管部门提供了更多的监管技术与手段。在数字化逐渐普及的今天，传统的监管手段已经无法覆盖许多新型风险，难以完全满足监管的需求。而在大数据、区块链、云计算等信息科技的赋能下形成的监管科技，又能在很大程度上弥补传统监管手段的不足之处、提升监管部门的效率与能力、保障社会经济体系正常运转。相较于传统的监管手段，新兴的监管科技可以实现对数据的自动化搜集、处理、分析并形成可视化的分析报告，以及对金融机构的交易进行实时远程监控与审核，并根据分析结果自动化、智能化地进行监管决策，在反洗钱、证券市场监管、系统性金融风险监控、金融投资者保护等方面的作用十分明显，已成为监管部门愈发重视的发展方向。中国人民银行于发布的《金融科技（FinTech）发展规划（2019—2021年）》提到"运用数字化监管协议、智能风控平台等监管科技手段，推动金融监管模式由事后监管向事前、事中监管转变"；于2022年发布的《金融科技发展规划（2022—2025年）》也提出要"利用大数据、机器学习、模式识别等技术监测基础设施运行状况、智能分析基础设施发展趋势，夯实金融数字化监管基础"。因此，如何利用好监管科技对数字银行的风险进行控制，已成为监管部门的一门必修课。

首先，监管部门需要建立健全监管科技基础设施与制度体系。由于我国金融科技与监管科技发展历程较短，相关的规章制度以及基础设施仍需补充完善。一方面，监管部门须根据监管的现状与需要达到的监管目标，针对性地制定监管科技相关制度，涵盖监管科技的创新、底层技术、实际应用、保障措施等方面，使监管科技成为一项标准化的技术手段，才能使其在运用过程中更加科学、高效、安全，有效地把控商业银行数字化转型中存在的问题与风险。另一方面，由于监管科技的运行离不开海量的数据以及能够对这些数据进行快速、精确的处理与分析的平台，因此，监管部门需要继续完善信息技术基础设施。监管部门可以与外部信息技术合作，利用其较高的专业能力以及数据储备协助监管活动的开展，同时也需要建设自身的大数据中心、风险监控中心等平台设施，为监管科技的使用夯实基础。

其次，监管部门应不断提升自身的监管科技应用能力，打造完善且高效的数字化监管平台。腾讯发布的《监管科技白皮书（2022）》对各项新兴技术在监管领域中的应用进行了论述：在人工智能中的OCR与NLP等技术能自动化地识别被监管方的信息数据，实现对企业风险的分析与预测，对于零散的数据与信息具有良好的处理能力；大数据技术能为监管部门挖掘并保存规模庞大、涉及各个领域的数据，也能安全有效地将数据进行共享，在充分保护信息所有者的隐私安全的前提下加强不同监管部门、单位之间的协同管理；区块链去中心化的特点，允许不同的监管单位对监管数据进行实时的输入、汇总、更新，为监管部门之间、监管与企业机构的联合风控打下基础；云计算技术能显著提升监管部门与企业在应用服务开发、运营、更新的效率及风险处理水平；物联网技术可以协助监管部门打造完整的监管生态，使监管的交互性等方面得到明显提升。由于监管科技在我国的发展并不成熟，监管部门受到种种约束限制了其对这类核心技术的运用与创新，可能会面临技术开发进度缓慢、与监管制度体系适配性较低、监管效果不明显等一系列问题。因此，监管部门需要配置更多的金融科技人才以提升监管部门的技术应用能力。对人才的合理利用是各行各业发展的基础，而金融监管涉及的范围广泛，社会影响力巨大，因此，对专业人才提出了更高的要求与需求。在监管科技的背景下，监管部门人员不仅需要对法律、金融行业有着深入的认识与理解，还要具备对信息技术的应用甚至创新的能力。在外部人员方面，监管部门可以适当地从信息技术机构、相关专业具有较大影响力的高校引进专业性人才，为监管科技的研发与运作奠定基础；在内部人员方面，可以对监管人员进行定期的监管科技培训，使其充分掌握监管科技的原理与应用，从而能够更顺利地适应新环境下的监管流程，充分利用监管科技挖掘出商业银行数字化转型过程中存在的风险与隐患并进行及时的修正。

### 10.4.3  积极打造多方联合下的数字化监管生态

监管部门需要联合专业高校、研究院所、信息技术企业、行业协会等各技术方，积极开展联合监管。在区块链等技术的影响下，数字银行安全问题已由单独的个体风险转变为涉及各行各业的跨领域风险，因此监管科技的应用场景及技术能力需要不断拓展与更新，仅仅依靠监管部门自身的技术实力及监管范围已无法涵盖全部的风险。因此，监管部门需要树立联合监管的理念，充分发挥监管机构与行业协会的领导作用，联合高校等各个具备高水平技术的机构，充分利用大数据、区块链等技术实现数据、报告的实时共享与更新，打造完整、动态、高效的监管生态。一方面，这种合作模式能有效拓宽监管的范围与精细度，能有效扫除监管部门自身可能难以涉及的细化领域，为经济金融安全提供更多的保障。另一方面，监管部门在领导协调、任务分配、资源配置的过程中也能积累一定的信息技术监管经验，能提升对监管科技的研发、创新以及具体落地应用的能力，不断丰富监管部门的"武器库"。除了国内机构外，监管部门可以向国际金融科技监管机构进行合作。英国、美国、欧盟、新加坡等国家或组织在监管科技领域的应用相对成熟，同时中国作为处于世界前列的经济体，对全球经济金融影响以及受跨境风险的影响较高，因此，国内监管部门可以适当开展跨境合作，共同防范全球性金融风险。

### 10.4.4  稳步推进监管沙箱试点

在金融科技日益普及的今日，各国监管部门为了应对新型的风险，纷纷采取了多种措施进行防范，其中英国金融监管局于 2015 年提出"监管沙箱"这一概念成为当前重要的金融科技监管模式。从定义上来看，监管沙箱是一个由监管部门控制的环境，在设定了一系列红线的前提下对监管进行适当的放宽，各类企业在其中对产品与服务进行测试，这种测试的市场环境趋于真实，因此能够有效地对其风险及预期效益进行评估。监管沙箱是一种突破性的金融科技风险控制模式，具备诸多优点。一方面，监管沙箱能够使监管部门提前对金融科技创新产品风险进行有效的测量。数字银行新型业务及产品，经过监管沙箱中的小规模运作后，能够在一定程度上暴露其所存在的风险与问题，有助于监管部门及商业银行进行及时的控制与调整。这种在可控范围内提前发现风险、解决风险的模式能在很大程度上保护金融投资者的安全以及经济金融秩序的稳定。另一方面，提前发现产品与服务的缺陷有利于商业银行等金融科技主体对其进行及时的优化与更新，不断提升产品与服务的价值，为社会提供更为优质的金融产品，也能在一定程度上降低商业银行银行的沉没成本，增加其容错空间，在一定程度上避免其因为产品与服务的大规模风险暴露而带来的经济损失、监管惩罚、客源流失等问题。

目前，监管沙箱在商业银行方面的应用正在稳步推进中。根据市场数据，截至2022年一季度，对外公示的超过150个金融科技创新监管工具的应用中，商业银行占据了90%以上。在监管沙箱机制不断发展的同时，应当注意几方面问题。首先，监管部门可以根据实际情况对监管沙箱制度进行适当的灵活调整，例如简化审批流程，对满足监管要求的特定单位采取更宽松的审核政策，也可以放宽信息科技企业与金融机构的绑定限制，促进箱内的市场化匹配。更灵活的制度能够提高监管沙箱的运行效率，更能体现商业银行金融科技产品在真实市场中的表现情况。

其次，需要做好金融消费者权益保护。虽然监管沙盒是小范围的试点，也有一定的限制进行约束，但整体监管要求较为宽松，因此可能出现突发、难以预测的风险暴露，从而造成金融消费者的经济损失。为此，监管部门需要对试点对象进行严格把关，让优质的企业以及专业的投资者进入，同时不断完善投资者保护框架，使投资者能根据真实、及时的信息进行自主投资。此外，需要监督准入企业制定、完善并履行补偿赔偿制度，对因自身过失而对投资者产生的权益侵害进行及时补偿，尽可能地维护投资者权益。

最后，在金融科技产品与服务成功达到了监管沙箱的要求、正式投入市场后，应当对其进行持续跟踪与风险监测。由于风险是动态的，会随着市场环境、人员、政策法律等因素的变化而发生改变，即使满足当时的监管条件也不意味着高枕无忧，需要定期对已经"出箱"的控制对象进行风险评估与考核，若不满足标准则要求相关单位进行及时整改，同时监管沙箱制度自身也需要根据市场变化趋势与风险控制目标不断进行优化迭代，以对风险进行持续、动态的监测。

## 本 章 小 结

我国数字银行方兴未艾，面临着诸多困难与风险，主要困难与风险包括传统经营模式受到冲击、竞争能力欠缺、组织架构及人才管理体系亟须变革、数据质量管理面临挑战等，风险包括信息技术外包风险、数字资产安全性风险、业务及产品风险以及风险扩散加剧等。针对上述困难与风险，银行层面可采取的应对措施有：深化银行组织架构改革、加强金融科技人才的培养与引进、加强数据管理水平、提升金融科技应用能力等；监管层面可采取的措施有：构建并完善数字银行监管法律体系、加强监管科技的应用、打造联合监管生态以及继续推进监管沙箱试点等。

### 简答题

1. 目前我国商业银行数字化转型面临哪些主要的困难？
2. 数字银行在发展过程中可能引发哪些风险？
3. 监管沙盒在防范金融风险中具备哪些优势？
4. 商业银行可以通过何种渠道开展金融科技人才引进？
5. 除了本章所述的困难，数字银行在我国的发展还存在哪些阻碍？

# 第 10 章　数字银行发展存在的问题及治理

即测即练　　　　　扩展阅读

# 参 考 文 献

[1] 21 世纪经济研究院与微众银行研究报告《决战数字之巅——2019 全球数字银行报告》http://www.invest-data.com/eWebEditor/uploadfile/20190615102967705967.pdf.

[2] 360 威胁情报中心.2017 政企机构信息泄露形势分析报告[DB/OL]. (2017-12-12) [2022-07-19]. https://bbs.360.cn/thread-15286818-1-1.html.

[3] IBM 价值研究院.要素视角下的商业银行数字化转型行动方略[DB/OL]. (2022-3-22) [2022-07-19]. http://news.sohu.com/a/531710104_121189020.

[4] MOULTON H G. Commercial banking and capital formation: I[J]. Journal of Political Economy, 1918, 26(5): 484-508.

[5] PROCHNOW H V. Bank liquidity and the new doctrine of anticipated income[J]. The Journal of Finance, 1949, 4(4): 298-314.

[6] RoyalPay,一个真正的数字银行，并不是简单的银行业务数字化[DB/OL]. (2021-08-27) [2022-06-30]. https://www.sohu.com/a/485993326_120375378.

[7] 常晓宇，程康，田康志.商业银行云计算外包风险分析[J].中国金融电脑，2014(08): 32-35.

[8] 陈亮，李冬菊，刘银行. 打破惯性，商业银行数据引入新处方[J]. 现代商业银行，2022(08): 58-63.

[9] 程晓璐. 商业银行金融科技发展问题及对策[J]. 全国流通经济，2019(29): 158-159. DOI:10.16834/j.cnki.issn1009-5292.2019.29.076.

[10] 初岩芳，刘加标. 云计算技术在银行业灾备系统中应用研究[J]. 计算机产品与流通，2019(12): 96.

[11] 丁宏飞. 探讨大数据时代背景下的智慧交通规划建设[J]. 工程建设与设计，2022(15): 104-106. DOI:10.13616/j.cnki.gcjsysj.2022.08.026.

[12] 杜坤. 云计算技术在银行业中的应用[J].电子技术与软件工程，2018(02): 151.

[13] 方国栋. 忽如一夜春风来，千树万树梨花开[J]. 招商银行研究院，2019.

[14] 高欣. 数字银行的前景和挑战[J]. 中国新通信，2016, 18(19): 44.

[15] 龚鸣. 区块链社会：解码区块链全球应用与投资案例[M]. 北京：中信出版社，2016: 16-24.

[16] 过敏意. 云计算原理与实践[M]. 北京：机械工业出版社，2017.

[17] 海投全球. 全球数字银行研究报告 2022[M]. 北京：中国财经出版传媒集团，2022.

[18] 韩军伟. 从发展银行到数字银行——星展银行近年发展经验借鉴[J]. 中国银行业，2018(12): 79-81.

[19] 韩婷婷. 基于云计算技术下商业银行数字化转型策略[J]. 中国新通信，2019，21(23): 77.

[20] 胡晓磊. "云化＋生态"助力银行数字化转型[J]. 中国金融，2017(20): 80-81.

[21] 黄宝玲. 大数据时代下的公共管理创新路径研究[J]. 产业与科技论坛，2022, 21(17): 281-282.

[22] 姜长云. 发展数字经济引领带动农业转型和农村产业融合[J]. 经济纵横，2022(8): 41-49. DOI:10.16528/j.cnki.22-1054/f.202208041.

[23] 蒋永生，彭俊杰，张武. 云计算及云计算实施标准：综述与探索[J]. 上海大学学报（自然科学版），2013, 19(1): 5-13.

[24] 蒋致远，陈工孟，李江海. 互联网金融概论[M]. 北京：电子工业出版社，2019: 178-180.

[25] 李保旭，韩继炀，冯智. 互联网金融创新与风险管理[M]. 北京：机械工业出版社，2018: 144-152.

[26] 李冰, 张博. 银行加大对金融科技人才的引进, 春招近万个岗位虚席以待[DB/OL]. (2022-03-28) [2022-07-05]. https://www.mpaypass.com.cn/news/202203/28094535.html.

[27] 李超. 移动互联背景下商业银行零售业务渠道的发展策略建议[J]. 现代管理科学, 2018(8): 85-87.

[28] 李曼曼. 云计算发展现状及趋势研究[J].无线互联科技, 2018, 15(5): 42-44.

[29] 李梦宇. 欧洲领先数字银行的发展及启示[J]. 国际金融. 2019(11): 23-28. DOI:10.16474/j.cnki.1673-8489.2019.11.004.

[30] 李树峰. 金融科技助力互联网银行高质量发展[J].中国金融电脑, 2022(2): 20-23.

[31] 李展儒. 可商业交易数据的保护规则研究[J]. 财会通讯, 2022(16): 28-34. DOI:10.16144/j.cnki.issn1002-8072.2022.16.001.

[32] 李镇西. 数字银行发展战略思考[M]. 北京：中国金融出版社，2016.

[33] 蔺弦弦.监管科技白皮书（2022）[DB/OL]. (2022-06-30) [2022-07-21]. http://www.cbdio.com/BigData/2022-06/30/content_6169411.html.

[34] 刘春霖. 云计算在银行业应用趋势研究[J]. 数字通信世界，2019(8): 169.

[35] 刘静. 人工智能在商业银行中的应用研究[J]. 长春金融高等专科学校学报，2020(3): 34-38.

[36] 刘梦莹. 云计算在银行业应用分析[J]. 合作经济与科技, 2018(05): 53-55. DOI:10.13665/j.cnki.hzjjykj.2018.05.023.

[37] 刘青松. 金融业云计算应用现状及对会计和监管的挑战[J]. 金融会计, 2019(8): 61-67.

[38] 刘洋. 区块链金融：技术变革重塑金融未来[M]. 北京：北京大学出版社, 2019: 11-12.

[39] 陆岷峰, 陆顺.金融科技与商业银行人力资源配置研究[J]. 华北金融, 2019(8): 48-54+69.

[40] 马铁红. 人工智能技术应用中风险的法律防控[J]. 对外经贸, 2022(8): 47-50.

[41] 人工智能八大关键技术. https://36kr.com/p/1495707791978885.

[42] 任万盛, 赵慧利. 银行区块链研发与案例分析[R]. 零壹智库, 2020: 12-22.

[43] 邵志状. 分析金融科技对商业银行人力资源管理的挑战和对策[J]. 营销界, 2020(22): 154-155.

[44] 沈秋翔. 大型商业银行云计算实施经验和启示[J]. 金融电子化, 2014(5): 49-51+6.

[45] 沈一飞, 姜晓芳. 数字银行的国际趋势[J]. 中国金融, 2015(04): 25-26.

[46] 史晨阳. 以云计算为依托赋能商业银行数字化转型[J]. 中国金融电脑, 2018(12): 19-22.

[47] 史宁, 焦一宁, 张可佳. 我国商业银行营销环境及策略研究[J]. 商业经济, 2018(6): 153-156.

[48] 帅青红, 李忠俊, 李成林, 等. 互联网金融概论[M]. 北京：高等教育出版社, 2019: 103-107.

[49] 孙聪. 直销银行的发展现状和未来展望[J]. 黑龙江金融, 2022(2): 51-53.

[50] 谭名钧. 移动互联网背景下商业银行营销现状与策略研究[J].中国商论, 2018, 33: 23-24.

[51] 唐飞泉, 杨律铭. 人工智能在银行业的应用与实践[J]. 现代管理科学, 2019(2): 55-57.

[52] 腾讯云计算（北京）有限责任公司与毕马威企业咨询（中国）有限公司联合撰写《冲破迷雾、致胜惟新——区域银行数字化转型白皮书》https://kpmg.com/cn/zh/home/insights/2021/06/white-paper-on-digital-transformation-of-regional-banks.html.

[53] 王参参, 李彤, 孙付龙.云计算在银行应用中的数据安全问题分析[J]. 信息与电脑（理论版）, 2017(11): 208-209.

[54] 王柯瑾. 银行参与监管沙盒测试达九成 "出盒"关键在风控[N]. 中国经营报, 2022-03-28(B07). DOI:10.38300/n.cnki.nzgjy.2022.000914.

[55] 王伟. 云计算原理与实践[M]. 北京：人民邮电出版社, 2018.

[56] 王彦. 基于大数据应用现状及发展分析[J]. 中国新通信, 2022, 24(11): 65-67.

[57] 王业. 计算机网络安全中数据加密技术的运用[J]. 数字技术与应用, 2022, 40(5): 219-221. DOI:10.19695/j.cnki.cn12-1369.2022.05.67.

[58] 王子冉. 数字金融对商业银行的影响研究[J]. 现代商业, 2022(10): 107-109. DOI:10.14097/j.cnki.5392/2022.10.035.

[59] 吴吉义, 平玲娣, 潘雪增, 等. 云计算: 从概念到平台[J]. 电信科学, 2009, 25(12): 23-30.

[60] 吴星. 金融科技对银行及其监管机构的影响[J]. 金融发展评论, 2018(5): 7-15. DOI:10.19895/j.cnki.fdr.2018.05.003.

[61] 肖瑞. 人工智能发展对商业银行的影响探析[J]. 时代金融, 2020(23): 49-50.

[62] 谢世清. 论云计算及其在金融领域中的应用[J]. 金融与经济, 2010(11): 9-11+57. DOI:10.19622/j.cnki.cn36-1005/f.2010.11.003.

[63] 徐启昌. 云计算与银行业务价值[J]. 中国金融, 2016(1): 89-90.

[64] 徐伟霞, 张红喜. 农业大数据在农业经济管理中的应用[J]. 农家参谋, 2022(16): 102-104.

[65] 杨波. 商业银行金融科技人才培养模式探究[DB/OL]. (2021-12-05) [2022-07-05]. http://www.scicat.cn/kk/20211205/88478.html.

[66] 杨继文, 范彦英. 大数据证据的事实认定原理[J]. 浙江社会科学, 2021(10): 46-54+156-157. DOI:10.14167/j.zjss.2021.10.006.

[67] 杨佼. 手机银行 App 去年流失率超四成 客户最在意转账功能[DB/OL]. (2018-6-5) [2022-07-18]. https://www.mpaypass.com.cn/news/201806/05120813.html.

[68] 姚心璐, 小庞. 一家银行的二度试水[J]. 21 世纪商业评论, 2018, No. 202(5): 34-37+32-33.

[69] 佚名. 【案例】恒丰银行——基于大数据技术的数据仓库应用建设[DB/OL]. (2018-04-24) [2022-07-15]. https://cloud.tencent.com/developer/article/1106805

[70] 佚名. 浅谈银行业中数据挖掘的应用[DB/OL]. (2017-04-03) [2022-07-10]. https://developer.aliyun.com/article/74788.

[71] 佚名. 浅析《金融数据安全分级指南》[DB/OL]. (2020-11-22) [2022-07-16]. http://www.djbh.net/webdev/web/AcademicianColumnAction.do?p=getYszl&id=8a81825674296d130175e3afd7ad0061.

[72] 佚名. 数据仓库介绍与实时数仓案例[DB/OL]. (2019-02-27) [2022-07-15]. https://developer.aliyun.com/article/691541.

[73] 佚名. 银保监会刘春航: 金融科技对银行业的风险与政策建议[DB/OL]. (2021-05-11) [2022-07-20]. https://www.sohu.com/a/465830456_120057347.

[74] 佚名. 中国银行业协会周更强: 银行金融科技发展面临三大问题和挑战[DB/OL]. (2019-05-08) [2022-07-20]. https://www.cebnet.com.cn/20190508/102571050.html.

[75] 张昊. 区块链应用场景落地面临的挑战及应对策略研究[J]. 全球科技经济瞭望, 2022, 37(2): 6.

[76] 张洪鹏. 商业银行数据安全治理方法探究[J]. 中国金融电脑, 2021(11): 63-67.

[77] 张璐阳. 商业银行中的云计算应用[D]. 南京邮电大学, 2015.

[78] 张明倩, 赵彦云. 数字化转型赋能政府专利统计现代化[J]. 统计与信息论坛, 2022, 37(8): 3-14.

[79] 张小猛, 叶书建. 破冰区块链——原理、搭建与案例[M]. 北京: 机械工业出版社, 2018: 42-44.

[80] 章晓峰. 云计算在中国商业银行管理中的前瞻性研究[D]. 上海交通大学, 2016. DOI:10.27307/d.cnki.gsjtu.2016.006007.

[81] 赵海军. 互联网金融实务与创业实践[M]. 北京: 经济科学出版社, 2018: 82-90.

[82] 赵梓铭, 刘芳, 蔡志平, 等. 边缘计算: 平台、应用与挑战[J]. 计算机研究与发展, 2018, 55(02): 327-337.

[83] 郑应平. 人工智能在商业银行经营管理中的应用对策研究[D]. 重庆工商大学, 2021. DOI:10.27713/d.cnki.gcqgs.2021.000099.

[84] "中国地方政府与融资平台债务分析"课题组, 闫衍. 我国地方政府债务发展中的风险及化

解建议[J]. 金融理论探索，2022(04): 3-15. DOI:10.16620/j.cnki.jrjy.2022.04.001.

[85] 中国人民银行. 中国人民银行印发《金融科技（FinTech）发展规划（2019—2021年）》[DB/OL]. (2019-08-22) [2022-07-21]. http://www.pbc.gov.cn/goutongjiaoliu/113456/113469/3878634/index.html.

[86] 中国银保监会办公厅. 中国银保监会办公厅关于银行业保险业数字化转型的指导意见[DB/OL]. (2022-01-10) [2022-07-08]. http://www.gov.cn/zhengce/zhengceku/2022-01-27/content_5670680.htm.

[87] 朱昊. 在数字化转型中实践云计算[J]. 金融电子化，2018(04): 86-87.

[88] 朱豫.《金融科技发展规划（2022—2025年）》印发——金融与科技加快深度融合[DB/OL]. (2022-01-07) [2022-07-21]. http://www.gov.cn/xinwen/2022-01-07/content_5666817.html.

# 教师服务

感谢您选用清华大学出版社的教材！为了更好地服务教学，我们为授课教师提供本书的教学辅助资源，以及本学科重点教材信息。请您扫码获取。

## ▶▶ 教辅获取

本书教辅资源，授课教师扫码获取

## ▶▶ 样书赠送

财政与金融类重点教材，教师扫码获取样书

 清华大学出版社

E-mail: tupfuwu@163.com
电话：010-83470332 / 83470142
地址：北京市海淀区双清路学研大厦 B 座 509

网址：https://www.tup.com.cn/
传真：8610-83470107
邮编：100084